Französisch zum Lernen

Französischer Grundwortschatz
für Schule und Studium,
Reisen und Beruf

Unter Mitarbeit von Susanne Sachtleber
und vielen anderen
herausgegeben von

Harro Stammerjohann

Ernst Klett Verlag

ISBN 3-12-523420-4

1. Auflage   1 ^{5} ^{4} ^{3} ^{2} 1 | 1990 89 88 87 86

Alle Drucke dieser Auflage können im Unterricht nebeneinander benutzt werden, sie sind untereinander unverändert. Die letzte Zahl bezeichnet das Jahr dieses Druckes.
© Ernst Klett Verlage GmbH u. Co. KG, Stuttgart 1986. Alle Rechte vorbehalten.
Satz: Setzerei Lihs, Ludwigsburg.
Druck: Gutmann + Co., Heilbronn. Printed in Germany.

Vorwort

Dieser Grundwortschatz wendet sich an jeden, der Französisch lernt. Solche Allgemeinheit scheint mit der heutigen Einsicht in die Vielfalt kommunikativer Bedürfnisse nicht mehr vereinbar zu sein. Im Bereich des Grundwortschatzes aber sind diese Bedürfnisse allenfalls heuristisch zu trennen – ganz abgesehen von dem Funktionswortschatz, der für jegliche Kommunikation unerläßlich ist. Tatsächlich wird das Interesse an einer Fremdsprache wie dem Französischen selten nur touristisch oder nur beruflich sein, und wer Französisch in der Schule lernt, weiß überhaupt noch nicht, wofür. 3000 Stichwörter sind die Größenordnung, in der einerseits die Abgrenzung gegen den weiteren Wortschatz anfing, konsensfähig zu werden, in der andererseits aber auch die Grenze eines Lernwortschatzes liegen dürfte. Es ist auch die Größenordung vieler Lehrwerkwortschätze.

Ein Grundwortschatz ersetzt keinen Sprachunterricht, sondern stellt nur einen Vorschlag für die lexikalische Komponente dar. Deshalb brauchen rein formale Bildungsmittel (Artikel, Personalpronomina) ebensowenig eigens aufgenommen zu werden wie grammatische Termini (*nom* ‚Substantiv', *verbe, syntaxe* usw.), die im Unterricht mitgelernt werden und außerhalb des Unterrichts keine Funktion mehr haben. Es kommt hinzu, daß die meisten dieser Termini international sind, und Internationalismen und Gallizismen *(philosophie, baguette)* sind ihrerseits von vergleichsweise geringerem didaktischen Wert und oft entbehrlich.

Mit diesen grundsätzlichen Einschränkungen begann die Bestimmung des vorliegenden Grundwortschatzes so operational wie möglich und endete sie so intuitiv wie nötig. Eine erste Auswahl von 2500 Stichwörtern wurde anhand einer Synopse von Lehrwerkwortschätzen (vgl. das letzte Kapitel meines Buches *Französisch für Lehrer,* München 1983, S. 161 ff.), Häufigkeitslisten und bestehenden Grundwortschätzen sowie einer lexikalischen Bestandsaufnahe des *Niveau-seuil* getroffen. Diese Auswahl wurde auf Konsistenz und Funktionalität hin durchgearbeitet: verändert und ergänzt und zuletzt mit dem Wortschatz für das *Volkshochschul-Zertifikat Französisch* abgeglichen, der nunmehr in diesem Grundwortschatz enthalten ist. Die (vergleichsweise) operationalen Anhaltspunkte, die es bei der Auswahl der Stichwörter gab, fehlten jedoch bei der Bestimmung ihres Gebrauchs und mußten durch die lexikographische Tradition ersetzt werden.

Die Einträge unterscheiden sich von der Praxis anderer Grundwortschätze insbesondere durch mehr Angaben zur syntaktischen Kontextualisierung, zusätzlich zu den Beispielen für die semantische Kontextualisierung, um auch zu einem grammatisch richtigen Umgang mit den Wörtern anzuleiten. Hingegen stehen die Ausspracheangaben in der üblichen Umschrift der *Association Phonétique Internationale (API)*. Dadurch können sie nicht immer Alain Lerond (*Dictionnaire de la prononciation*, Paris 1980) folgen, der einige eigene Symbole einführt, um der Aussprachewirklichkeit näherzukommen als der klassische Léon Warnant (*Dictionnaire de la prononciation française*, Gembloux 1962 u. ö.). Sog. *e muet*, das normalerweise nicht ausgesprochen wird, ist gar nicht transkribiert; ist seine Aussprache umgebungsbedingt, steht es in Klammern.

Auch die verwendeten Abkürzungen sind in der Lexikographie üblich. Es bedeuten:

adj	*adjectif*, Adjektiv
adv	*adverbe*, Adverb
art	*article*, Artikel
conj	*conjonction*, Konjunktion
etw	etwas
f	*féminin*, Femininum
fam	*familier*, umgangssprachlich
fig	figürlich, bildlich, übertragen
fut	*futur*, Futur
impf	*imparfait*, Imperfekt
ind	*indicatif*, Indikativ
inf	*infinitif*, Infinitiv
inv	*invariable*, unveränderlich
jd	jemand
jds	jemandes
jdm	jemandem
jdn	jemanden
m	*masculin*, Maskulinum
num	*numéral*, Zahlwohrt
part passé	*participe passé*, Partizip Perfekt
pl	*pluriel*, Plural
plus-que-pf	*plus-que-parfait*, Plusquamperfekt
pop	*populaire*, sehr umgangssprachlich
pron	*pronom*, Pronomen
prp	*préposition*, Präposition
qc	*quelque chose*, etwas
qn	*quelqu'un*, jemand
subj	*subjonctif*, Konjunktiv

Dank schulde ich den Frankfurter Studenten und den Kollegen und Freunden, die Entwürfe dieses Grundwortschatzes mitberaten und nicht zu zählende Vorschläge zu seiner Verbesserung gemacht haben, besonders Sibylle Bolton, Claire Dietz-Charritat, Gertrud Dietze-Mager, Horst Dreimann, Käthe Henschelmann, Marie-France und Louis Heck, Josiane Pili, Jean-Michel Robert, Sabine Schmidt, Susanne Schwierholz und ganz besonders Francine Singer sowie Susanne Sachtleber, die an nahezu allen Arbeitsgängen beteiligt war. Es versteht sich, daß allein ich für verbliebene Mängel verantwortlich bin und daß ich für weitere Verbesserungsvorschläge dankbar bin (an die Adresse des Verlags: Ernst Klett Verlag, Postfach 809, 7000 Stuttgart 1).

Harro Stammerjohann

A

à [a]	*Präposition des Ortes, der Zeit und anderer Bestimmungen*
à Paris	in/nach Paris
au cinéma	im/ins Kino
à dix kilomètres (de)	in zehn Kilometer Entfernung (von)
à une heure	um ein Uhr, um eins
au printemps	im Frühling
à l'heure	1. pünktlich, 2. pro Stunde; stundenweise
tout à l'heure (A tout à l'heure!)	1. eben, vorhin, 2. gleich, nachher (Bis gleich!)
à 20 (vingt) ans	mit 20 Jahren
au travail	bei der/an die, zur Arbeit
A quel prix?	Zu welchem Preis?
à la main	an, in, mit der Hand
fait, -e à la main	handgemacht
jouer aux cartes	Karten spielen
soupe *f* à l'oignon	Zwiebelsuppe
(jeune fille *f*) aux yeux bleus/au chapeau vert	(junges Mädchen) mit blauen Augen/mit dem *oder* einem grünen Hut
à la française	wie die Franzosen, auf französische Art
à la mode	in Mode, modern
boîte *f* aux lettres	Briefkasten
chambre *f* à deux lits	Zweibettzimmer
chambre *f* à coucher	Schlafzimmer
machine *f* à écrire	Schreibmaschine
(chambre *f*) à louer	(Zimmer) zu vermieten
(Il n'y a) Rien à faire!	(Da ist) Nichts zu machen!
bon à savoir	gut zu wissen
avoir à faire (J'ai beaucoup à faire.)	zu tun haben (Ich habe viel zu tun.)
à vrai dire	um die Wahrheit zu sagen
Au revoir!/Au secours!	Auf Wiedersehen!/Hilfe!
A ta/votre santé!	Auf dein/Ihr Wohl! Zum Wohl! Prost!
fam A la tienne!/A la vôtre!	
A tes/vos souhaits!	Gesundheit! *(beim Niesen)*
être à qn (A qui est ce livre?)	jdm gehören (Wem gehört dieses Buch?)
un ami à moi	ein Freund von mir
abîmer [abime]	abnutzen, ramponieren, kaputtmachen

s'abîmer	sich abnutzen, kaputtgehen, *(Lebensmittel)* verderben
d'abord [dabɔr]	zuerst
~ ..., après *ou* ensuite ..., enfin ...	zuerst ..., dann ..., schließlich ...
tout ~	zuallererst
absolument [apsɔlymɑ̃] *adv* (*adj* absolu, -e)	unbedingt, durchaus
(être) ~ sûr, -e	ganz sicher (sein)
~ pas	ganz und gar nicht
accélérer [akselere] j'accélère [akselɛr], nous accélérons, ils accélèrent; j'accélérerai [akselɛr(ə)re](!)	beschleunigen, Gas geben, schneller fahren
accepter [aksɛpte] (qn, qc/de + *inf*/que + *subj*)	annehmen, akzeptieren
accès [aksɛ] *m*	Zugang
~ aux quais.	Zu den Bahnsteigen.
accident [aksidɑ̃] *m*	Unfall
avoir un ~	einen Unfall haben, verunglücken
~ de voiture/de la route	Auto-/Verkehrsunfall
dans un ~	in, bei einem Unfall
accompagner [akɔ̃paɲe]	begleiten
accompagné, -e de *ou* par	in Begleitung von
d'accord [dakɔr]	einig; einverstanden, okay
(avec qn/sur qc/pour + *inf*)	
se mettre/être ~	(sich) einig werden/sein
Tout à fait ~!	Ganz meine Meinung! Genau!
Pas ~! *fam*	Da bin ich anderer Meinung! Nein!
accueil [akœj] *m*	Aufnahme, Empfang
accueillir [akœjir] j'accueille [akœj], nous accueillons, ils accueillent; j'accueillerai [akœjre], j'ai accueilli	*(bes. Person)* empfangen, aufnehmen
accuser [akyze] (qn/qn de qc)	anklagen, beschuldigen
~ réception de	den Empfang bestätigen von *(Brief)*
achat [aʃa] *m*	Kauf
faire des ~s	Einkäufe machen
pouvoir *m* d'~	Kaufkraft
acheter [aʃte] j'achète [aʃɛt], nous achetons, ils achètent; j'achèterai [aʃɛtre]	kaufen

acheter qc à qn	jdm etw kaufen/abkaufen
acide [asid]	sauer
acteur, -trice [aktœr, aktris]	Schauspieler, -in
actif, -ve [aktif, aktiv]	tätig, aktiv, wirksam
action [aksjɔ̃] *f*	1. Tat, Handlung *(auch eines Theaterstücks, Buches ...)*, Tätigkeit, Wirkung, 2. Aktie
entrer en ~	tätig werden
activité [aktivite] *f*	Tätigkeit, Aktivität, Wirksamkeit
actualité [aktyalite] *f*	Aktualität
les ~s	die Nachrichten *(Radio, Fernsehen)*
actuel, -le [aktyɛl]	aktuell, gegenwärtig
~lement *ou* à l'heure ~le	zur Zeit, gegenwärtig
addition [adisjɔ̃] *f*	Rechnung *(Restaurant)*
L'~, s'il vous plaît!	Zahlen, bitte!
demander l'~	die Rechnung verlangen
payer *ou* régler l'~	die Rechnung begleichen
admettre [admɛtrə] (qn, qc/que)	zulassen; gelten lassen, zugeben
j'admets, nous admettons, ils admettent; j'ai admis	
~ que (+ *ind ou subj*)/ne pas ~ que (+ *subj*)	zugeben, zulassen/nicht zulassen, daß
admettons que (+ *subj*)	nehmen wir einmal an, daß
administration [administrasjɔ̃] *f*	Verwaltung
admirer [admire]	bewundern
adorer [adɔre]	anbeten, überaus gerne mögen
~ sa femme	seine Frau anbeten
~ les fraises	gerne Erdbeeren essen
adresse [adrɛs] *f*	Adresse
donner une ~	eine Adresse angeben
indiquer/mettre l'~	die Adresse angeben/drauf-, hinschreiben
à l'~ privée	an der/die Privatadresse
à l'~ de Paris	an der/die Pariser Adresse
adresser [adrɛse] (à)	adressieren, richten (an)
s'~ à	sich wenden an
adulte [adylt] *adj/nom m, f*	erwachsen/Erwachsener, -e
adversaire [advɛrsɛr] *m, f*	Gegner, -in
aéroport [aerɔpɔr] *m*	Flughafen
affaire [afɛr] *f*	Sache, Angelegenheit, Geschäft

ramasser ses ~s	seine Sachen zusammenpacken
Ce sont mes ~s.	Das ist meine Sache.
Occupe-toi de tes ~s!	Kümmere dich um deine Angelegenheiten!
avoir ~ à	zu tun haben mit
se tirer d'~	sich aus der Affäre ziehen
homme *m* d'~s	Geschäftsmann
affectueux, -euse [afɛktɥø, afɛktɥøz]	liebevoll
(Bien) ~eusement	Mit (vielen) lieben Grüßen *(Brief)*
affiche [afiʃ] *f*	Anschlag, Plakat, Poster
afficher [afiʃe]	anschlagen
affreux, -euse [afrø, afrøz]	scheußlich
africain, -e [afrikɛ̃, afrikɛn]	afrikanisch
Africain, -e	Afrikaner, -in
l'Afrique [afrik] *f*	Afrika
en Afrique	in/nach Afrika
~ du nord	Nordafrika
âge [ɑʒ *ou* aʒ] *m*	(das) Alter
Quel ~ as-tu/avez-vous? *ou* Quel est ton/votre ~?	Wie alt bist du/sind Sie?
du même ~ (que)	im gleichen Alter (wie)
Il est de mon ~.	Er ist in meinem Alter.
à l'~ de 30 (trente) ans	im Alter von 30 Jahren
à cet ~	in diesem Alter
le troisième ~	das dritte Lebensalter, der Lebensabend; die Senioren
le/au moyen(-)~ [mwajɛnɑʒ *ou* -aʒ]	das/im Mittelalter
âgé, -e [ɑʒe *ou* aʒe]	alt *(bes. Personen)*
les personnes ~es	die alten Leute
~ de 20 (vingt) ans	20 Jahre alt
agence [aʒɑ̃s] *f*	Agentur, Vertretung
~ de voyage/de presse	Reisebüro/Presseagentur
~ France Presse (AFP [aɛfpe])	*amtl. frz.* Presseagentur
~ immobilière	Maklerbüro
agent [aʒɑ̃] *m* **(de police)**	Polizist
Monsieur l'~!	Herr Wachtmeister!
agir [aʒir]	etw tun, handeln, verfahren
s'~ de (Il s'agit de ceci: ...)	sich handeln um (Es geht um folgendes: ...)
agneau [aɲo] *m* (-x)	Lamm

agréable

agréable [agreablə] — angenehm
  qc est ~ à + *inf* — etw ist angenehm zu
  il est ~ de + *inf* — es ist angenehm, zu
agréer [agree] — günstig aufnehmen
  Je vous prie d'~ *ou* Veuillez ~, Monsieur (Madame *etc*), l'assurance *ou* l'expression de mes sentiments distingués. — Mit freundlichen Grüßen *(Brief)*
agriculteur [agrikyltœr] *m* — Landwirt
agriculture [agrikyltyr] *f* — Landwirtschaft
aide [ɛd] *f* — Hilfe
  appeler qn à son ~ — jdn zu Hilfe rufen
  venir à l'~ de qn — jdm zu Hilfe kommen
  avec l'~ de qn — mit der Hilfe von jdm
  à l'~ de qc — mit Hilfe von etw
aider [ɛde *ou* ede] — helfen
  (qn!/qn à + *inf*)

aiguille [egɥij *ou* egyij] *f* — Nadel
ail [aj] *m* (*pl* aulx [o]) — Knoblauch
ailleurs [ajœr] — woanders/woandershin
  d'~ — übrigens
aimable [ɛmablə] — liebenswürdig
  C'est bien ~ à vous (de + *inf*) — Sehr freundlich von Ihnen (zu …)
aimer [ɛme *ou* eme] — lieben, mögen, gerne haben
  (qn, qc/*inf*/que + *subj*)
  ~ beaucoup — sehr lieben, sehr (gerne) mögen, sehr gerne haben
  ~ bien/mieux — gerne/lieber mögen, vorziehen
  J'aimerais bien! — (Das hätte *oder* möchte ich) Gerne!
aîné, -e [ɛne *ou* ene] — älterer, -e, -es; ältester, -e, -es *(von Kindern)*
  fils/frère ~ — älterer *oder* ältester Sohn/Bruder
  fille/sœur ~e — ältere *oder* älteste Tochter/Schwester
ainsi [ɛ̃si] — so
  pour ~ dire — sozusagen
  ~ que — (eben)so wie
air [ɛr] *m* — 1. Luft, 2. Miene, Aussehen
  en l'~ — in der/die Luft
  en plein ~ — unter freiem Himmel, im Freien
  prendre l'~ — an die Luft gehen, Luft schnappen

aller 11

Il y a un courant d'~!	Es zieht!
à ~ conditionné [kɔ̃disjɔne]	mit Klimaanlage
avoir l'~ *adj*/de qn, qc/de + *inf*	aussehen/so aussehen wie/als ob
l'~ *ou* d'un ~ sérieux	mit ernster Miene
Aix-la-Chapelle [ɛkslaʃapɛl]	Aachen
ajouter [aʒute]	hinzufügen
alcool [alkɔl] (!) *m*	Alkohol
~ à brûler	Brennspiritus
l'**Algérie** [alʒeri] *f*	Algerien
en Algérie	in/nach Algerien
d'Algérie	aus Algerien
algérien, -ne [alʒerjɛ̃, alʒerjɛn]	algerisch
Algérien, -ne	Algerier, -in
l'**Allemagne** [almaɲ] *f*	Deutschland
en Allemagne	in/nach Deutschland
République fédérale (d'Allemagne) (R.F.A. [ɛrɛfa])	Bundesrepublik (Deutschland) (BRD)
~ de l'ouest	Westdeutschland
allemand, -e [almɑ̃, almɑ̃d]	deutsch
République démocratique ~e (R.D.A. [ɛrdea])	Deutsche Demokratische Republik (DDR)
parler ~	deutsch sprechen
en ~	auf deutsch
traduire en ~	ins Deutsche übersetzen
l'~	das Deutsche, Deutsch
apprendre/comprendre/parler *ou* savoir l'~	Deutsch lernen/verstehen/können
Allemand, -e (Je suis Allemand, -e.)	Deutscher, -e (Ich bin Deutscher, -e.)
aller [ale]	gehen, fahren
je vais, tu vas, il va, nous allons, vous allez, ils vont; j'irai; je suis allé,-e; que j'aille [aj]; va! vas-y!	
Tu es/Vous êtes déjà allé, -e en Allemagne?	Warst du/Waren Sie schon in Deutschland?
~ à pied/à bicyclette *ou* en vélo	zu Fuß gehen/mit dem Rad fahren
~ en voiture/en train/en bateau	mit dem Auto/Zug/Schiff fahren
~ en avion	fliegen
~ simple/~ et retour *ou* ~-retour	einfache Fahrt, nur hin/Rückfahrkarte, hin und zurück
s'en ~	weggehen

On y va? – On y va!	Gehen wir? Fangen wir an? – Los! Auf geht's!
Vas-y!/Allez-y!	Geh/Gehen Sie doch hin! Nur zu! Los!
Allons/Allez (donc)!	Los! Wohlan! *abweisend:* Ach, geh/gehen Sie! *beruhigend:* Laß/Lassen Sie nur! *erstaunt:* Das ist doch wohl nicht möglich! *vorwurfsvoll:* Aber hör/hören Sie mal!
~ + *inf* (Je vais venir.)	*Umschreibung der zukünftigen Handlung, bes. in der 1. Person* (Ich werde kommen.)
~ se coucher/se promener	zu Bett gehen/spazierengehen
~ chercher/voir	suchen/besuchen (gehen)
~ bien/mal	gut/schlecht gehen, wohlauf/nicht wohlauf sein
Les affaires vont bien/mal.	Die Geschäfte laufen gut/schlecht.
Comment vas-tu/allez-vous? – Je vais bien. (*fam* Ça va? – Ça va.) Et toi/vous?	Wie geht es dir/Ihnen? Wie geht's? – Danke, gut. Und dir/Ihnen? Und selbst?
Ça va bien/mieux/mal.	Das/Es geht gut/besser/schlecht.
Ça ne va pas (du tout).	Das geht (überhaupt) nicht./Es geht (überhaupt) nicht gut.
Ça va de soi *ou* Ça va sans dire.	Das versteht sich von selbst.
~ à qn	jdm angenehm sein, passen *(auch Kleidung)*, stehen
~ bien ensemble	gut zusammenpassen
allô [alo]	hallo *(Telefon; in Frankreich bei der Beantwortung eines Anrufs üblicher als die Nennung des eigenen Namens)*
~, oui?	Ja, bitte?
allocation [alɔkasjɔ̃] *f*	(Geld-)Zuweisung, Zulage
~ (de) chômage	Arbeitslosenunterstützung
~s familiales	Kindergeld
allumer [alyme]	anzünden, anschalten *(Licht, Gerät)*
allumette [alymɛt] *f*	Streichholz
boîte *f* d'~s	Streichholzschachtel

alors [alɔr]	damals; dann, da; also
~?	Nun? Also?
et ~	und dann, und da
Et ~?	1. Und was dann? 2. Na und?
Ça ~!	Also sowas! Nanu!
~ que (+ ind)	während (hingegen)
les Alpes [alp] f pl	die Alpen
dans les Alpes	in den/die Alpen
l'Alsace [alzas] f	das Elsaß
en Alsace	im/ins Elsaß
alsacien, -ne [alzasjɛ̃, alzasjɛn]	elsässisch
Alsacien, -ne	Elsässer, -in
altitude [altityd] f	Höhe
à l'~/à une ~ de	in der/in einer Höhe von
amateur [amatœr] m	Amateur, -in
(être) ~ d'art	Kunstliebhaber, -in (sein)
ambassade [ɑ̃basad] f	Botschaft *(diplomatische Vertretung)*
ambulance [ɑ̃bylɑ̃s] f	Krankenwagen
âme [ɑm *ou* am] f	Seele
amende [amɑ̃d] f	Geldbuße
amener [amne]	mitbringen *(meistens Personen)*
j'amène, nous amenons, ils amènent; j'amènerai [amɛnre]	
amer, -ère [amɛr, amɛr]	bitter *(auch fig)*
américain, -e [amerikɛ̃, amerikɛn]	amerikanisch
Américain, -e	Amerikaner, -in
l'Amérique [amerik] f	Amerika
en Amérique	in/nach Amerika
~ du sud	Südamerika
ami, -e [ami] *nom m, f/adj*	Freund, -in/befreundet
se faire des ~s	sich anfreunden
un de mes ~s *ou* un ~ à moi	ein Freund von mir
~ d'enfance	Jugendfreund
en ~ (Je vous parle ~ ami.)	als Freund (Ich meine es gut mit Ihnen.)
entre ~s	unter Freunden
petit ~, petite ~e	Freund, -in, Schatz
être ~, -e de *ou* avec qn	mit jdm befreundet sein
amical, -e [amikal] (-aux)	freundschaftlich
(Bien) ~ement	Mit freundlichem Gruß, Herzlich(st) *(Brief)*
amitié [amitje] f	Freundschaft
Mes ~s à tes parents!	Grüß deine Eltern von mir!

amour

amour [amur] *m* — Liebe
 faire l'~ — miteinander schlafen
 ~ de la justice — Gerechtigkeitsliebe
 mariage *m* d'~ — Liebesheirat
 Mon ~! — Mein Schatz! Liebling!
amoureux, -euse [amurø, amurøz] (de) — verliebt (in)
ampoule [ãpul] **(électrique)** *f* — Glühbirne
amusant, -e [amyzã, amyzãt] — unterhaltsam, amüsant
amuser [amyze] — unterhalten, belustigen
 s'~ (avec qn, qc/à + *inf*) — sich amüsieren, vergnügen
 s'~ bien — sich gut unterhalten, viel Spaß haben

an [ã] *m* — Jahr
 avoir 30 (trente) ~s — 30 (Jahre alt) sein
 un homme de 30 ~s — ein 30jähriger Mann
 dans/en un ~ — in *(nach Ablauf/im Verlauf von)* einem Jahr
 par ~ — im/pro Jahr, jährlich
 tous les ~s — jedes Jahr
 il y a un ~ — vor einem Jahr
 le nouvel ~ — das neue Jahr
 le jour de l'~ — Neujahr(stag)
ancien, -ne [ãsjẽ, ãsjɛn] — alt *(Sachen)*, antik; ehemalig
 les langues ~nes — die alten Sprachen
 meubles ~s — antike Möbel
 château ~/~ château — altes/ehemaliges Schloß
ange [ãʒ] *m* — Engel
anglais, -e [ãglɛ, ãglɛz] — englisch
 parler ~ — englisch sprechen
 en ~ — auf englisch
 traduire en ~ — ins Englische übersetzen
 l'~ — das Englische, Englisch
 apprendre/comprendre/parler *ou* savoir l'~ — Englisch lernen/verstehen/können
 Anglais, -e — Engländer, -in
l'Angleterre [ãglətɛr] *f* — England
 en Angleterre — in/nach England
angoisse [ãgwas] *f* — Beklemmung, Angst
animal [animal] *m* (-aux) — Tier
animateur, -trice [animatœr, animatris] — Veranstalter, -in, Betreuer, -in, Moderator, -in
animation [animasjõ] *f* — Belebung *(auch fig)*, Lebhaftigkeit, Leben, Betrieb; Veranstaltung, Betreuung, Moderation

animer [anime] | beleben *(auch fig);* veranstalten, betreuen, moderieren
dessin animé | Zeichentrickfilm
année [ane] *f* | Jahr(esablauf, -verlauf), Jahrgang
cette/chaque ~ | dieses/jedes Jahr
toute l'~ | das ganze Jahr (hindurch)
l'~ dernière *ou* passée/prochaine | letztes/nächstes Jahr
une bonne ~ | ein guter Jahrgang *(z. B. Wein)*
Bonne ~! | Frohes neues Jahr!
en fin d'~ | am Jahresende
~ scolaire/universitaire | Schul-/Studienjahr
quelques ~s plus tard | einige Jahre später
dans les ~s quarante(!) | in den vierziger Jahren
anniversaire [aniverser] *m* | Geburts-, Jahrestag
fêter son ~ | seinen Geburtstag feiern
C'est mon ~. | Ich habe Geburtstag.
Bon ~! | Herzlichen Glückwunsch zum Geburtstag!
annonce [anɔ̃s] *f* | Anzeige, Inserat, Annonce
mettre une ~ dans le journal | eine Anzeige in die Zeitung setzen
petite ~ | Kleinanzeige
annoncer [anɔ̃se] (que + *ind*) nous annonçons; j'annonçais; annonçant | ankündigen, ansagen
annuaire [anɥɛr] *m* **(de *ou* du téléphone)** | Telefonbuch
annuel, -le [anɥɛl] | jährlich
fermeture ~le | Betriebsferien
annuler [anyle] | rückgängig, ungültig machen, wieder abbestellen
antiquaire [ɑ̃tikɛr] *m* | Antiquitätenhändler
antiquités [ɑ̃tikite] *f pl* | Antiquitäten
août [u *ou* ut] *m* | *(Monat)* August
en ~ *ou* au mois d'~ | im August
apparaître [aparɛtrə] j'apparais, il apparaît, nous apparaissons, ils apparaissent; je suis apparu,-e | zum Vorschein kommen, erscheinen
appareil [aparɛj] *m* | *(auch* Telefon-)Apparat
Qui est à l'~? | Mit wem spreche ich?
Paul à l'~! | Hier ist Paul!
Paul Meyer à l'~! | Hier ist Meyer!
~ de photo *ou* ~-photo | Fotoapparat

apparence [aparɑ̃s] *f* — Aussehen, Anschein
appartement [apartəmɑ̃] *m* — Wohnung
~ meublé — möblierte Wohnung
appartenir [apartənir] **à** — (an)gehören
j'appartiens, nous appartenons, ils appartiennent; j'appartiendrai; j'ai appartenu
appeler [aple] — rufen, nennen; anrufen *(Telefon)*
j'appelle [apɛl], nous appelons, ils appellent; j'appellerai [apɛlre]
s'~ — heißen
appliquer [aplike] — an-, verwenden
apporter [apɔrte] — (her-, mit)bringen *(nur Sachen)*
apprendre [aprɑ̃drə] (qc/qc à qn) — lernen; erfahren/lehren; mitteilen
j'apprends, nous apprenons, ils apprennent; j'ai appris
~ à + *inf*/que (+ *ind*) — lernen, zu/erfahren, daß
~ à qn à + *inf* — jdm beibringen, zu
(s')approcher [aprɔʃe] (de) — (sich) nähern
approuver [apruve] — billigen, genehmigen
(qc/que + *subj*)
appuyer [apɥije] (sur) — stützen, unterstützen *(auch fig)*/drücken (auf) *(Knopf, Hebel, Pedal)*, *fig* Nachdruck legen (auf)
j'appuie, nous appuyons, ils appuient; j'appuierai [apɥire]; j'ai appuyé
s'~ sur — sich stützen auf *(auch fig)*
après [aprɛ] *prp/adv* — nach/danach, nachher
~ Jésus-Christ (apr. J.-C.) — nach Christus (n. Chr.)
~ cela *(fam* ça)/~ quoi — danach, daraufhin/woraufhin
~ vous! — Nach Ihnen!
~ tout — immerhin, schließlich
l'un ~ l'autre — einer nach dem andern
d'abord ..., ~ ..., enfin ... — zuerst ..., dann ..., schließlich ...
10 (dix) minutes ~ — nach 10 Minuten
peu ~ — kurz danach, wenig später
Et ~? — Und dann? Weiter?
~ + *inf passé*/que (+ *ind*) — nachdem
d'~ — gemäß, nach
après-demain [aprɛdmɛ̃] — übermorgen
après-guerre [aprɛgɛr] *m inv* — Nachkriegszeit

après-midi [aprɛmidi] *m ou f inv* — Nachmittag
l'~ — am Nachmittag, nachmittags
un *ou* une ~ — eines Nachmittags
cet *ou* cette ~ — heute nachmittag
dans l'~ — im Laufe des Nachmittags
arbre [arbrə] *m* — Baum
~ de Noël — Weihnachtsbaum
arête [arɛt] *f* — (Fisch-)Gräte
argent [arʒɑ̃] *m* — Geld; Silber
gagner (*fam* se faire)/dépenser de l'~ — Geld verdienen/ausgeben
ne pas avoir d'~ sur soi — kein Geld bei sich haben
~ de poche — Taschengeld
en ~ — aus Silber
arme [arm] *f* — Waffe
armoire [armwar] *f* — Schrank
arranger [arɑ̃ʒe] — (an)ordnen, in Ordnung bringen, vermitteln, arrangieren
nous arrangeons; j'arrangeais; arrangeant
Cela (*fam* Ça) m'arrange. — Das kommt mir gelegen. Das paßt mir.
s'~ (avec qn) — in Ordnung gehen; sich (mit jdm) einigen, sich arrangieren
Cela (*fam* Ça) va s'~. — Das wird schon in Ordnung gehen.
arrêt [arɛ] *m* — Haltestelle; Halt, Aufenthalt
le prochain ~ — die nächste Haltestelle
~ sur demande — Bedarfshaltestelle
~ interdit! — Halten verboten!
sans ~ — ununterbrochen
arrêter [arɛte] (qn, qc) — anhalten, abstellen; verhaften; beschließen
Arrête!/Arrêtez! — Halt! Hör auf! Laß das!/ Hören Sie auf! Lassen Sie das!
Arrête de chanter! — Hör auf mit dem Gesinge!
~ *ou* s'~ (de + *inf*) — stehenbleiben, aufhören
arrière [arjɛr] *nom m inv/ adj inv* — Hinterteil/hinten, Hinter-, Rück-
en ~ — hinten/nach hinten, zurück, rückwärts
à l'~ de — im hinteren Teil von, hinter
roue *f* ~ — Hinterrad
marche *f* ~ — Rückwärtsgang

faire marche arrière	rückwärts-, zurückfahren, umkehren *(auch fig)*
arrivée [arive] *f*	Ankunft
à l'~ de	bei der Ankunft von
heure *f* d'~	Ankunftszeit
arriver [arive] (+ être)	ankommen; vorkommen
(ne pas) ~ à + *inf*	es (nicht) schaffen, zu
Cela *(fam* Ça) arrive.	Das kommt vor. Das kann passieren.
~ que (+ *ind*/+ *subj*)	vorkommen, daß *(tatsächliches Ereignis/gelegentliche Möglichkeit)*
~ à qn (de + *inf*)	jdm passieren (daß)
Qu'est-ce qui (t')arrive?	Was ist los (mit dir)?
arrondissement [arɔ̃dismɑ̃] *m*	(Verwaltungs-, Stadt-)Bezirk
art [ar] *m*	Kunst
les beaux-~s	die Schönen Künste
objet *m*/œuvre *f* d'~	Kunstgegenstand/-werk
article [artiklə] *m*	Artikel *(Ware; Zeitung; Grammatik)*
~ de fond	Leitartikel
artisan [artizɑ̃] *m*	(Kunst-)Handwerker
artisanat [artizana] *m*	(Kunst-)Handwerk
artiste [artist] *m, f*	Künstler, -in
ascenseur [asɑ̃sœr] *m*	Fahrstuhl
asiatique [azjatik]	asiatisch
Asiatique *m, f*	Asiate, -in
l'Asie [azi] *f*	Asien
en Asie	in/nach Asien
aspect [aspɛ] *m*	Anblick; Gesichtspunkt
sous cet/sous un autre ~	unter diesem/unter einem anderen Gesichtspunkt
sous tous les ~s	in jeder Hinsicht
asperges [aspɛrʒ] *f pl*	Spargel
Assemblée [asɑ̃ble] **nationale** *f*	Nationalversammlung *(frz. Parlament)*
s'asseoir [aswar] je m'assois *ou* m'assieds, il s'assoit *ou* s'assied; nous nous asseyons, ils s'assoient *ou* s'asseyent; je me suis assis, -e	sich (hin)setzen
Assieds-toi!/Asseyez-vous!	Nimm Platz!/Nehmen Sie Platz!
être/rester assis, -e	sitzen/sitzen bleiben
place assise	Sitzplatz

assez [ase]	genug, ziemlich
en avoir ~ *fam*	es leid sein, die Nase voll haben
(En voilà) ~!	Genug davon!
travailler ~	genug, ziemlich viel arbeiten
~ de travail	genug, ziemlich viel Arbeit
~ bien	ziemlich gut, ziemlich viel, gut genug; *(Note)* befriedigend
assiette [asjɛt] *f*	Teller
~ plate/creuse	flacher/tiefer Teller
assister [asiste] (qn!/à qc)	helfen/dabei sein, beiwohnen
association [asɔsjasjɔ̃] *f*	Verein(igung), Verband
assurance [asyrɑ̃s] *f*	Versicherung
contracter [kɔ̃trakte] une ~	eine Versicherung abschließen
~ sociale/-maladie/-vie	Sozial-/Kranken-/Lebensversicherung
~-automobile/tous risques	Kraftfahrzeug-/Vollkaskoversicherung
~ contre le vol/de responsabilité (civile)	Diebstahl-/Haftpflichtversicherung
Je vous prie de croire, Monsieur (Madame *etc*), à l'~ de mes sentiments les meilleurs.	Mit den besten Empfehlungen *(Brief)*
assurer [asyre] (qc/qc à qn/qn de qc/à qn que + *ind*)	sichern, versichern
Je t'assure!/Je vous assure!	Das kannst du/Das können Sie mir glauben!
(s')~/être assuré, -e (contre)	(sich) versichern/versichert sein (gegen)
Atlantique [atlɑ̃tik] *m*	Atlantik
atomique [atomik]	atomar, Atom-
bombe *f* ~	Atombombe
attacher [ataʃe]	befestigen, an-, festbinden
s'~ à	sich anschließen an, liebgewinnen
attaque [atak] *f*	1. Angriff *(auch fig)*, 2. Anfall *(med)*
attaquer [atake]	angreifen, in Angriff nehmen
atteindre [atɛ̃drə]	erreichen
j'atteins, il atteint, nous atteignons, ils atteignent; j'ai atteint	
~ son but	sein Ziel erreichen

attendre

attendre [atɑ̃drə] (qn, qc/que + *subj*) j'attends, il attend, nous attendons, ils attendent; j'ai attendu — erwarten, warten auf/warten, bis

Attends!/Attendez! — Halt! Moment mal! Warte!/Warten Sie!

~ (beaucoup) de — (viel) erwarten von
(se) faire ~ — (auf sich) warten lassen
en attendant — inzwischen
s'~ à qc/à ce que (+ *subj*) — gefaßt sein auf/darauf, daß

attente [atɑ̃t] *f* — Warten, Erwartung
salle *f* d'~ — Wartesaal, -zimmer
contre toute ~ — wider Erwarten
dans l'~ de — in Erwartung von *(Brief)*

attention [atɑ̃sjɔ̃] *f* — Aufmerksamkeit
faire ~ (à qn, qc/à *ou* de + *inf*/que *ou* à ce que + *subj*) — aufpassen (auf etwas/daß, darauf daß)
Fais/Faites ~! — Sei/Seien Sie vorsichtig!
~ (à la marche)! — Achtung (Vorsicht Stufe)!
à l'~ de — zu Händen von *(Brief)*

attestation [atɛstasjɔ̃] *f* — Bescheinigung

attirer [atire] — (her)anziehen, anlocken

attitude [atityd] *f* — Verhalten, Einstellung

attraper [atrape] — fangen, erwischen
se faire ~ *fam* — sich erwischen lassen, Schelte bekommen
~ un rhume — sich erkälten
~ la grippe — die Grippe bekommen

auberge [obɛrʒ] *f* — Gasthaus, Unterkunft
~ de jeunesse — Jugendherberge

aucun, -e [okœ̃, okyn] *adj/pron* — kein (einziger, -es) keine (einzige)/keiner, -e, -es; kein einziger, -es, keine einzige
n'avoir ~e idée (de) — keine Ahnung haben (von)
~e idée! — Keine Ahnung!
en ~ cas — auf keinen Fall
en ~e façon — auf keine Weise
sans ~ doute — ohne (jeden) Zweifel
~, -e des deux — keiner, -e, -es von beiden

au-delà [odla] (de) — jenseits (von)

augmentation [ɔgmɑ̃tasjɔ̃ *ou* ogmɑ̃tasjɔ̃] *f* — Vermehrung, Steigerung, (Gehalts-)Erhöhung, Aufschlag
demander une ~ — eine Gehaltserhöhung verlangen
~ des prix — Preissteigerung, -auftrieb

augmenter
[ɔgmɑ̃te *ou* ogmɑ̃te] (+ avoir)
Les prix ont augmenté.
~ qn (!)

(sich/etwas) vermehren, steigen/steigern
Die Preise sind gestiegen.
jdm eine Gehaltserhöhung geben

aujourd'hui [oʒurdɥi]
dès ~ *ou* à partir d'~
jusqu'(à) ~
~ à midi
~ même
~ en 8 (huit)/en 15 (quinze) (!)

heute
ab heute
bis heute
heute mittag
noch heute
heute in 8/in 14 Tagen

auprès [oprɛ] **de**

(nahe) bei, neben

aussi [osi]
moi ~
~ bien/grand (que)
~ vite que possible

auch; genauso
ich auch
genauso gut/groß (wie)
so schnell wie möglich

aussitôt [osito]
~ que (+ *ind*)

sogleich
sobald (als)

autant [otɑ̃] (que)
en faire ~
~ que possible
~ d'eau que de vin

ebensoviel, -sehr (wie)
dasselbe tun
soviel, soweit wie möglich
genauso viel Wasser wie Wein

d'~ plus/moins/mieux (que + *ind*)

um so mehr/weniger/besser (als)

auteur [otœr] *m*
auto [ɔto *ou* oto] *f* (!)
(auto)bus [ɔtobys *ou* otobys] *m*
aller en ~
(auto)car [ɔtokar *ou* otokar] *m*
excursion *f*/voyage *m* en ~
auto-stop
[ɔtostɔp *ou* otostɔp] *m*
faire de l'~
automatique
[ɔtɔmatik *ou* otomatik]
distributeur *m* ~ (de billets/
de cigarettes)
automobiliste
[ɔtɔmɔbilist *ou* otomobilist] *m, f*
automne [ɔtɔn *ou* oton] *m*
cet/en ~
autorités [ɔtɔrite *ou* otorite] *f pl*
autoroute [ɔtɔrut *ou* otorut] *f*
autour [otur] (de)
tout ~ (de)

Autor, -in, Schriftsteller, -in
Auto
(Stadt-)Bus
mit dem Bus fahren
(Reise-)Bus
Busfahrt/-reise
Anhalterfahren, Trampen

per Anhalter fahren, trampen
automatisch

(Fahrkarten-/Zigaretten-)Automat

Autofahrer, -in

Herbst
diesen/im Herbst
Behörde(n)
Autobahn
herum (um)
ringsherum (um)

autre

autre [otrə] — anderer, -e, -es, anders; zweiter, -e, -es

~ chose (C'est tout ~ chose.) — etwas anderes (Das ist ganz etwas anderes.)

l'~ fois *ou* l'~ jour — letztes Mal, neulich

une ~ fois — ein anderes, zweites Mal, noch einmal

(d'une part ...) d'~ part — (einerseits ...) andererseits

nous/vous ~s Français — wir/ihr Franzosen

entre ~s — unter anderem

quelqu'un/personne/rien d'~ — jemand/niemand/nichts anderes

l'un, -e l'~ (*pl* les uns, -es les ~s) — einander, gegenseitig

l'un après l'~ — einer nach dem andern

d'un jour/d'un moment à l'~ — von einem Tag/einem Augenblick auf den andern, jeden Tag/Augenblick

autrefois [otrəfwa] — früher, einst
autrement [otrəmã] — anders; andernfalls, sonst
~ dit — anders gesagt
l'Autriche [otriʃ] *f* — Österreich
en Autriche — in/nach Österreich
autrichien, -ne [otriʃjɛ̃, otriʃjɛn] — österreichisch
Autrichien, -ne — Österreicher, -in
avalanche [avalɑ̃ʃ] *f* — Lawine *(auch fig)*
avance [avɑ̃s] *f* — Vorsprung; Vorschuß
à l'~ *ou* en ~ *ou* d'~ (En vous remerciant d'~, ...) — im voraus, vorher; zu früh (Mit bestem Dank im voraus ...; *Brief*)

avancer [avɑ̃se] — vorankommen; *(Uhr)* vorgehen/voranbringen; vorverlegen; vorschießen *(Geld)*
nous avançons; j'avançais; avançant; j'ai avancé

avant [avɑ̃] *prp/adv/nom m/adj inv* — vor *(zeitlich vorausblickend, Reihenfolge)*/vorher/Vorderteil/Vorder-

~ Jésus-Christ (av. J.-C.) — vor Christus (v. Chr.)
~ tout — vor allem
~ trois semaines — vor Ablauf von drei Wochen
~ de + *inf*/que (+ *subj*) — bevor
En ~! — Vorwärts!
roue *f* ~ — Vorderrad
avant-dernier, -ière [avɑ̃dɛrnje, -dɛrnjɛr] — vorletzter, -e, -es
avant-hier [avɑ̃tjɛr] — vorgestern

avantage [avɑ̃taʒ] *m* — Vorteil
  avoir l'~ (sur) — den Vorteil haben (gegenüber)
avec [avɛk] — mit
  venir ~ qn — mitkommen
  ~ plaisir — mit Vergnügen, gern
  Et ~ ça? *fam* — Und was darf es sonst noch sein? Außerdem noch? *(Einkaufen)*

avenir [avnir] *m* — Zukunft
  à *ou* dans l'~ — in Zukunft, von nun an
aventure [avɑ̃tyr] *f* — Abenteuer *(auch fig)*
aveugle [avœglə] *adj/nom* — blind/Blinder, -e
avion [avjɔ̃] *m* — Flugzeug
  prendre l'~ — fliegen
  en ~ — mit dem Flugzeug
  par ~ — per Luftpost *bzw.* -fracht
avis [avi] *m* — Meinung; Bekanntmachung
  donner son ~ — seine Meinung äußern
  demander l'~ de qn — jdn nach seiner Meinung fragen
  changer d'~ — seine Meinung ändern
  être d'~ (de + *inf*/que + *ind ou subj*) — der Meinung sein (, daß)
  être du même ~ (que) — derselben Meinung sein (wie)
  de l'~ de — nach Meinung von
  à mon/ton *etc* ~ — meiner/deiner *usw.* Meinung nach

avocat [avɔka] *m* — Avocado
avocat, -e [avɔka, avɔkat] — Anwalt, Anwältin
avoir [avwar] — haben
  j'ai, tu as, il a, nous avons, vous avez, ils ont; j'avais; j'aurai; j'ai eu [y]; que j'aie [ɛ], que nous ayons [ɛjɔ̃], qu'ils aient [ɛ]
  ~ 30 (trente) ans — 30 (Jahre alt) sein
  ~ chaud/froid — schwitzen/frieren
  ~ faim/soif — hungrig/durstig sein
  Qu'est-ce qu'il a? — Was ist mit ihm (los)? Was fehlt ihm?
  il y a — es gibt, da ist, da sind
  il y a 3 (trois) semaines — vor 3 Wochen
  (Il n'y a) Pas de quoi! — Keine Ursache!, Gerne geschehen!
  Qu'est-ce qu'il y a? — Was ist los?
  se faire ~ *fam* — sich reinlegen lassen

avril [avril] *m* — April
  en ~ *ou* au mois d'~ — im April
  poisson *m* d'~ — Aprilscherz

B

baccalauréat [bakalɔrea *ou* bakalorea], *fam* **bac** [bak], **bachot** [baʃo] *m* — Abitur, Abi
  avoir/passer son ~ — (sein) Abitur haben/machen
bagages [bagaʒ] *m pl* — Gepäck
  ~ à main — Handgepäck
bagnole [baɲɔl] *f fam* — Auto, Karre, Kiste
se baigner [bɛɲe *ou* beɲe] — baden
bain [bɛ̃] *m* — Bad
  prendre un ~ — ein Bad nehmen
  maillot *m* de ~ — Badeanzug, -hose
  salle *f* de ~ *ou* de ~s — Bad(ezimmer)
  ~ de soleil — Sonnenbad
baisser [bɛse *ou* bese] (+ avoir) — sinken/senken, herabsetzen
  Les prix ont baissé. — Die Preise sind gefallen.
  ~ les prix (de dix pour cent) — die Preise (um zehn Prozent) senken
  ~ le son — *(Radio usw.)* leiser stellen
  ~ la voix — die Stimme senken
  se ~ — sich bücken
se balader [balade] *fam* — spazierengehen, bummeln
balcon [balkɔ̃] *m* — Balkon, *(Theater)* Rang
Bâle [bɑl] — Basel
balle [bal] *f* — Kugel, (kleiner) Ball
ballon [balɔ̃] *m* — (großer) Ball; Ballon
  un ~ de rouge *fam* — ein Glas Rotwein
la mer Baltique — die Ostsee
banc [bɑ̃] *m* — Bank *(Sitzmöbel)*
bande [bɑ̃d] *f* — 1. Streifen, Binde, 2. Bande, Clique
  ~ dessinée (*fam* B.D. [bede]) — Comic
  ~ magnétique — Tonband
banlieue [bɑ̃ljø] *f* — Stadtrand, Vorort(e)
  habiter la *ou* en ~ — außerhalb wohnen
  train *m* de ~ — Vorortzug
banque [bɑ̃k] *f* — Bank *(Geldinstitut)*
  à la ~ — auf, in der Bank/auf die, zur Bank

bar [bar] *m*	Stehkneipe, Theke, Bar
barbe [barb] *f*	Bart
avoir la ~	einen Bart haben
barrer [bare]	sperren
Route barrée!	(Straße) Gesperrt!
bas [bɑ] *m*	(Damen-)Strumpf; Unterteil, unteres Ende
bas, -se [bɑ, bɑs *ou* ba, bas] (*adv* bas)	niedrig *(auch fig)*, tief; leise
parler ~	leise sprechen
voir plus ~	siehe (weiter) unten *(Text)*
à voix ~se	mit leiser Stimme
en ~	unten/nach unten
en ~ de	unterhalb von, unter
là- ~	dort (unten, hinten)/dorthin
basque [bask]	baskisch
le pays ~	das Baskenland
Basque *m, f*	Baske, -in
bateau [bato] *m* (-x)	Schiff, Boot
prendre le ~	mit dem Schiff fahren
en ~	mit dem, per Schiff
~ à moteur/à voile	Motor-/Segelboot
bâtiment [batimɑ̃] *m*	Bau *(Gebäude/Handwerk)*
batterie [batri] *f*	(Auto-)Batterie
battre [batrə] je bats, il bat, nous battons, ils battent; j'ai battu	klopfen, schlagen *(auch fig)*, besiegen
se ~	sich schlagen, kämpfen
bavarder [bavarde] *fam*	plaudern, schwatzen
la Bavière [bavjɛr]	Bayern
en ~	in/nach Bayern
bavarois, -e [bavarwa, bavarwaz]	bay(e)risch
Bavarois, -e	Bayer, -in
beau/bel, belle [bo/bɛl, bɛl] (beaux, belles)	schön
Il fait ~ (temps).	Es ist schön(es Wetter).
un ~ jour	eines schönen Tages
~ -frère/-fils/-père	Schwager/Schwiegersohn/-vater
belle-sœur/-fille/-mère	Schwägerin/Schwiegertochter/-mutter
~x-parents	Schwiegereltern
beaucoup [boku]	viel
travailler ~	viel arbeiten
~ de travail/de monde	viel Arbeit/viele Leute
Merci ~!	Vielen Dank!

beauté [bote] *f*	Schönheit
bébé [bebe] *m*	Baby
belge [bɛlʒ]	belgisch
Belge *m, f*	Belgier, -in
la Belgique [bɛlʒik]	Belgien
en Belgique	in/nach Belgien
besoin [b(ə)zwɛ̃] *m*	Bedürfnis, Bedarf
avoir ~ de	brauchen
bête [bɛt] *nom f/adj*	Tier; Bestie; Dummkopf/ dumm, blöde
bêtise [bɛtiz] *f*	Dummheit
faire/dire une ~	eine Dummheit begehen/sagen
beurre [bœr] *m*(!)	Butter
au ~ (croissant *m* au ~)	mit Butter, Butter- (Buttercroissant)
bibliothèque [biblijɔtɛk] *f*	Bibliothek; Bücherschrank
bicyclette [bisiklɛt] *f*	Fahrrad
faire de la ~	*(zum Sport oder Vergnügen)* radfahren
aller à ~	mit dem Rad fahren
promenade *f* en ~	Radtour
bien [bjɛ̃] *(adv/adj inv)*	gut
bien – mieux – le mieux	gut – besser – am besten
aimer ~	gerne mögen
aller ~ (Je vais ~.)	gut gehen, wohlauf sein (Es geht mir gut.)
savoir ~	(sehr) wohl wissen
trouver ~ (qn, qc/que + *subj*)	gut finden
Je veux ~.	Von mir aus (gerne).
il faut/faudra ~ (*inf*/que + *subj*)	man muß schon/wird schon müssen
~ aimable	sehr liebenswürdig
~ souvent	ziemlich oft
~ entendu! *ou* ~ sûr!	Selbstverständlich!
C'est ~ simple.	Das ist ganz einfach.
C'est ~ français.	Das ist typisch französisch.
ou ~	oder aber
Eh ~, ...	Nun, ... Also, ...
Eh ~?	Nun? Also?
être ~	gut, anständig, hübsch sein
être *ou* se sentir ~	sich wohlfühlen
les gens ~	die feinen Leute
C'est ~.	(Schon) Gut. Gut so.
c'est ~ que (+ *subj*)	es ist gut, daß
~ de la peine/des fois	große, viel Mühe/viele Male, ziemlich, sehr oft

blanc, blanche 27

~ que (+ *subj*)	obwohl
bientôt [bjɛ̃to]	bald
A ~!	Bis bald!
bienvenu, -e [bjɛ̃vny]	willkommen
Soyez le ~/la ~e!	Seien Sie willkommen!
bienvenue [bjɛ̃vny] *f*	Willkommen
souhaiter la ~ à qn	jdn willkommen heißen
~ en Allemagne!	Willkommen in Deutschland!
bière [bjɛr] *f*	Bier
~ blonde/brune	helles/dunkles Bier
~ bouteille/pression	Flaschenbier/Bier vom Faß
bifteck [biftɛk] *m*	Steak
bijou [biʒu] *m* (-x)	Schmuckstück
mettre/porter des ~x	Schmuck anlegen/tragen
bilingue [bilɛ̃g]	zweisprachig
billet [bijɛ] *m*	Eintrittskarte, Fahrkarte; (Geld-)Schein; Briefchen
prendre un ~	eine Eintrittskarte kaufen, eine Fahrkarte lösen
~ aller et retour *ou* aller-retour	Rückfahrkarte
~ de seconde (classe)	Fahrkarte 2. Klasse
~ à 50 (cinquante) francs	(Eintritts-)Karte zu 50 Francs
~ de 50 francs	50-Francs-Schein
bise [biz] *f fam*	Küßchen
se faire la ~	sich *(zur Begrüßung oder zum Abschied umarmen und)* Küßchen geben
(Grosses) ~s!	(1000) Küsse! *(Brief)*
bistro(t) [bistro] *m fam*	Kneipe
bizarre [bizar]	eigenartig, komisch
blague [blag] *f*	Witz
faire une ~	einen Witz machen
raconter des ~s	Witze erzählen
Sans ~!	Was du nicht sagst! Sag bloß! Im Ernst!
Sans ~?	Im Ernst? Ehrlich?
blanc [blɑ̃] *m*	Weiß; *(Formular)* Lücke
en ~	in Weiß
~ d'œuf	Eiweiß
blanc, blanche [blɑ̃, blɑ̃ʃ] *adj/nom*	weiß/Weißer, -e
du (vin) ~	Weißwein
de la viande ~che	*(Fleisch vom)* Kalb, Kaninchen, Geflügel

blesser

(se) blesser [blɛse] — (sich) verletzen *(auch fig)*
légèrement/gravement blessé, -e — leicht-/schwerverletzt
un blessé, une blessée grave — ein Schwerverletzter, eine Schwerverletzte

bleu [blø] *m* — Blau
en ~ — in Blau

bleu, -e [blø] *adj* — blau; *(Fleisch)* fast roh
avoir les yeux ~s — blaue Augen haben
carte ~e — *frz.* Kreditkarte
disque ~/zone ~e — Parkscheibe/*(Gebiet, wo das)* Parken mit Parkscheibe *(erlaubt ist)*
~ clair *inv*/foncé *inv*/marine *inv* — hell-/dunkel-/marineblau

blond, -e [blɔ̃, blɔ̃d] — *(auch* dunkel-)blond
être ~ — (dunkel-)blondes Haar haben
bière/cigarette ~e — helles Bier/helle Zigarette

bloquer [blɔke] — blockieren

bœuf [bœf, *pl* bø] *m* — Ochse
du ~ — Rindfleisch

boire [bwar] — trinken
je bois, il boit, nous buvons, ils boivent; j'ai bu
offrir à ~ — zu trinken anbieten
~ un coup *fam* — einen trinken
~ à la santé de qn — auf jds Wohl trinken
~ dans une tasse/un verre — aus einer Tasse/einem Glas trinken

bois [bwa *ou* bwɑ] *m* — Holz; Wald
dans les ~ — im/in den Wald
en ~ — aus Holz

boisson [bwasɔ̃] *f* — Getränk
commander les ~s — die Getränke bestellen
Et comme ~? — Und was möchten Sie trinken?

boîte [bwat] *f* — Schachtel, (Konserven-)Büchse, *fam* Firma; Lokal
~ aux lettres — Briefkasten
~ de vitesses — Getriebe *(Auto)*
ouvre-~(s) *m inv* — Dosenöffner

bol [bɔl] *m* — (Trink-)Schale
avoir du ~ *pop* — Schwein haben
en avoir ras le ~ [ralbɔl] (de) *fam* — die Nase voll haben (von)

bombe [bɔ̃b] *f*	Bombe; Spraydose
attentat [atɑ̃ta] *m* à la ~	Bombenattentat
~ atomique	Atombombe
bon [bɔ̃] *m*	Gutschein, Bon
bon, -ne [bɔ̃, bɔn] *adj*	gut
bon, -ne – meilleur, -e – le meilleur, la meilleure	gut – besser – der, die, das beste, am besten
~!	Gut!
C'est ~.	Das ist *oder* schmeckt gut.
Ah [a], ~!	Ach so!
Ah, ~?	Tatsächlich?
souhaiter une ~ne année à qn	jdm ein frohes neues Jahr wünschen
~ne Année!	Prost Neujahr!
~ anniversaire!	Herzlichen Glückwunsch zum Geburtstag!
~ne chance!	Viel Glück!
sentir ~	gut riechen
trouver ~ (qn, qc/que + *subj*)	gut finden
(être/acheter/vendre) ~ marché *inv*	billig (sein/kaufen/verkaufen)
A quoi ~?	Wozu? Was bringt das?
~ à rien	zu nichts nütze
le ~ Dieu	der liebe Gott
de ~ne heure	früh
en ~ne santé	wohlauf, gesund
bonheur [bɔnœr] *m*	Glück
porter ~ (à qn)	Glück bringen
par ~	glücklicherweise
au petit ~	auf gut Glück
bonjour [bɔ̃ʒur]	guten Morgen, guten Tag
dire ~ (à qn)	(jdm) guten Tag sagen, (jdn) begrüßen
Dis ~ à ta sœur (de ma part)! *fam*	Grüß deine Schwester (von mir)!
bonne [bɔn] *f*	Dienst-, Zimmermädchen
chambre *f* de ~	*(auch ehemaliges)* Dienstmädchenzimmer, Mansarde(nzimmer)
bonsoir [bɔ̃swar]	guten Abend
bord [bɔr] *m*	Rand, Ufer; Bord
~ de la route	Straßenrand
au ~ de la mer	am/ans Meer
à ~ (de)	an Bord (von)
bosser [bɔse] *fam*	schuften
botte [bɔt] *f*	Stiefel

bottin [bɔtɛ̃] *m* — Telefonbuch
être sur/consulter le ~ — im Telefonbuch stehen/nachsehen
bouche [buʃ] *f* — Mund, Maul; Mündung
la ~ pleine — mit vollem Mund
~ de métro — U-Bahn-Ein- und Ausgang
boucher [buʃe] — ver-, zustopfen
boucherie [buʃri] *f* — Metzgerei
~ chevaline [ʃ(ə)valin] — Pferdemetzgerei
bouchon [buʃɔ̃] *m* — Pfropfen, Korken; Verkehrsstau
tire- ~ *m* — Korkenzieher
boucle [buklə] *f* — Schnalle; Locke
~ d'oreille — Ohrring
bouffe [buf] *f fam* — Essen, Fraß
bouffer [bufe] *fam* — essen, fressen
bouger [buʒe] — sich bewegen, sich rühren
nous bougeons; je bougeais; bougeant
Ne bouge/Ne bougez pas! — Beweg dich/Bewegen Sie sich nicht! Laß' dich/Lassen Sie sich nicht stören!
bougie [buʒi] *f* — (*auch* Zünd-)Kerze
boulangerie [bulɑ̃ʒri] *f* — Bäckerei
boulot [bulo] *m fam* — Arbeit; Job
boum [bum] *f fam* — Party (*von Jugendlichen, mit Tanz*)
bouquin [bukɛ̃] *m fam* — Buch, Schmöker
bouquiniste [bukinist] *m, f fam* — Antiquar, -in
la Bourgogne [burgɔɲ] *f* — Burgund
en Bourgogne — in/nach Burgund
bourgogne *m* — Burgunder(wein)
bourse [burs] *f* — Börse; Stipendium
~ d'études — Studienbeihilfe
bout [bu] *m* — Ende, Stück(chen)
au ~ de la rue — am/ans Ende der Straße
au ~ d'une semaine — nach einer Woche
jusqu'au ~ — bis ans, bis zum Ende
d'un ~ à l'autre — von einem Ende zum anderen
au ~ de ses forces *ou* à ~ de forces — am Ende seiner Kräfte
à ~ de souffle — außer Atem
un ~ de chemin/ficelle/pain — ein Stück Wegs/Schnur/Brot
bouteille [butɛj] *f* — Flasche
ouvre-~(s) *m inv* — Flaschenöffner

bouton [butɔ̃] *m*	(*auch* Geräte-)Knopf; (Haut-)Pickel
(re)coudre un ~	einen Knopf (wieder) annähen
bracelet [braslɛ] *m*	Armband
~-montre *m ou* montre-~ *f*	Armbanduhr
brancher [brɑ̃ʃe]	(*bes. elektrisches Gerät*) anschließen, einschalten
bras [bra] *m*	Arm
brasserie [brasri] *f*	Brauerei, (Gast-)Wirtschaft
bref, brève [brɛf, brɛv] (*adv* brièvement)	kurz(gefaßt)
être ~	sich kurz fassen
~, ...	Kurz(um), ...
bricolage [brikɔlaʒ] *m*	Basteln; Pfuscharbeit
faire du ~	basteln; pfuschen
C'est du ~.	Das ist Pfuscherei.
bricoler [brikɔle]	basteln; pfuschen
briller [brije]	glänzen (*auch fig*)
briquet [brikɛ] *m*	Feuerzeug
brocante [brɔkɑ̃t] *f*	Antiquitäten(handel), Trödel
bronzer [brɔ̃ze]	bräunen (*Sonne*)
se (faire) ~	braun werden, sich bräunen lassen
bronzé, -e	(*von der Sonne*) gebräunt, braun
brosse [brɔs] *f*	Bürste
~ à dents/à cheveux/à chaussures	Zahn-/Haar-/Schuhbürste
brouillard [brujar] *m*	Nebel
Il fait du ~.	Es ist neblig.
bruit [brɥi] *m*	Geräusch, Lärm; Gerücht
faire du ~	Lärm machen
brûler [bryle]	brennen/(etw) verbrennen
~ un feu (rouge)	eine (rote) Ampel überfahren
se ~ (la main)	sich (die Hand) verbrennen
brun [brœ̃] *m*	Braun
brun, -e [brœ̃, bryn]	braun
être ~	dunkles Haar haben
bière/cigarette ~e	dunkles Bier/schwarze Zigarette
brusquement [bryskəmɑ̃] *adv* (*adj* brusque)	plötzlich, unvermittelt; brüsk
Bruxelles [brysɛl]	Brüssel
chou *m* de ~	Rosenkohl
bruyant, -e [brɥijɑ̃, brɥijɑ̃t]	laut

bureau

bureau [byro] *m* (-x) — Schreibtisch; Büro
~ des objets trouvés — Fundbüro
~ de poste/de tabac — Postamt/Tabakladen *(wo es außer Tabakwaren auch Briefmarken u. a. gibt)*

but [by *ou* byt] *m* — Ziel, Zweck; *(Sport)* Tor
marquer un ~ — ein Tor schießen
gardien *m* de ~ — Torwart

C

ça [sa] *pron fam* — das (da), es
~ y est? — Fertig? Bist du/Sind Sie soweit? Genug?
~ y est! — 1. Fertig! Das wär's! 2. Mir reicht's!
~ va (bien)? – ~ va (bien). — Wie geht's? Geht's (gut)? – Danke (gut).
Et avec ~? *fam* — Und was darf es sonst noch sein? Außerdem noch? *(Einkaufen)*
Qu'est-ce que c'est que ~? — Was ist (denn) das?
C'est ~. — Genau!
comme ~ — so
Comment ~? — Wie(so) das?
~ fait combien? – ~ fait 30 (trente) francs. — Wieviel macht das? – Das macht 30 Francs.
Qui a fait ~? — Wer hat das gemacht?

cabine téléphonique [kabin telefɔnik] *f* — Telefonzelle

(se) cacher [kaʃe] — (sich) verstecken

cachet [kaʃɛ] *m* — 1. Tablette, 2. (Künstler-, Vortrags-)Honorar

cadeau [kado] *m* (-x) — Geschenk
faire ~ de qc à qn/faire un ~ à qn — jdm etw schenken *(etw zum/ein Geschenk machen)*
~ d'anniversaire/de mariage/de Noël — Geburtstags-/Hochzeits-/Weihnachtsgeschenk

cadet, -te [kadɛ, kadɛt] — jüngerer,-e,-es; jüngster,-e,-es *(von Kindern)*
fils/frère ~ — jüngerer *oder* jüngster Sohn/Bruder
fille/sœur ~te — jüngere *oder* jüngste Tochter/Schwester

cadre [kadrə] *m*	1. Rahmen *(auch fig)*, 2. leitender Angestellter
dans le ~ de	im Rahmen von
café [kafe] *m*	1. Kaffee, 2. Kneipe, Café
~ express (un express)	*frz. Espresso*
~ noir (*fam* un noir)/~ au lait	schwarzer Kaffee/Milchkaffee
~ crème (*fam* un crème)	Kaffe mit Sahne
~ décaféiné (*fam* un décaféiné *ou* un déca [deka])	koffeinfreier Kaffee
~ soluble [sɔlyblə]	Pulverkaffee
au ~	in der/die Kneipe, im/ins Café
caisse [kɛs] *f*	Kiste; Kasse
passer à la ~	zur Kasse gehen
bon *m ou* ticket *m* de ~	Kassenzettel
~ d'épargne [eparɲ]	Sparkasse
calculatrice [kalkylatris] *f*	Rechenmaschine, (Elektronen-)Rechner
~ de poche	Taschenrechner
calculer [kalkyle] (que + *ind*)	rechnen/aus-, berechnen
machine *f* à ~	Rechenmaschine
calendrier [kalɑ̃drje] *m*	Kalender
calme [kalm] *adj/nom m*	ruhig, still/Ruhe, Stille
(se) calmer [kalme]	(sich) beruhigen
camarade [kamarad] *m, f*	Gefährte, -in, Genosse, -in *(auch pol.)*, Kamerad, -in
~ de jeu/d'école	Spiel-/Schulkamerad
camion [kamjɔ̃] *m*	Lastwagen, Lkw
campagne [kɑ̃paɲ] *f*	Land *(im Gegensatz zur Stadt)*
à la ~	auf dem/aufs Land
maison *f* de ~	Landhaus
camping [kɑ̃piŋ] *m*	Camping, Zelten
faire du ~	zelten, campen
terrain [tɛrɛ̃] *m* de ~	Campingplatz
~-bus *m*/-car *m*	Campingbus/Wohnmobil
le Canada [kanada]	Kanada
au Canada	in/nach Kanada
canadien, -ne [kanadjɛ̃, kanadjɛn]	kanadisch
Canadien, -ne	Kanadier, -in
canard [kanar] *m*	Ente, *fam* Zeitung
cancer [kɑ̃sɛr] *m*	Krebs(geschwür, *auch fig*)
canot [kano] *m*	Boot
canotage [kanɔtaʒ] *m*	Rudern
faire du ~	*(zum Sport oder Vergnügen)* rudern

34 capable

capable [kapablə] (de qc/de + *inf*)	fähig (zu)
capitale [kapital] *f*	Hauptstadt
car [kar]	denn
caractère [karaktɛr] *m*	1. Buchstabe, 2. charakteristisches Merkmal; Charakter
carnet [karnɛ] *m*	Notizheft; *(auch Fahrschein- u. dgl.)*Block
~ de chèques/de notes	Scheckheft/Zeugnisheft
carotte [karɔt] *f*	Karotte
carré, -e [kare]	quadratisch, viereckig
mètre ~	Quadratmeter
~ment	geradeheraus, offen, glattweg
carrefour [karfur] *m*	(Straßen-, Wege-)Kreuzung
au ~	an der/die Kreuzung
carte [kart] *f*	Karte
jouer aux ~s	Karten spielen
à la ~	nach der (Speise-)Karte
~ grise	*Kfz-Zulassungsschein*
~ verte	*internationale Versicherungskarte*
~ d'identité	(Personal-)Ausweis
~ de (la) France	Karte von Frankreich, Frankreichkarte
~ postale/de visite	Post-, Ansichts-/Visitenkarte
cas [ka] *m*	Fall
un autre ~	ein andrer Fall
un ~ grave/rare	ein schwerer/seltener Fall
au ~ où (+ *cond*)	im Falle, daß
en ce ~	in dem Fall
dans ce ~ -ci/-là	in diesem/jenem Fall
en aucun/en tout ~	in keinem/in jedem Fall, jedenfalls
dans la plupart des ~	in den meisten Fällen, meistens
en ~ d'accident/de maladie/d'urgence	bei einem Unfall/im Krankheits-/*(ärztl. u. dgl.)* Notfall
casse-croûte [kaskrut] *m inv*	Imbiß *(Sandwich, Toast)*
casser [kase]	zerbrechen, kaputtmachen
~ la gueule à qn *pop*	jdm eins in die Fresse hauen
~ les pieds à qn *fam*	jdm auf die Nerven gehen
se ~	zerbrechen, kaputtgehen, *fam* abhauen
se ~ la tête (avec qc/à + *inf*)	sich den Kopf zerbrechen
se ~ la figure *fam*	hinfallen, auf die Schnauze fallen

casserole [kasrɔl] f	Kochtopf; Schmorpfanne
cassette [kasɛt] f	(*auch* Tonband-)Kassette
mettre une ~	eine Kassette ein-, auflegen
catastrophique (!) [katastrɔfik]	katastrophal
catholique [katɔlik] *adj/nom m, f*	katholisch/Katholik, -in
cause [koz] f	Ursache, Grund
à ~ de	wegen
causer [koze]	1. verursachen, 2. plaudern
cave [kav] f	Keller
ce/cet, cette [sə/sɛt, sɛt] (ces [se *ou* sɛ])	dieser, -e, -es
~ matin/cette semaine	heute morgen/diese Woche
C'est fini.	Es ist zu Ende. Es ist aus.
Qu-est-~ que c'est (que ça)?	Was ist (denn) das?
Qui est-~?	Wer ist das? Wer ist da?
C'est moi/nous.	Ich (bin's)./Wir (sind's).
(tout) ~ qui/que	(alles) was (*Nom/Akk*)
est-~ que ...? (Est-~ que tu viens?)	Frageeinleitung (Kommst du?)
c'est-à-dire (c.-à-d.) (que + *ind*)	das heißt (d. h.) (, daß)
C'est-à-dire?	Was willst du/wollen Sie damit sagen?
c'est pourquoi	darum
ceci [səsi]	dies (hier)
Je vous dirai ~: ...	Ich möchte Ihnen folgendes sagen: ...
ceinture [sɛ̃tyr] f	Gürtel; Autobahnring
~ de sécurité	Sicherheitsgurt
cela [s(ə)la], *fam* **ça**	das (da)
célèbre [selɛbrə]	berühmt
célibataire [selibatɛr] *adj/nom m, f*	ledig/Junggeselle, -in, Lediger, -e
celui, celle [s(ə)lɥi, sɛl] (ceux, celles [sø, sɛl])	der, die, das(jenige)
ma voiture et celle de mon frère	mein Auto und das meines Bruders
celui (des deux) qui	derjenige (von beiden), der
tous ceux qui	alle, die
celui-ci/-là	dieser/jener
cendrier [sɑ̃drije] m	Asch(en)becher
cent [sɑ̃]	hundert
~ fois	hundertmal
pour ~ *m inv*	Prozent

centaine

à 5 (cinq) pour cent	zu 5 Prozent
~ pour ~	hundertprozentig *(auch fig)*
~ un, -e [sãœ̃, sãyn]	hunderteins; -ein, -eine
~ deux/trois *etc*	hundertzwei/-drei usw.
deux ~s (!)	zweihundert
deux ~ (!) dix	zweihundertzehn
faire les ~ pas	auf- und abgehen
centaine [sãtɛn] *f*	Hundert
une ~/des ~s (de personnes)	ungefähr hundert (Personen)/ Hunderte (von Menschen)
centime [sãtim] *m*	Centime *(1/100 Franc)*
centimètre [sãtimɛtrə] *m*	Zentimeter
central, -e [sãtral] *adj* (-aux)	zentral, Mittel-, Haupt-
chauffage ~	Zentralheizung
gare ~e	Hauptbahnhof
centre [sãtrə] *m*	Mittelpunkt, Zentrum
au ~ (de)	in der/die Mitte (von)
~ (de la) ville	Stadtzentrum
dans le centre de la France *ou* dans le Centre	in Mittelfrankreich
cependant [s(ə)pãdã]	unterdessen; jedoch
cercle [sɛrklə] *m*	Kreis
cerise [s(ə)riz] *f*	Kirsche
certain, -e [sɛrtɛ̃, sɛrtɛn]	sicher, gewiß, bestimmt
être ~ (de qc/de + *inf*/que + *ind*)	sicher sein
il est ~ que (+ *ind*)	es ist sicher, es steht fest, daß
C'est ~.	Das steht fest.
~ement	sicher(lich)
un nombre ~	eine zuverlässige Zahl
un ~ nombre	eine gewisse Zahl
dans ~s cas	in bestimmten Fällen
à ~s moments	in bestimmten Augenblicken
dans une ~e mesure	in einem gewissen Maße, gewissermaßen
~s (de mes amis)	manche (meiner Freunde)
certificat [sɛrtifika] *m*	Bescheinigung, Zeugnis
avoir de bons ~s	gute Zeugnisse haben
~ de bonne vie et mœurs [mœr(s)]/de travail	Führungszeugnis/ Arbeitsbescheinigung
~ médical	ärztliches Attest
cerveau [sɛrvo] *m* (-x)	Gehirn, Verstand
cervelle [sɛrvɛl] *f*	*(auch* Kalbs- usw.*)*Hirn
sans cesse [sãsɛs]	unaufhörlich
cesser [sese *ou* sese] (de + *inf*)	nachlassen, aufhören

chacun, -e [ʃakœ̃, ʃakyn] *pron* — jeder, -e, -es
~ pour soi — jeder für sich
~ (à) son goût/(à) son tour — jeder nach seinem Geschmack/nach der Reihe
~ d'entre *ou* de nous — jeder von uns
~ des deux — jeder der beiden, beide
chaîne [ʃɛn] *f* — Kette
travailler à la ~ — am Fließband arbeiten
travail *m* à la ~ — Fließbandarbeit
la première ~ (de télévision) — erstes (Fernseh-)Programm, erster Kanal
~ (stéréo) — (Stereo-)Anlage
chaise [ʃɛz] *f* — Stuhl
~ longue/pliante/roulante — Liege-/Klapp-/Rollstuhl
chalet [ʃalɛ] *m* — Berghütte
chaleur [ʃalœr] *f* (!) — Hitze, Wärme
supporter mal la ~ — die Hitze schlecht vertragen
Quelle ~! — Was für eine Hitze!
par cette ~ — bei dieser Hitze
chambre [ʃɑ̃brə] *f* — (*bes.* Schlaf-)Zimmer, Kammer (*auch fig*)
réserver une ~ — ein Zimmer reservieren
faire la ~ — das Zimmer machen
~ individuelle *ou* à un lit — Einzelzimmer
~ à deux lits — Doppelzimmer
deux ~s voisines — zwei Zimmer nebeneinander
~ meublée — möbliertes Zimmer
~ d'amis/de bonne — Gäste-/(*auch ehemaliges*) Dienstmädchenzimmer, Mansarde(nzimmer)
~ d'hôtel — Hotelzimmer
~ à coucher — Schlafzimmer
~ à louer — Zimmer zu vermieten
~ de commerce/des députés — Handels-/Abgeordnetenkammer
champ [ʃɑ̃] *m* — Acker, Feld (*auch fig*), Fläche
champignon [ʃɑ̃piɲɔ̃] *m* — Pilz
omelette *f* aux ~s — Omelette mit Pilzen
champion, -ne [ʃɑ̃pjɔ̃, ʃɑ̃pjɔn] — Meister, -in (*bes. im Sport*)
~ du monde — Weltmeister
championnat [ʃɑ̃pjɔna] *m* — Meisterschaft(swettkampf)
remporter [rɑ̃pɔrte] le ~ (du monde) — die (Welt-)Meisterschaft gewinnen

chance

chance [ʃɑ̃s] *f* — Glück(sfall), Chance
avoir de la ~ — Glück haben
Tu as/Vous avez eu de la ~. — Da hast du/Da haben Sie Glück gehabt!
Bonne ~! — Viel Glück!
avec un peu de ~ — mit etwas Glück
ne pas avoir de ~ — kein Glück haben
il y a des ~s que (+ *subj*) — es ist möglich *oder* wahrscheinlich, daß

chancelier [ʃɑ̃səlje] *m* — Kanzler

change [ʃɑ̃ʒ] *m* — (*auch* Geld-)Wechsel
bureau *m* de ~ — Wechselstube
cours *m* du ~ — Wechselkurs

changement [ʃɑ̃ʒmɑ̃] *m* — (Ver-)Änderung
~ d'adresse/de programme — Adressen-/Programmänderung

changer [ʃɑ̃ʒe] — sich (ver)ändern/(etw) (ver-)tauschen, (aus-, ein-, um-)wechseln, (*Kind*) umziehen
nous changeons; je changeais; changeant
ne pas avoir changé — sich (gar) nicht verändert haben
Le temps a changé/va ~. — Das Wetter hat sich geändert/wird sich ändern.
Les temps ont changé. — Die Zeiten haben sich geändert.
pour ~ (un peu) — zur Abwechslung
~ de qn, qc — jdn, etw wechseln, etw ändern
~ d'avis/de vie — seine Meinung/sein Leben ändern
~ de chemise/de place — das Hemd/den Platz *oder* die Plätze wechseln
~ d'adresse *ou* d'appartement/de train — umziehen/umsteigen
Cela (*fam* Ça) ne change rien. — Das ändert nichts.
ne rien ~ — alles beim alten lassen
~ en — verwandeln in, zu
~ de l'argent/des marks en francs — Geld/Mark in Francs (um)wechseln
~ l'huile/un pneu — das Öl/einen Reifen wechseln
~ les draps — die Bettwäsche wechseln
~ le bébé — das Baby wickeln
se ~ — sich umziehen

chanson [ʃɑ̃sɔ̃] *f* (!) — Lied, Chanson
~ folklorique [fɔlklɔrik] — Volkslied
~ populaire — Schlager

chanter [ʃɑ̃te]	singen
~ faux (!)/juste (!)	falsch/richtig singen
chanteur, -euse [ʃɑ̃tœr, ʃɑ̃tøz]	Sänger, -in
chantier [ʃɑ̃tje] *m*	Baustelle, Werft
chapeau [ʃapo] *m* (-x)	Hut
mettre un ~	einen Hut aufsetzen
~!	Alle Achtung! Hut ab!
chapitre [ʃapitrə] *m*	Kapitel
chaque [ʃak] *adj*	jeder, -e, -es
~ fois	jedesmal
charcuterie [ʃarkytri] *f*	1. Fleisch oder Aufschnitt vom Schwein, 2. darauf spezialisierte Metzgerei
100 (cent) grammes de ~	100 g Aufschnitt
un assortiment [asɔrtimɑ̃] de ~	gemischter Aufschnitt
charge [ʃarʒ] *f*	Last *(auch fig), (auch elektr.)* Ladung; Verpflichtung
les ~s	die (Wohnungs-)Nebenkosten
charger [ʃarʒe] (qn, qc de qn, qc/qn de + *inf*)	belasten, beladen; beauftragen (mit)
~ la batterie	die Batterie aufladen
se ~ de qn	sich jds annehmen
se ~ de qc/de + *inf* (Je m'en charge.)	etw übernehmen/ übernehmen, zu (Dafür sorge ich. Das lassen Sie meine Sorge sein.)
chat [ʃa] *m*	Katze
château [ʃɑto *ou* ʃato] *m* (-x)	Schloß
chaud, -e [ʃo, ʃod]	heiß, warm
Il fait (très/trop) ~.	Es ist (sehr/zu) heiß.
J'ai (très/trop) ~.	Mir ist (sehr/zu) warm. Ich schwitze.
eau ~e	Warmwasser
chauffage [ʃofaʒ] *m*	Heizung
~ central	Zentralheizung
~ au charbon/au mazout	Kohle-/Ölheizung
chauffer [ʃofe]	(er)wärmen, (er)hitzen, heizen
se ~	sich wärmen
chaussette [ʃosɛt] *f*	Socke, Kniestrumpf
chaussure [ʃosyr] *f*	Schuh
mettre/enlever ses ~s	seine Schuhe an-/ausziehen
chef [ʃɛf] *m*	Leiter, *(auch* Küchen-)Chef
~ d'entreprise	Betriebsleiter, Unternehmer
~ de rayon	Abteilungsleiter *(Warenhaus)*
~ de service	Dienststellenleiter
~ d'Etat	Staatschef

chemin

chef de famille	Familienoberhaupt
~ de gare	Bahnhofsvorsteher
~ d'orchestre	Dirigent
médecin *m*/rédacteur *m* en ~	Chefarzt/Chefredakteur
~-d'œuvre [ʃɛdœvrə] (*pl* chefs-d'œuvre)	Meisterwerk
chemin [ʃ(ə)mɛ̃] *m*	Weg, Straße
se tromper de ~	sich verlaufen, verfahren
en ~/à mi-~	unterwegs/auf halbem Weg
par ce ~	auf diesem Weg
le ~ de la gare	der Weg zum Bahnhof
~ du retour	Rückweg
~ de fer	Eisenbahn
chemise [ʃ(ə)miz] *f*	Hemd
~ de nuit	Nachthemd
chemisier [ʃ(ə)mizje] *m*	Bluse
chèque [ʃɛk] *m*	Scheck
payer par ~	mit Scheck bezahlen
faire/signer/remettre un ~	einen Scheck ausstellen/ unterschreiben/übergeben
carnet *m* de ~s	Scheckheft
~ bancaire [bɑ̃kɛr]/postal	Bank-/Postscheck
eurochèque	Euroscheck
~ sans provision	ungedeckter Scheck
cher, chère [ʃɛr, ʃɛr]	teuer, lieb
coûter ~ (à qn)	(jdn) viel kosten, (jdm) teuer sein
acheter/vendre/payer ~ *inv*	teuer kaufen/verkaufen/ bezahlen
La vie est chère.	Das Leben ist teuer.
~ monsieur, .../Chère madame, ...	Lieber Herr/Liebe Frau X! *(im Frz. ohne Namensnennung; bes. Brief)*
~ collègue, .../Chère collègue, ...	Lieber Herr Kollege!/ Liebe Frau Kollegin! *(bes. Brief)*
(Mon) ~ ami, ...	(Mein) Lieber Freund! *(bes. Brief)*
(Ma) Chère Louise, ...	(Meine) Liebe Luise! *(bes. Brief)*
chercher [ʃɛrʃe]	suchen
~ à + *inf*	versuchen, sich bemühen, zu
aller/venir ~	holen (gehen/kommen)
envoyer ~	holen lassen, schicken nach
chéri, -e [ʃeri]	Liebling
cheval [ʃ(ə)val] *m* (-aux)	Pferd

cheveux [ʃ(ə)vø] *m pl*	(Kopf-)Haar(e)
avoir les ~ noirs	schwarzes Haar haben
(se faire) couper les ~	(sich) die Haare schneiden (lassen)
chèvre [ʃɛvrə] *f*	Ziege
fromage *m* de ~	Ziegenkäse
chewing-gum [ʃwiŋgɔm] *m*	Kaugummi
chez [ʃe] qn	bei/zu jdm
~ moi, toi *etc*	(bei mir, dir *usw.*) zu Hause/ (zu mir, dir *usw.*) nach Hause
~ le médecin	beim/zum Arzt
chic [ʃik] *inv*	elegant, schick; nett, sympathisch
une robe ~	ein elegantes Kleid
un ~ type *fam*	ein prima Kerl
chien, -ne [ʃjɛ̃, ʃjɛn]	Hund, Hündin
~ méchant!	Bissiger Hund!
chiffre [ʃifrə] *m* (!)	Ziffer, (Gesamt-)Zahl
chimie [ʃimi] *f*	Chemie
la Chine [ʃin]	China
en Chine	in/nach China
chinois, -e [ʃinwa, ʃinwaz]	chinesisch
Chinois, -e	Chinese, -in
choc [ʃɔk] *m*	Stoß, Schock
prix ~	Schleuderpreis
chocolat [ʃɔkɔla *ou* ʃɔkɔla] *m*	Schokolade; Praline
tablette [tablɛt] *f*/tasse *f* de ~	Tafel/Tasse Schokolade
choisir [ʃwazir]	(aus)wählen
Il faut ~.	Man muß sich entscheiden.
Vous avez choisi?	Haben Sie gewählt?
choix [ʃwa] *m*	(Aus-)Wahl
faire son ~	seine Wahl treffen, sich entscheiden
faire un bon/mauvais ~	eine gute/schlechte Wahl treffen
au ~	nach Wahl, beliebig
chômage [ʃomaʒ] *m*	Arbeitslosigkeit
au *ou* en ~	arbeitslos
allocation *f* (de) ~	Arbeitslosenunterstützung
chômeur, -euse [ʃomœr, ʃomøz]	Arbeitsloser, -e
chose [ʃoz] *f*	Sache
quelque ~ (de bon)	etwas (Gutes)
C'est autre/la même ~.	Das ist etwas andres/dasselbe.
Vous n'avez pas autre ~?	Haben Sie nicht noch was anderes?

un tas de choses — eine Menge Dinge
peu de ~ *ou* pas grand-~ — nicht viel, nichts Besonderes
Bien des ~s (de ma part) à tes parents! — Grüß deine Eltern (vielmals) von mir!

chou [ʃu] *m* (-x) — Kohl
~-fleur/~ rouge/(de) Bruxelles — Blumen-/Rot-/Rosenkohl
Mon (petit) ~! — Mein Schatz!

choucroûte [ʃukrut] *f* — Sauerkraut
chouette [ʃwɛt] *adj inv fam* — toll, super, Klasse
chrétien, -ne [kretjɛ̃, kretjɛn] *adj/nom* — christlich/Christ, -in
le Christ [krist] — Christus
Jésus-Christ — Jesus Christus

ci-, -ci [si] — hier
~-inclus *inv ou* ~-joint *inv* — beiliegend, in der Anlage *(Brief)*
ce livre-~ — dieses Buch (hier)
ces jours-~ — diese Tage, dieser Tage

cidre [sidrə] *m* — *frz. Apfelwein*
ciel [sjɛl] *m* — Himmel
dans le *ou* au ~ — im, am/in den, zum Himmel
arc-en-~ [arkɑ̃-] *m* — Regenbogen

cigare [sigar] *m* (!) — Zigarre
cigarette [sigarɛt] *f* — Zigarette
allumer/éteindre une ~ — eine Zigarette anzünden/ausmachen
~ blonde/brune — helle/schwarze Zigarette
un paquet de ~s — eine Schachtel Zigaretten

cimetière [simtjɛr] *m* — Friedhof
cinéma [sinema] *m*, *fam* **ciné** [sine] *m* — Kino
au ~ — im/ins Kino
acteur, -trice/vedette *f* de ~ — Filmschauspieler, -in/-star *(männlich oder weiblich)*

cinq [sɛ̃k] — fünf
le 5 (cinq) mars — der 5./den, am 5. März
~ième (5ᵉ) — fünfter, -e, -es (5.)
en ~ième — in der/die Quinta *(Unterstufenklasse Gymnasium)*

cinquante [sɛ̃kɑ̃t] — fünfzig
~ et un, -e — einundfünfzig
~-deux/-trois *etc* — zwei-/dreiundfünfzig usw.
cinquantième (50ᵉ) — fünfzigster, -e, -es (50.)

cintre [sɛ̃trə] *m* — (Kleider-)Bügel

circonstances [sirkõstãs] *f pl* — Umstände, Verhältnisse
dépendre des ~ — von den Umständen abhängen
dans ces ~ — unter diesen Umständen
circuit [sirkɥi] *m* — Kreis(bahn, -lauf), Rundfahrt
faire un ~ — eine Rundfahrt machen
circulation [sirkylasjõ] *f* — (Straßen-)Verkehr, Umlauf, (*auch* Blut-)Kreislauf
ciseaux [sizo] *m pl* — Schere
~ à ongles — Nagelschere
cité [site] *f* — (Alt-, Innen-)Stadt; Siedlung; Gebäudekomplex
~ universitaire [ynivɛrsitɛr] — Studentenwohnheim(e), -dorf
citron [sitrõ] *m* — Zitrone
~ pressé — *(frischgepreßter)* Zitronensaft
civil, -e [sivil] — bürgerlich, Zivil-
état ~ — Familienstand
civilisation [sivilizasjõ] *f* — Zivilisation, Kultur
clair, -e [klɛr] — hell, klar *(auch fig)*
bleu, gris *etc* ~ *inv* (une robe bleu clair) — hellblau, -grau *usw.* (ein hellblaues Kleid)
clair [klɛr] *m* de lune — Mondschein
au ~ de lune — bei, im Mondschein
classe [klas] *f* — Klasse, Unterricht(sstunde)
aller/être en ~ — in den Unterricht gehen/im Unterricht sein
pendant la ~ — während des Unterrichts, in der Stunde
de première ~ — erster Klasse, erstklassig
voyager en première/seconde *ou* deuxième ~ — Erster/Zweiter Klasse reisen
~ ouvrière — Arbeiterklasse
classique [klasik] — klassisch
clé *ou* **clef** [kle] *f* — Schlüssel *(auch fig)*
fermer à ~ — abschließen
La ~ est sur la porte. — Der Schlüssel steckt (in der Tür).
trousseau [truso] *m* de ~s — Schlüsselbund
client, -e [klijã, klijãt] — Kunde, Kundin
clignotant [kliɲɔtã] *m* — Blinklicht *(Auto, Bahnübergang)*
climat [klima *ou* klima] *m* — Klima *(auch fig)*
clochard, -e [klɔʃar, klɔʃard] — Penner, -in
club [klœb (!)] *m* — Club
Touring- [turiŋ] ~ de France — *frz. Automobilclub*
code [kɔd] *m* — Gesetzbuch, Code
~ de la route — Straßenverkehrsordnung

phares *m pl* code (*fam* le ~)	Abblendlicht
(se) mettre/être en ~	abblenden/abgeblendet haben
cœur [kœr] *m*	Herz
maladie *f* de ~	Herzleiden
J'ai mal au ~.	Mir ist übel.
(apprendre/savoir) par ~	auswendig (lernen/können)
de bon ~	(von Herzen) gerne, bereitwillig
coffre [kɔfrə] *m*	Truhe, (*auch* Geld-)Kasten, Tresor; Kofferraum
coiffeur, -euse [kwafœr, kwaføz]	Friseur, Friseuse
aller/être chez le ~	zum Friseur gehen/beim Friseur sein
~ pour dames/hommes	Damen-/Herrenfriseur
coin [kwɛ̃] *m*	Ecke
au ~ de la rue	an der/die Straßenecke
col [kɔl] *m*	1. Kragen, 2. (Gebirgs-)Paß
colère [kɔlɛr] *f*	Zorn, Wut
se mettre/être en ~ (contre)	zornig, wütend werden/sein
colis [kɔli] *m*	Paket
faire un ~	ein Paket packen
collant [kɔlɑ̃] *m*	Strumpfhose
collant, -e [kɔlɑ̃, kɔlɑ̃t] *adj*	klebrig; eng anliegend *(Kleidung)*; *fam* aufdringlich
colle [kɔl] *f*	Klebstoff
collection [kɔlɛksjɔ̃] *f*	Sammlung
faire ~ de qc	etw sammeln
~ de timbres	Briefmarkensammlung
timbre *m* de ~	Sammlermarke
collège [kɔlɛʒ] *m*	*(bes. katholischer)* Schultyp
~ d'Enseignement Secondaire (C.E.S. [seəɛs])	*(etwa)* Realschule
~ d'Enseignement Technique (C.E.T. [seəte])	*(etwa)* Berufsschule
collègue [kɔlɛg] *m, f*	Kollege, -in
coller [kɔle]	kleben
être collé, -e *fam*	*(bei einer Prüfung)* durchfallen; nachsitzen müssen
collier [kɔlje] *m*	Halskette; (Hunde-)Halsband
colline [kɔlin] *f*	Hügel
collision [kɔlizjɔ̃] *f*	Zusammenstoß
entrer en ~ (avec)	zusammenstoßen
Cologne [kɔlɔɲ]	Köln
colonie [kɔlɔni] *f*	Kolonie
~ de vacances	(Kinder-)Ferienlager

combattre [kɔ̃batrə]   kämpfen/bekämpfen
je combats, il combat, nous combattons, ils combattent; j'ai combattu

~ contre	kämpfen gegen
se ~	sich bekämpfen

combien [kɔ̃bjɛ̃]   wieviel

~ coûte *ou* vaut ce fromage?	Wieviel kostet dieser Käse?
C'est ~?	Wieviel kostet das?
Ça fait ~?	Wieviel macht das (zusammen)?
Il en faut ~?	Wieviel braucht man davon?
~ de livres	wie viele Bücher
~ de fois/de temps	wie oft/wie lange
On est le ~ aujourd'hui?	Den Wievielten haben wir heute?
Vous faites du ~? *fam*	1. Welche (Kleider-, Schuh-) Größe haben Sie? 2. Wie schnell fahren Sie *oder* fährt Ihr Auto?

comédie [kɔmedi] *f*   Komödie
commande [kɔmɑ̃d] *f*   Auftrag, Bestellung
commander [kɔmɑ̃de]   befehlen; in Auftrag geben, bestellen
comme [kɔm] *adv/conj*   (in der Weise) wie, (in der Eigenschaft) als/in dem Augenblick, als, wie; da

~ ça	auf diese Weise, so
~ ci ~ ça	soso
~ il faut	wie es sich gehört, anständig
~ d'habitude	wie gewöhnlich
(joli) ~ tout *fam*	unheimlich (schön)
Faites ~ chez vous!	Fühlen Sie sich wie zu Hause!
~ quoi *fam*	demzufolge, wonach, wodurch
~ si (+ *ind impf ou plus-que-pf*)	als ob
Et ~ boisson?	Und was trinken Sie?
~ il pleut, je reste.	Da es regnet, bleibe ich.

commencer [kɔmɑ̃se]   (etw/mit etw) anfangen
(qc/par qn, qc)
nous commençons; je commençais; commençant

~ à *ou* de + *inf*/par + *inf*	anfangen zu/damit, daß
J'ai commencé à *ou* de chanter.	Ich habe angefangen zu singen.
J'ai commencé par chanter.	Als erstes habe ich gesungen.

comment

comment [kɔmɑ̃]	wie
~?	Wie bitte?
~ vas-tu/allez-vous?	Wie geht es dir/Ihnen?
fam ~ ça va?	Wie geht's?
commerçant [kɔmɛrsɑ̃] *m*	Kauf-, Geschäftsmann
commerce [kɔmɛrs] *m*	Handel
commercial, -e [kɔmɛrsjal] (-aux)	geschäftlich, Handels-
centre ~	Geschäfts-/Handelszentrum
commissariat [kɔmisarja] *m* **(de police)**	(Polizei-)Revier
commode [kɔmɔd]	bequem *(auch fig)*, praktisch
commun, -e [kɔmœ̃, kɔmyn]	gemeinsam; allgemein, üblich
un ami ~	ein gemeinsamer Freund
transports *m pl* en ~	öffentliche Verkehrsmittel
communauté [kɔmynote] *f*	*(auch* Wohn-)Gemeinschaft
~ (Economique) Européenne (C.E.E. [seeə] *ou* C.E. [seə])	Europäische Gemeinschaft (EG)
commune [kɔmyn] *f*	*(Land- oder Stadt-)*Gemeinde
communication [kɔmynikasjɔ̃] *f*	Verbindung, Übermittlung, Mitteilung; Referat
~ téléphonique	(Telefon-)Verbindung, Anruf, Gespräch
être en ~ avec	in Verbindung stehen mit
comparaison [kɔ̃parɛzɔ̃] *f*	Vergleich
en ~ de	im Vergleich mit
comparer [kɔ̃pare] (à *ou* avec)	vergleichen (mit)
compartiment [kɔ̃partimɑ̃] *m*	Fach, (*auch* Zug-)Abteil
complet, -ète [kɔ̃plɛ, kɔ̃plɛt] *adj*	vollständig; besetzt *(Fahrzeug, Hotel)*, ausverkauft *(Veranstaltung)*
œuvres ~ètes	sämtliche Werke
pain ~	Vollkornbrot
~ètement	völlig
complet [kɔ̃plɛ] *m*	(Herren-)Anzug
compliqué, -e [kɔ̃plike] *(part passé; inf* compliquer*)*	kompliziert
se comporter [kɔ̃pɔrte]	sich verhalten, sich benehmen
composter [kɔ̃pɔste]	entwerten *(Fahrschein)*
comprendre [kɔ̃prɑ̃drə]	verstehen, auffassen; umfassen, beinhalten
je comprends, il comprend, nous comprenons, ils comprennent, j'ai compris	
(ne pas) ~ le français	(kein) Französisch verstehen
facile/difficile à ~	leicht-/schwerverständlich, leicht/schwer einzusehen

faire comprendre (qc à qn/à qn que + *ind*)	begreiflich machen, zu verstehen geben
~ que (+ *ind*/+ *subj*)	verstehen/davon ausgehen, daß
Cela (*fam* Ça) se comprend.	Das läßt sich denken. Das versteht sich (von selbst).
service/tout compris	Bedienung/alles inbegriffen
comprimé [kɔ̃prime] *m*	Tablette
compromis [kɔ̃prɔmi] *m*	Kompromiß
compte [kɔ̃t] *m*	Berechnung; Konto
faire les *ou* ses ~s	abrechnen
se rendre ~ (de qc/que + *ind*)	sich klar werden (über etw/darüber, daß)
tenir ~ de	berücksichtigen
compter [kɔ̃te] (+ *inf*/qn, qc)	zählen, (ab)rechnen, damit rechnen, zu *oder* daß/(aus-)zählen, (an-, be)rechnen
Ce qui compte c'est ...	Worauf es ankommt, ist ...
Cela (*fam* Ça) ne compte pas.	Das zählt nicht (mit).
~ parmi/sur	zählen, gehören zu/sich verlassen auf
Je compte le revoir une fois.	Ich rechne damit, ihn einmal wiederzusehen.
comptoir [kɔ̃twar] *f*	Tresen, Theke
~ – salle *f*	am Tresen – am Tisch (*Preisunterschied in frz. Cafés*)
con, -ne [kɔ̃, kɔn] *adj/nom; pop*	blöde, gemein/Blödmann, blöde Kuh
concerner [kɔ̃sɛrne]	betreffen
en ce qui concerne ... *ou* concernant ...	betreffend ..., was ... anbelangt
concert [kɔ̃sɛr] *m*	Konzert
concierge [kɔ̃sjɛrʒ] *m, f*	Hausmeister, -in, Pförtner, -in
conclusion [kɔ̃klyzjɔ̃] *f*	(Ab-, Be-)Schluß, (Schluß-)Folgerung
~ d'un traité	Vertragsabschluß
tirer les ~s (de)	Schlüsse ziehen (aus)
arriver à la ~ que (+ *ind*)/à une ~	zu dem Schluß kommen, daß/zu einem Schluß kommen
en ~	alles in allem, kurz
concours [kɔ̃kur] *m*	1. Wettbewerb, Ausschreibung, 2. Mitwirkung
avec le ~ de	unter Mitwirkung von
concurrence [kɔ̃kyrɑ̃s] *f*	Konkurrenz
faire ~ à qn, qc/se faire ~	jdm, etw/sich Konkurrenz machen

entrer *ou* être en concurrence avec	konkurrieren mit
condition [kɔ̃disjɔ̃] *f*	Bedingung, Zustand
poser/remplir une ~	eine Bedingung stellen/erfüllen
dans ces ~s	unter diesen Bedingungen
à ~ de + *inf ou* à (la) ~ que (+ *subj*)	unter der Bedingung, daß
~s de travail	Arbeitsbedingungen
conducteur, -trice [kɔ̃dyktœr, kɔ̃dyktris]	Fahrer, -in
conduire [kɔ̃dɥir] je conduis, il conduit, nous conduisons, ils conduisent; j'ai conduit	führen, lenken, *(Auto)* fahren
apprendre à/savoir ~	fahren lernen/können
~ bien	ein guter Autofahrer sein
permis *m* de ~	Führerschein
se ~ (bien/mal)	sich (gut/schlecht) benehmen
conférence [kɔ̃ferɑ̃s] *f*	Konferenz; Vortrag
~ de presse/au sommet	Presse-/Gipfelkonferenz
faire une ~	einen Vortrag halten
confiance [kɔ̃fjɑ̃s] *f*	Vertrauen
avoir ~ (en)	zuversichtlich sein, Vertrauen haben (zu)
faire ~ à qn	jdm vertrauen
confier [kɔ̃fje] (qc à qn)	anvertrauen
se ~ à qn	sich jdm anvertrauen
confirmer [kɔ̃firme] (qc/que + *ind*)	bekräftigen, *(auch Reservierung)* bestätigen
confiserie [kɔ̃fizri] *f*	Süßwaren; Süßwarengeschäft
confiture [kɔ̃fityr] *f*	Marmelade
~ de fraises/de framboises/d'oranges	Erdbeer-/Himbeer-/Orangenmarmelade
conflit [kɔ̃fli] *m*	Konflikt
confondre [kɔ̃fɔ̃drə] (avec) je confonds, il confond, nous confondons, ils confondent; j'ai confondu	verwechseln (mit), durcheinanderbringen, verwirren *(auch fig)*, beschämen
confort [kɔ̃fɔr] *m*	Komfort, Gemütlichkeit
confortable [kɔ̃fɔrtablə]	bequem, gemütlich
confus, -e [kɔ̃fy, kɔ̃fyz]	durcheinander, verwirrt, beschämt
confusion [kɔ̃fyzjɔ̃] *f*	Verwechslung, Durcheinander, Verwirrung *(auch fig)*, Beschämung

Il y a confusion.	Da muß eine Verwechslung *oder* ein Irrtum vorliegen.
congé [kɔ̃ʒe] *m*	Urlaub, Schulfrei
avoir ~	freihaben
donner son ~ à qn	jdn entlassen
être en ~	im Urlaub, beurlaubt sein
prendre ~/un ~	sich verabschieden/sich beurlauben lassen
un jour de ~	ein freier Tag
~s annuels/payés	Jahres-/bezahlter Urlaub
congrès [kɔ̃grɛ] *m*	Kongreß
connaissance [kɔnɛsɑ̃s] *f*	Kenntnis, Bekanntschaft; Bekannter, -e; Bewußtsein
~ du français/~s en français	Französischkenntnis/-se
avoir ~ de	Kenntnis haben von
à ma/ta *etc* ~	meines/deines *usw.* Wissens
faire la ~ de	Bekanntschaft machen mit, kennenlernen
une vieille ~	ein alter Bekannter, eine alte Bekannte
perdre/reprendre ~	ohnmächtig werden/wieder zu sich kommen
être sans ~	bewußtlos sein
connaître [kɔnɛtrə]	kennen, kennenlernen
je connais, il connaît, nous connaissons, ils connaissent; j'ai connu	
~ de nom/de vue	dem Namen nach/vom Sehen kennen
se ~	sich *(selbst/einander)* kennen
s'y ~ (Je ne m'y connais pas.)	sich in, sich mit etwas auskennen (Davon verstehe ich nichts.)
connu, -e	bekannt, berühmt
conscience [kɔ̃sjɑ̃s] *f*	Bewußtsein, Gewissen
prendre/avoir ~ de qc/de + *inf*/que (+ *ind*)	sich einer Sache bewußt werden/sein, sich bewußt werden/sein, daß
avoir bonne/mauvaise ~	ein gutes/schlechtes Gewissen haben
avoir qn, qc sur la ~	jdn, etw auf dem Gewissen haben
avoir la ~ tranquille	ein ruhiges Gewissen haben
objecteur [ɔbʒɛktœr] *m* de ~	Wehrdienstverweigerer

conseil

conseil [kɔ̃sɛj] *m* — Rat(schlag; -sversammlung)
demander ~ à qn — jdn um Rat fragen
donner à qn le ~ de + *inf* / un ~ à qn — jdm den Rat geben, zu/ jdm einen Rat geben
un bon/mauvais ~ — ein guter/schlechter Rat
~ municipal/des ministres — Stadtrat/(Regierungs-)Kabinett

conseiller [kɔ̃sɛje] (qc à qn/qn) — (jdm jdn, etw an)raten/ (jdn) beraten
~ (à qn) de + *inf* — (jdm) den Rat geben, zu

conséquence [kɔ̃sekɑ̃s] *f* — Folge, Konsequenz
avoir pour ~ — zur Folge haben
tirer la ~ (de) — die Konsequenz ziehen (aus)
sans ~s — folgenlos
en ~ — folglich

par conséquent [kɔ̃sekɑ̃] — folglich

conservateur, -trice (!) [kɔ̃sɛrvatœr, kɔ̃sɛrvatris] — konservativ

conserve [kɔ̃sɛrv] *f* — Konserve
boîte *f* de ~ — Büchse Konserven

considérable [kɔ̃siderablə] — beträchtlich

considérer [kɔ̃sidere] (comme) — betrachten (als)
je considère, nous considérons, ils considèrent; je considérerai [kɔ̃sider(ə)re] (!)

consigne [kɔ̃siɲ] *f* — Gepäckaufbewahrung; (Flaschen- *u. dgl.*)Pfand
sans ~ — ohne Pfand
~ automatique — Schließfach(anlage)

consigné, -e [kɔ̃siɲe] — mit (Flaschen- *u. dgl.*)Pfand
non ~ — ohne Pfand

consoler [kɔ̃sɔle] — trösten

consommation [kɔ̃sɔmasjɔ̃] *f* — Verbrauch; Verzehr, Zeche
~s — Getränke

consommé [kɔ̃sɔme] *m* — Fleischbrühe

consommer [kɔ̃sɔme] — verbrauchen; verzehren *(Restaurant)*
~ beaucoup d'essence — viel Benzin verbrauchen

constat à l'amiable [kɔ̃staalamjabl(ə)] *m* — gütliche Regelung *(in Frankreich übliches Unfallprotokoll bei Bagatellschäden)*

constater [kɔ̃state] (qc/que + *ind*) — feststellen

construction [kɔ̃stryksjɔ̃] *f* — Konstruktion, Bau *(Gebäude/ Handwerk)*

construire [kɔ̃strɥir]   konstruieren *(auch fig)*, bauen
je construis, il construit, nous construisons, ils construisent; j'ai construit
(se) faire ~   (sich) bauen lassen

consulat [kɔ̃syla] *m*   Konsulat
~ d'Allemagne   Deutsches Konsulat

consultation [kɔ̃syltasjɔ̃] *f*   Beratung; Sprechstunde
cabinet [kabinɛ] *m*/heures *f pl* de ~   Sprechzimmer/-stunde

consulter [kɔ̃sylte]   um Rat fragen
~ un *ou* le dictionnaire   im Wörterbuch nachschlagen

contact [kɔ̃takt] *m*   Berührung, Kontakt, Verbindung
prendre ~ (avec)   Verbindung aufnehmen (zu)
entrer/se mettre en ~ (avec)   in Verbindung treten/sich in Verbindung setzen (mit)
mettre en ~ (avec)   in Verbindung bringen (mit)
être/rester en ~ (avec)   in Verbindung sein/bleiben (mit)
garder le ~ (avec)   die Verbindung aufrechterhalten (mit)
verres *m pl* de ~   Kontaktlinsen

contemporain, -e [kɔ̃tɑ̃pɔrɛ̃, kɔ̃tɑ̃pɔrɛn]   zeitgenössisch, modern

contenir [kɔ̃tnir]   enthalten *(Behälter, Buch)*
il contient, ils contiennent; contenant; il a contenu

content, -e [kɔ̃tɑ̃, kɔ̃tɑ̃t]   zufrieden, froh, glücklich
(de qn, qc/de + *inf*/que + *subj*)

se contenter [kɔ̃tɑ̃te]   sich zufriedengeben, begnügen
(de qn, qc/de + *inf*)

contenu [kɔ̃tny] *m*   Inhalt *(Behälter, Buch)*

continuation [kɔ̃tinɥasjɔ̃] *f*   Fortsetzung, -führung
Bonne ~!   Weiterhin alles Gute! Schönen Tag noch!

continuer [kɔ̃tinɥe]   fortfahren, -dauern/fortsetzen
(à *ou* de + *inf*/qc)
Continuez!   Weitermachen! Nur weiter (so)!

contraire [kɔ̃trɛr] (à) *adj/nom m*   entgegengesetzt, gegensätzlich/Gegensatz, Gegenteil
dans le cas ~   im entgegengesetzten Fall
en sens ~   in entgegengesetzter Richtung
ne pas dire le ~   etwas nicht bestreiten
faire (tout) le ~ (de)   das (genaue) Gegenteil tun (von)
(Bien *ou* Tout) Au ~!   (Ganz) Im Gegenteil!

contrat [kɔ̃tra] *m*
signer un ~
~ de location/de travail/de vente
contravention [kɔ̃travɑ̃sjɔ̃] *f*

contre [kɔ̃trə]
être ~ qn, qc
être ~ *fam*
ne rien avoir ~ qn, qc
ne rien avoir ~ *fam*
par ~
le pour et le ~
contrôle [kɔ̃trol] *m* (!)
contrôler [kɔ̃trole]
contrôleur [kɔ̃trolœr] *m*
convaincre [kɔ̃vɛ̃krə]
(qn de qc)
je convaincs [kɔ̃vɛ̃], il convainc, nous convainquons [kɔ̃vɛ̃kɔ̃], ils convainquent [kɔ̃vɛ̃k]; j'ai convaincu
se laisser ~
être convaincu, -e (de qc/de + *inf*/que + *ind*)
ne pas être convaincu, -e (que + *fut*/+ *subj*)
convenir [kɔ̃vnir]
il convient, ils conviennent; il conviendra; il a (!) convenu
Cela (*fam* Ça) me convient/ne me convient pas.
il convient de + *inf*/que (+ *subj*)
il ne te convient pas de + *inf*

conversation [kɔ̃vɛrsasjɔ̃] *f*
être en ~ (avec)
copain, copine [kɔpɛ̃, kɔpin] *fam*
coq [kɔk] *m*
~ au vin
corde [kɔrd] *f*
cordial, -e [kɔrdjal] (-aux)
(Bien) ~ement

Vertrag
einen Vertrag unterschreiben
Miet-/Arbeits-/Kaufvertrag
(Gesetzes-)Übertretung; Strafzettel

gegen
gegen jdn, etw sein
dagegen sein
nichts gegen jdn, etw haben
nichts dagegen haben
hingegen
das Für und Wider
Kontrolle
kontrollieren
Kontrolleur, Schaffner
überzeugen

sich überzeugen lassen
überzeugt sein

nicht überzeugt sein

angebracht, recht sein, passen

Das paßt mir/paßt mir nicht.

es ist angebracht, es gehört sich, zu/daß
es empfiehlt sich, es gehört sich nicht für dich, zu/daß

Unterhaltung, Gespräch
sich (gerade) unterhalten (mit)
Kumpel, Freund, -in, Kamerad, -in

Hahn
Huhn in Weinsoße
Seil, Schnur; Saite *(auch fig)*
herzlich
Mit herzlichem Gruß, Herzlich(st) *(Brief)*

cordonnier [kɔrdɔnje] *m*	Schuster
corps [kɔr] *m*	Körper; Leichnam
correct, -e [kɔrɛkt, kɔrɛkt]	fehlerfrei, korrekt *(auch fig)*, anständig
correspondance [kɔrɛspɔ̃dɑ̃s] *f*	Übereinstimmung; Briefwechsel; Anschluß *(U-Bahn, Zug)*
être en ~ (avec)	in Briefwechsel stehen (mit)
par ~	brieflich, Versand-, Fern-
~ pour Paris	Anschluß nach Paris
correspondre [kɔrɛspɔ̃drə] (à/avec)	entsprechen, übereinstimmen/ in Briefwechsel stehen mit
se ~	sich entsprechen
la Corse [kɔrs]	Korsika
en Corse	auf/nach Korsika
costume [kɔstym] *m*	(Herren-)Anzug; (Be-, Ver-)Kleidung, Kostüm
côte [kot] *f*	1. Küste, Steigung, Abhang, 2. Rippe, Kotelett
sur la ~	an der Küste
~ de porc	Schweinekotelett
côté [kote] *m*	Seite, Richtung
à ~	nebenan
à ~ de	neben
de ~	beiseite
du ~ de	auf der/die Seite von, von ... her, nach ... hin
de mon (ton *etc*) ~	meiner- (deiner- usw.)seits
de chaque ~/de tous les ~s	von jeder Seite/allen Seiten
d'un ~, ... de l'autre (~) *ou* d'un autre ~	einerseits ... andrerseits
coton [kɔtɔ̃] *m*	Baumwolle; Watte
cou [ku] *m* (-s)	Hals
coucher [kuʃe]	schlafen, übernachten/zu Bett bringen, *(auch etw)* hinlegen
~ avec qn	mit jdm schlafen
chambre *f* à ~	Schlafzimmer
(aller) se ~	schlafengehen
couchette [kuʃɛt] *f*	Liegewagen(platz)
coudre [kudrə] je couds [ku], il coud, nous cousons, ils cousent; j'ai cousu	(an-, zusammen)nähen
machine *f* à ~	Nähmaschine
couler [kule] (+ avoir!)	fließen; leck sein, sinken

couleur [kulœr] *f* (!) — Farbe
 C'est de quelle ~ ? — Welche Farbe hat es?
 film *m*/télévision *f* en ~s — Farbfilm/-fernseher
couloir [kulwar] *m* — Korridor, Gang
coup [ku] *m* — Schlag, Stoß, Stich
 boire un ~ — einen trinken
 donner un ~ de main à qn — jdm zur Hand gehen, helfen
 jeter un ~ d'œil à qn/sur qc — jdm einen Blick zuwerfen/einen Blick auf etw werfen
 ~ de couteau/de pied — Messerstich/Fußtritt
 ~ de soleil — Sonnenbrand, -stich
 ~ de téléphone, *fam* de fil — (Telefon-)Anruf
 tout à ~ *ou* tout d'un ~ — auf einmal, plötzlich
 du même ~ — zugleich
 d'un seul ~ — mit einem Mal, auf einen Schlag

coupable [kupablə] — schuldig
 ~ d'un crime — eines Verbrechens schuldig
coupe [kup] *f* — 1. Kelch, Pokal, 2. *(Haar- usw.)* Schnitt
 ~ du monde — Weltcup
couper [kupe] — schneiden, abschneiden *(auch fig)*, unterbrechen *(Telefon)*
 (se faire) ~ les cheveux — (sich) die Haare schneiden (lassen)
 ~ court — kurz schneiden; ab-, unterbrechen
 ~ la parole à qn — jdm das Wort abschneiden
 se ~ (au doigt) — sich (in den Finger) schneiden

couple [kuplə] *m* — Paar *(von Lebewesen)*
cour [kur] *f* — (*auch* Königs-, Gerichts-)Hof
 dans la ~ — auf dem/den Hof
courage [kuraʒ] *m* — Mut
 avoir le ~ de + *inf*/du ~ — den Mut haben, zu/Mut haben
 perdre/(re)prendre ~ — den Mut sinken lassen/(wieder) Mut fassen
 Bon ~! — Viel Glück! Nur zu!
courageux, -euse [kuraʒø, kuraʒøz] — mutig

courant [kurã] *m* — (Ab-, Ver-)Lauf, *(auch elektrischer)* Strom, Strömung
 ~ d'air (Il y a un ~ d'air!) — Luftzug (Es zieht!)
 mettre/tenir qn au ~ (de) — jdn informieren/auf dem laufenden halten (über)
 être au ~ (de) — auf dem laufenden sein (über)

couvrir 55

dans le ~ de (l'après-midi, la semaine *etc*)	im Laufe von (des Nachmittags, der Woche *usw.*)
prise *f* de ~	Steckdose, *auch* Stecker
courant, -e [kurã, kurãt]	laufend, fließend, geläufig, gängig
le 5 (cinq) ~	der/den *oder* am 5. des Monats *(Brief)*
eau ~e	fließend(es) Wasser
parler couramment	fließend sprechen
courir [kurir]	laufen
je cours, il court, nous courons, ils courent; je courrai; j'ai couru	
~ après qn	jdm nachlaufen
~ le risque de + *inf*/un risque	Gefahr laufen, zu/ein Risiko eingehen
courrier [kurje] *m*	Kurier; Post(ein- *oder* -ausgang)
cours [kur] *m*	Lauf, Verlauf, Richtung, Kurs *(auch fig)*, Unterricht
au ~ de	im Laufe von
avoir ~	Unterricht, Stunde haben
suivre des ~	Vorlesungen hören, Kurse mitmachen
~ de langue/de français	Sprach-/Französischkurs
~ de vacances/du soir	Ferien-/Abendkurs
course [kurs] *f*	Laufen, (*auch* Wett-)Rennen
faire des ~s	Besorgungen machen, einkaufen
court, -e [kur, kurt]	kurz *(Ausdehnung in Raum und Zeit)*
couper ~	kurz schneiden; ab-, unterbrechen
à ~ terme [tɛrm]	kurzfristig
couteau [kuto] *m* (-x)	Messer
coûter [kute] (à qn)	(jdn) kosten *(Geld, Anstrengung)*
(ne pas) ~ cher	(nicht) teuer sein
couvert [kuvɛr] *m*	(Eß-)Besteck, Gedeck
mettre le ~	den Tisch decken
couverture [kuvɛrtyr] *f*	(Bett-)Decke
~ de laine	Wolldecke
couvrir [kuvrir] (de)	(be-, zu)decken (mit)
je couvre, il couvre, nous couvrons, ils couvrent; j'ai couvert	

se couvrir	sich zudecken, sich warm anziehen
couvert, -e (de)	bedeckt *(auch Wetter)*, zugedeckt (mit)
craindre [krɛ̃drə] (qn, qc/de + *inf*/que + *subj*)	(be)fürchten
je crains, il craint, nous craignons, ils craignent; je craindrai; j'ai craint	
Je crains qu'il (ne) vienne/qu'il ne vienne pas.	Ich fürchte, daß er kommt/daß er nicht kommt.
Je ne crains pas qu'il vienne.	Ich fürchte nicht, daß er kommt.
n'avoir rien à ~	nichts zu fürchten haben
cravate [kravat] *f*	Krawatte
mettre une ~	eine Krawatte umbinden
crayon [krɛjɔ̃] *m*	Blei-, Mal-, Zeichenstift
(écrire) au ~	mit Bleistift (schreiben)
~ de couleur	Buntstift
crème [krɛm] *f*	Sahne; Creme
café ~, *fam* un ~	Kaffee mit Sahne
~ chantilly [ʃɑ̃tiji]/fraîche	Schlagsahne/*frz.* saure Sahne
crêpe [krɛp] *f*	*frz.* Pfannkuchen
crever [krəve]	platzen; krepieren
je crève, nous crevons, ils crèvent; je crèverai; j'ai crevé/je suis crevé, -e	
avoir un pneu crevé	eine Reifenpanne haben
Je crève de chaleur/de faim! *fam*	Ich komme um vor Hitze/vor Hunger!
Je suis crevé, -e! *fam*	Ich bin *(vor Anstrengung)* kaputt!
crevette [krəvɛt] *f*	Krabbe
crier [krie]	*(auch etw)* schreien, rufen
~ au secours	um Hilfe rufen
crime [krim] *m*	Verbrechen
commettre un ~	ein Verbrechen begehen
crise [kriz] *f*	Krise; Anfall
~ économique	Wirtschaftskrise
~ cardiaque [kardjak]/de nerfs	Herzanfall/Nervenzusammenbruch
critique [kritik] *f*	Kritik
critiquer [kritike]	kritisieren
croire [krwar] (qc/que)	glauben
je crois, il croit, nous croyons, ils croient; j'ai cru	

~ qn (!)	jdm glauben
~ à qc/en qn	an etw/an jdn glauben
Je vous prie de ~ *ou* Croyez, Monsieur (Madame *etc*) à l'assurance *ou* à l'expression de mes sentiments les meilleurs.	Mit den besten Empfehlungen *(Brief)*
~ en Dieu	an Gott glauben
(se) ~ qn, qc	(sich) für jdn, etw halten
~ que (+ *ind*)/ne pas ~ que (+ *subj ou ind*)	glauben/nicht glauben, daß
croisement [krwazmã] *m*	*(auch* Straßen-)Kreuzung
feux *m pl* de ~	Abblendlicht
croix [krwa] *f*	Kreuz
Croix-Rouge	Rotes Kreuz
croque-monsieur [krɔkməsjø] *m*	*mit Käse und Schinken belegter warmer Toast*
cru, -e [kry]	ungekocht, roh *(auch fig)*
crudités [krydite] *f pl*	*Vorspeise aus rohem Gemüse*
cruel, -le [kryɛl]	grausam
cueillir [kœjir]	pflücken
je cueille, il cueille, nous cueillons, ils cueillent; je cueillerai [kœjre]; j'ai cueilli	
cuillère *ou* **cuiller** [kɥijɛr] *f*	Löffel
~ à soupe/à café	Suppen-/Teelöffel
cuir [kɥir] *m*	Leder
de *ou* en ~	aus Leder
cuire [kɥir]	*(auch etw)* kochen, backen
il cuit, ils cuisent; il a cuit	
Les légumes cuisent.	Das Gemüse kocht.
(faire) ~ les légumes	das Gemüse kochen
bien cuit, -e	durch(gebraten)
cuisine [kɥizin] *f*	Küche *(1. wo gekocht wird, 2. Kochkunst)*
(savoir) faire la ~	kochen (können)
cuisinier, -ière [kɥizinje, kɥizinjɛr]	Koch, Köchin
cuisinière [kɥizinjɛr] *f*	(Koch-)Herd
cul [ky] *m pop*	Arsch
culotte [kylɔt] *f*	kurze Hose, Shorts; (Damen-)Schlüpfer
jupe-~ *f*	Hosenrock
cultiver [kyltive]	kultivieren *(auch fig)*; an-, bebauen *(Landwirtschaft)*
cultivé, -e	gebildet

58 culture

culture [kyltyr] *f*	Kultur *(auch fig)*, Bildung; *(landwirtschaftlicher)* Anbau
~ générale	Allgemeinbildung
~ du blé	Weizenanbau
curé [kyre] *m*	(kath.) Pfarrer
curieux, -euse [kyrjø, kyrjøz] (de qc/de + *inf*)	1. neugierig (auf), 2. merkwürdig
c'est *ou* il est ~ de + *inf*	es ist merkwürdig, zu
c'est *ou* il est ~ que (+ *subj*)	es ist merkwürdig, daß
curiosité [kyrjozite] *f*	1. Neugier, 2. Merkwürdigkeit
par ~	aus Neugier
~s	Sehenswürdigkeiten
cycliste [siklist] *m, f*	Radfahrer, -in

D

dactylo [daktilo] *f*	Schreibkraft
daim [dɛ̃] *m*	Wildleder
dancing [dɑ̃siŋ] *m*	Tanzlokal
au ~	im/ins Tanzlokal
danger [dɑ̃ʒe] *m*	Gefahr
en ~/hors de ~	in/außer Gefahr
Il n'y a pas de ~.	Das ist ungefährlich.
~ de mort	Lebensgefahr
dangereux, -euse [dɑ̃ʒrø, dɑ̃ʒrøz]	gefährlich
il est ~ de + *inf*	es ist gefährlich, zu
dans [dɑ̃]	in *(örtlich und zeitlich)*
~ la chambre	im/ins Zimmer
~ Paris	in(nerhalb von) Paris
~ la cour/la rue/l'escalier	auf dem *oder* den Hof/der *oder* die Straße/der Treppe
~ le ciel	am Himmel
boire ~(!) une tasse	aus einer Tasse trinken
~ huit jours	in *(= nach Ablauf von)*, nach acht Tagen
~ ce cas/ces conditions	in diesem Fall/unter diesen Bedingungen
danse [dɑ̃s] *f*(!)	Tanz
danser [dɑ̃se]	tanzen
date [dat] *f*	Datum
fixer une ~	einen Termin festsetzen
~ de naissance	Geburtsdatum
davantage [davɑ̃taʒ]	mehr, *(zeitl.)* länger

de [də] | *Präposition der Herkunft, der Zuordnung und anderer Bestimmungen*

d'où? – d'Allemagne/de Cologne/de chez moi (toi *etc*)	woher? – aus Deutschland/aus *oder* von Köln/von zu Hause
le train de Cologne	der Zug aus/nach Köln
du 15 (quinze) au 20 (vingt) mars	vom 15. bis 20. März
le livre de Paul	Pauls Buch
une comédie de Molière	eine Komödie von Molière
la ville de Paris/le mois de novembre/le nom de Marie	die Stadt Paris/der Monat November/der Name Maria
le métier de boulanger	das Bäckerhandwerk
un drôle de type	ein komischer Typ
cours *m* de français	Französischkurs
livre *m* de poche	Taschenbuch
beaucoup de gens/peu de succès/rien de nouveau	viele Leute/wenig Erfolg/nichts Neues
du pain/de la confiture/des œufs	Brot/Marmelade/Eier
de bons amis	gute Freunde
jouer du piano	Klavier spielen
mourir de faim	verhungern
profiter de l'occasion (pour)	die Gelegenheit nutzen
se souvenir de qn, qc	sich erinnern an jdn, etw
être ravi, -e de qn, qc/de + *inf*	von jdm, etw entzückt sein/entzückt sein, zu
Défense de fumer!	Rauchen verboten!

débarrasser [debarase] (de) — freimachen (von)
~ la table — den Tisch abdecken
se ~ (de) (Débarrassez-vous!) — sich entledigen (von) (Legen Sie ab!)

debout [d(ə)bu] — aufrecht(stehend)
être/rester ~ — stehen, aufsein/aufbleiben
place *f* ~ — Stehplatz

se débrouiller [debruje] — sich zu helfen wissen
~ tout seul, toute seule — alleine zurechtkommen

début [deby] *m* — Anfang
au ~ (de) — am Anfang (von)
dès le ~ — von Anfang an

débutant, -e [debytɑ̃, debytɑ̃t] — Anfänger, -in

décaféiné, -e [dekafeine] — ohne Koffein
café ~, *fam* un déca — koffeinfreier Kaffee

décembre [desɑ̃brə] *m* — Dezember
en ~ *ou* au mois de ~ — im Dezember

décevoir
[desəvwar *ou* dɛsvwar]
je déçois, il déçoit, nous
décevons, ils déçoivent;
je décevrai [desəvre];
j'ai déçu
être (très) déçu, -e (de)
déchirer [deʃire]
se ~

décider [deside]
(qc/de + *inf*/que + *ind*)
se ~ (à qc/à + *inf*)
décidé, -e (à qc/à + *inf*)
décision [desizjɔ̃] *f*
prendre la ~ de + *inf*/une ~

déclarer [deklare]
(qc/que + *ind*)
décontracté, -e [dekɔ̃trakte]
fam
découvrir [dekuvrir]
(qn, qc/que + *ind*)
je découvre, il découvre,
nous découvrons, ils découvrent; j'ai découvert
décrire [dekrir]
je décris, il décrit, nous décrivons, ils décrivent; j'ai décrit
dedans [d(ə)dɑ̃]
là-~ [ladɑ̃]
défaire [defɛr]
je défais, il défait, nous défaisons [defəzɔ̃], vous défaites,
ils défont; je déferai [defre],
j'ai défait; que je défasse
défaut [defo] *m*

à ~ de
défendre [defɑ̃drə]
je défends, il défend, nous
défendons, ils défendent;
j'ai défendu
(se) ~ (de *ou* contre)
~ qc (à qn)/(à qn) de + *inf*

enttäuschen

(sehr) enttäuscht sein (von)
(etw) zerreißen *(auch fig)*
(sich) zerreißen *(auch fig)*,
 kaputtgehen
entscheiden, beschließen

sich entscheiden
entschieden, entschlossen
Entscheidung, Ent-, Beschluß
die Entscheidung treffen, zu/
 eine Entscheidung treffen
erklären, *(Zoll)* angeben

entspannt, lässig

ent-, aufdecken

beschreiben

innen, drinnen/hinein
dadrinnen/dahinein
ab-, los-, aufmachen *(Knoten)*,
auseinandernehmen, *(Koffer)*
auspacken

Mangel, Mißstand, *(materieller, körperlicher oder charakterlicher)* Fehler
mangels
1. verteidigen, 2. verbieten

(sich) verteidigen (gegen)
verbieten

C'est défendu.	Das ist verboten.
il est défendu de + *inf*	es ist verboten, zu
défense [defɑ̃s] *f*	1. Verteidigung, 2. Verbot
~ d'afficher/de fumer!	Plakate ankleben/Rauchen verboten!
définitif, -ve [definitif, definitiv]	endgültig
dégât [degɑ *ou* dega] *m*	Verwüstung, Schaden
~s matériels	Sachschaden
dégoûter [degute]	anekeln, anwidern *(auch fig)*
dégoûtant, -e	ekelhaft, widerlich
degré [d(ə)gre] *m*	Grad, Abstufung
L'eau est à 17 (dix-sept) ~s.	Das Wasser hat 17 Grad.
à 100 (cent) ~s	bei 100 Grad
Il fait 12 (douze) ~s.	Es sind 12 Grad.
par ~s	schrittweise, nach und nach
dégueulasse [degølas *ou* degœlas] *pop*	eklig, widerlich *(auch fig)*
C'est ~!	Das ist *oder* schmeckt widerlich!
dehors [dəɔr]	draußen/hinaus
être/rester ~	draußen sein/bleiben
aller/mettre ~	hinausgehen/-werfen, rausschmeißen
au ~	außerhalb, außen
en ~ de	außer
déjà [deʒa]	schon
déjeuner [deʒœne] *verbe/nom m*	1. zu Mittag essen, 2. Mittagessen
petit ~	Frühstück
prendre le *ou* son petit ~	frühstücken
délicat, -e [delika, delikat]	zart, fein, delikat *(auch fig)*, heikel
délicieux, -euse [delisjø, delisjøz]	köstlich
demain [d(ə)mɛ̃]	morgen
~ matin/après-midi/soir	morgen früh/nachmittag/abend
~ à midi	morgen mittag
après-~	übermorgen
pour ~	für *oder* bis morgen
A ~!	Bis morgen!
demande [d(ə)mɑ̃d] *f*	Bitte, Forderung, Nachfrage, Antrag
faire une ~	einen Antrag stellen
~ d'emploi	Stellengesuch

demander [d(ə)mãde] (qc à qn) — (jdn nach etw) fragen, (jdn um etw) bitten, (etw von jdm) verlangen
Il faut ~ (à qn). — Wir müssen (jdn) fragen.
~ le nom de la rue — nach dem Namen der Straße fragen
~ (à qn) si — (jdn) fragen, ob
~ pardon (à qn) — (jdn) um Entschuldigung bitten
~ (à qn) de + *inf* — (jdn) bitten, (von jdm) verlangen, zu
~ qn (au téléphone) — nach jdm fragen, jdn (am Telefon) verlangen
~ que (+ *subj*) — verlangen, daß
être (très) demandé, -e — (sehr) gefragt sein
se ~ (qc/si) — sich fragen (etw/ob)

démarrer [demare] — anspringen *(Auto)*, losfahren, in Gang kommen *(auch fig)*/anlassen, in Gang setzen

déménager [demenaʒe] — *(aus seiner Wohnung)* ausziehen, umziehen
nous déménageons;
je déménageais;
déménageant

demi, -e [d(ə)mi] — halb
demi-bouteille *f*/-litre *m*/-livre *f* — halbe Flasche/halber Liter/halbes Pfund
demi-pension *f*/-tarif *m* — Halbpension/halber Tarif
une demi-heure — eine halbe Stunde
une heure et ~e (!) — anderthalb Stunden/halb zwei
faire ~-tour — umkehren *(auch fig)*
un ~ — ein Bier

démocratie [demɔkrasi] *f* — Demokratie
démodé, -e [demɔde] — unmodern
démolir [demɔlir] — abreißen, zerstören
dent [dã] *f* — Zahn
se laver les ~s — sich die Zähne putzen
avoir mal aux ~s — Zahnweh haben
brosse *f* à ~s — Zahnbürste

dentifrice [dãtifris] *m* — Zahnpasta
dentiste [dãtist] *m* — Zahnarzt
chez le ~ — beim/zum Zahnarzt

dépannage [depanaʒ] *m* — (Auto-)Reparatur
service *m* de ~ — Pannenhilfe

départ [depar] *m* — Aufbruch, Abreise
au ~ — bei der Abreise

département [departəmã] *m* — Abteilung; Departement *(frz. Verwaltungsbezirk)*
dépasser [depase] — überholen, übertreffen, überschreiten
se dépêcher [depeʃe] (de + *inf*) — sich beeilen (zu *oder* daß)
Dépêche-toi/Dépêchez-vous! — Beeil dich!/Beeilen Sie sich! Beeilung!
dépendre [depãdrə] (de) — abhängen (von)
Cela (*fam* Ça) dépend. — Das kommt drauf an. Je nachdem.
dépenser [depãse] — *(Geld)* ausgeben, *(Zeit, Energie)* vergeuden
dépliant [deplijã] *m* — Faltblatt, Prospekt
depuis [d(ə)pɥi] — seit, von … an
~ peu/toujours — seit kurzem/immer schon
~ Cologne — von Köln an
~ que (+ *ind*) — seit(dem)
déranger [derãʒe] — in Unordnung bringen, stören
(Est-ce que) Ça te/vous dérange(rait) de + *inf*? — Könntest du/Könnten Sie …?
dernier, -ière [dɛrnje, dɛrnjɛr] — letzter, -e, -es *(auch fig)*
l'année/la semaine ~ière — letztes Jahr/letzte Woche
dimanche ~ — letzten Sonntag
ces ~ières années — die letzten Jahre
le ~ cri — der letzte Schrei
la ~ière/pour la ~ière fois — das letzte/zum letzten Mal
en ~ lieu — zuletzt
~ièrement — kürzlich
derrière [dɛrjɛr] *prp/adv/nom m* — hinter/hinten/Hintern
l'un ~ l'autre — einer hinter dem anderen
rester ~ — zurückbleiben
de *ou* par ~ — von hinten
porte *f* de ~ — Hintertür
dès [dɛ] — (schon) seit, von … an
~ maintenant — von jetzt an, sofort
~ que (+ *ind*) — sobald als
~ que possible — sobald wie möglich
désagréable [dezagreablə] — unangenehm
qc est ~ à + *inf* — etw ist unangenehm zu
il est ~ de + *inf* — es ist unangenehm, zu
désavantage [dezavãtaʒ] *m* — Nachteil
au ~ de — zum Nachteil von

descendre
[desɑ̃drə *ou* dɛsɑ̃drə]
(+ être/+ avoir)
je descends, il descend, nous descendons, ils descendent; je suis descendu, -e/j'ai descendu

her-, hinuntergehen, -fahren, -kommen; aus-, absteigen/ her-, hinunterbringen, herunterholen

~ de la voiture
~ à l'hôtel/chez des amis

aus dem Auto steigen
in einem Hotel/bei Freunden absteigen

~ les bagages
en descendant

das Gepäck runtertragen
beim Hinuntergehen

désespérer [dezɛspere] (de)
une situation ~e
désespoir [dezɛspwar] *m*
(se) déshabiller [dezabije]
désir [dezir] *m*
désirer [dezire]
(qn, qc/*inf*/que + *subj*)
Vous désirez?

verzweifeln (an)
eine aussichtslose Lage
Verzweiflung
(sich) ausziehen
Wunsch, Begierde
wünschen, begehren

Sie wünschen? Was darf es sein?

désolé, -e [dezɔle]
(de qc/de + *inf*/que + *subj*)
(Je suis) Désolé, -e!
désordre [dezɔrdrə] *m*
(mettre/être) en ~
dessin [desɛ̃ *ou* dɛsɛ̃] *m*
dessiner [desine *ou* dɛsine]
dessous [d(ə)su] *adv/nom m*

zutiefst betrübt, untröstlich
(auch fig)
Tut mir leid! Bedaure!
Unordnung
in Unordnung (bringen/sein)
Zeichnung, Zeichnen
zeichnen
darunter, unten/Unterseite, -teil; *pl* (Damen-)Unterwäsche

au-~ [odsu] *ou* en ~ [ɑ̃dsu]
au-~ de (zéro)
ci-~ [sidsu]
là-~ [ladsu]
dessus [d(ə)sy] *adv/nom m*

(nach) unten, darunter
unterhalb von, unter (Null)
weiter unten *(Text)*
darunter
darüber, darauf, oben/Oberseite, -teil

au-~ [odsy] *ou* en ~ [ɑ̃dsy]
au-~ de (zéro)
ci-~ [sidsy]
là-~ [ladsy]

(nach) oben, darüber, darauf
oberhalb von, über (Null)
weiter oben *(Text)*
darüber, darauf; daraufhin

destinataire [dɛstinatɛr] *m*
destination [dɛstinasjɔ̃] *f*

Adressat, Empfänger *(Post)*
Bestimmung(-sort), (Reise-)Ziel

à ~ de

in Richtung, nach

détente [detɑ̃t] *f* — Entspannung *(auch polit.)*
détester [detɛste] (qn, qc/*inf*) — verabscheuen, nicht ausstehen können
détour [detur] *m* — Umweg
  faire *ou* prendre un ~ — einen Umweg machen
détruire [detrɥir] — zerstören, vernichten
  je détruis, il détruit, nous détruisons, ils détruisent; j'ai détruit
dette [dɛt] *f* — (Geld-)Schuld
  avoir/faire des ~s — Schulden haben/machen
  payer ses ~s — seine Schulden bezahlen
deux [dø] — zwei
  les ~ côtés — beide Seiten *(auch fig)*
  ~-pièces *m* — 1. *zweiteiliges Kleidungsstück*, 2. Zweizimmerwohnung
  en ~ mots — kurz (gesagt); *(Schreibung)* in zwei Wörtern
  à ~ — zu zweit
  l'un des ~ — einer von beiden
  nous/vous ~ — wir/ihr *oder* Sie beide
  (tous) les ~ — (alle) beide
  (partager) en ~ — in zwei Teile (teilen)
  le 2 (deux) octobre — der 2./den, am 2. Oktober
  Frédéric II (deux [!]) — Friedrich der Zweite
  ~ième (2e) — zweiter, -e, -es (2.)
  au ~ième (étage) — im zweiten Stock
  ~ièmement — zweitens
devant [d(ə)vɑ̃] *prp/adv/nom m* — vor *(örtlich)*/vorn/Vorderteil, -seite
  passer ~ — vorgehen, vorbeigehen, -fahren (an)
développement [devlɔpmɑ̃] *m* — *(auch Film)* Entwicklung
  pays *m* en (voie de) ~ — Entwicklungsland
développer [devlɔpe] — *(auch Film)* entwickeln
  se ~ — sich entwickeln
devenir [dəvnir *ou* dvənir] — werden
  je deviens, il devient, nous devenons, ils deviennent; je deviendrai; je suis devenu, -e
  ~ riche/médecin — reich/Arzt werden
déviation [devjasjɔ̃] *f* — Abweichung *(auch fig)*, Umleitung
  prendre une ~ — eine Umleitung fahren
deviner [d(ə)vine] — (er)raten, ahnen

66 devoir

devoir [d(ə)vwar] (*inf*/qc à qn)
je dois, il doit, nous devons, ils doivent; j'ai dû (*f* due); que je doive; je devrai
— müssen, sollen; schulden, verdanken

devoir [d(ə)vwar] *m* — Pflicht, (Haus-, Schul-)Aufgabe

faire son ~ — seine Pflicht tun
faire ses ~s — seine Schulaufgaben machen

diabétique [djabetik] *adj/nom m, f* — zuckerkrank/Zuckerkranker, -e, Diabetiker, -in

diable [djablə] *m* — Teufel

diapositive [djapozitiv], *fam* **diapo** [djapo] *f* (!) — Diapositiv, Dia

dictionnaire [diksjɔnɛr], *fam* **dico** [diko] *m* — Wörterbuch

consulter un/le ~ — in einem/im Wörterbuch nachschlagen
~ monolingue [mɔnɔlɛ̃g]/bilingue — ein-/zweisprachiges Wörterbuch
~ allemand-français/français-allemand — deutsch-französisches/französisch-deutsches Wörterbuch
~ de poche — Taschenwörterbuch

Dieu [djø] *m, pl* dieux — Gott

croire en ~ — an Gott glauben
le bon ~ — der liebe Gott
Mon ~! — Mein Gott! Meine Güte!
~ merci! — Gott sei Dank!

différence [diferɑ̃s] *f* — Unterschied

faire la *ou* une ~ (entre) — unterscheiden (zwischen)
payer la ~ — den Unterschied bezahlen
~ de prix — Preisunterschied

différent, -e [diferɑ̃, diferɑ̃t] (de) — verschieden

~es propositions/des propositions ~es — verschiedene (= mehrere/andere) Vorschläge
C'est (tout à fait) ~. — Das ist (ganz) etwas anderes.

difficile [difisil] — schwierig (*auch im Umgang*)

qc est ~ à + *inf* — etw ist schwer zu
il est ~ de + *inf* — es ist schwierig, zu
~ment — mit Mühe

difficulté [difikylte] *f* — Schwierigkeit

avoir des ~s (à + *inf*) — Schwierigkeiten haben (zu)
(mettre/être) en ~ — in Schwierigkeit(en) (bringen/sein)

avec/sans ~	unter/ohne Schwierigkeiten
~s d'argent	Geldschwierigkeiten
digestif [diʒɛstif] *m*	*Schnaps nach dem Essen*
dimanche [dimɑ̃ʃ] *m*	Sonntag
~ dernier/prochain	letzten/nächsten Sonntag
tous les ~s	jeden Sonntag
le ~	sonntags
diminuer [diminɥe] (de) (+ *avoir*)	sich vermindern, sinken (um)/ vermindern (um), senken
Les prix ont diminué (de dix pour cent).	Die Preise sind (um zehn Prozent) gefallen.
~ les prix (de …)	die Preise senken (um …)
dîner [dine] *verbe/nom m*	zu Abend essen/Abendessen
inviter qn à ~	jdn zum Abendessen einladen
dingue [dɛ̃g] *fam*	verrückt, irre, toll
C'est ~!	Es ist irre!
Il est ~.	Er spinnt.
dire [dir] (qc/que/de + *inf*)	sagen; anordnen
je dis, il dit, nous disons, vous dites, ils disent; j'ai dit	
Tu dis?/Vous dites? *ou* Tu disais?/Vous disiez?	Wie bitte?
Dis/Dites donc!	Sag/Sagen Sie bloß! Sag/Sagen Sie mal!
Qu'est-ce que tu en dis?/ Qu'en dites-vous?	Was hältst du/Was halten Sie davon?
Que veux-tu/voulez-vous que je dise?	Was soll ich sagen?
~ du bien/du mal de qn	gut/schlecht von jdm reden
~ ce que l'on pense	sagen, was man denkt
~ que (+ *ind*/+ *subj*)	sagen/anordnen, daß
on dit que (+ *ind*)	es heißt, daß
on dirait que (+ *ind*)	man möchte meinen, daß
entendre ~	sagen hören
vouloir ~ (qc/que + *ind*) (Cela [*fam* Ça], veut ~ que …)	bedeuten, meinen (Das heißt, daß …)
avoir qc à ~	etw zu sagen haben
Il n'y a rien à ~.	Dazu ist nichts zu sagen.
c'est-à-~ (c.-à-d.)	das heißt (d. h.)
Comment ~?	Wie soll ich sagen?
à vrai ~	offen gestanden
pour ainsi ~	sozusagen
sans ~ un mot/sans rien ~	ohne ein Wort/ohne etw zu sagen
Cela (*fam* Ça) ne se dit pas.	Das *oder* Sowas sagt man nicht.
autrement dit	anders gesagt

direct, -e [dirɛkt, dirɛkt] — direkt
　train ~ — durchgehender Zug
directeur, -trice [dirɛktœr, dirɛktris] — Leiter, -in, Direktor, -in
　président-~ général (P.-D.G. [pedeʒe]) *m* — Generaldirektor, *fam* großer Boß
direction [dirɛksjɔ̃] *f* — 1. Richtung, 2. Leitung, Direktion
　prendre une/changer de ~ — eine Richtung einschlagen/die Richtung ändern
　dans la *ou* en ~ de Paris — in Richtung Paris
　dans la ~ opposée — in entgegengesetzter Richtung
diriger [diriʒe] — leiten, *(auch Orchester)* dirigieren
　nous dirigeons; je dirigeais; dirigeant
　se ~ vers — gehen, fahren in Richtung
discussion [diskysjɔ̃] *f* (de/sur) — Diskussion *(Erörterung/Auseinandersetzung)*
discuter [diskyte] (qc/de *ou* sur qn, qc) — diskutieren
　~ (de) politique — über Politik reden
disparaître [disparɛtrə] (+ avoir) — verschwinden
　je disparais, il disparaît, nous disparaissons, ils disparaissent; j'ai disparu
　faire ~ — verschwinden lassen, beseitigen
se disputer [dispyte] (qn, qc/avec qn au sujet de qc) — (sich) streiten (um jdn, etw/mit jdm um etw)
disque [disk] *m* — Scheibe; (Schall-)Platte
　mettre/écouter un ~ — eine Platte auflegen/hören
　~ bleu [diskəblø] — Parkscheibe
distance [distɑ̃s] *f* — Entfernung, Abstand
　à 3 (trois) mètres de ~ — in 3 Meter Abstand
(se) distinguer [distɛ̃ge] (de) — (sich) unterscheiden
　se ~ des autres — sich von den anderen unterscheiden, sich abheben
　distingué, -e — vornehm
　Je vous prie d'agréer, Monsieur (Madame *etc*) l'assurance *ou* l'expression de mes sentiments distingués. — Mit den besten Empfehlungen, Mit freundlichen Grüßen *(Brief)*
distribuer [distribye] — aus-, verteilen
distributeur [distribytœr] **automatique** *m* — (Fahrkarten-, Waren-)Automat

divers, -e [divɛr, divɛrs] — verschieden
~es propositions/des propositions ~es — verschiedene (= mehrere/andere) Vorschläge
divorce [divɔrs] *f* — (Ehe-)Scheidung
divorcer [divɔrse] (d'avec) — sich scheiden lassen (von)
nous divorçons; je divorçais
divorcé,-e — geschieden
dix [dis] — zehn
~-sept [di-] — siebzehn
~-huit [diz-] — achtzehn
~-neuf [diz-] — neunzehn
soixante-~ [dis] — siebzig
quatre-vingt-~ [dis] — neunzig
le 10 [di] juin — der 10./den, am 10. Juni
~ième (10ᵉ) [dizjɛm] — zehnter, -e, -es (10.)
dizaine [dizɛn] *f* — *Anzahl von zehn*
une ~ (de personnes) — ungefähr zehn (Personen)
docteur [dɔktœr] *m* — Doktor, *fam* Arzt
appeler/aller chercher/faire venir le *ou* un ~ — den *oder* einen Arzt rufen/holen/kommen lassen
(Bonjour) ~! — (Guten Tag) Herr Doktor! *(nur Arzt)*
~ ès [ɛs] lettres — Dr. phil.
doctoresse [dɔktɔrɛs] *f* — Ärztin
document [dɔkymã] *m* — Dokument
doigt [dwa] *m* — Finger
montrer qn, qc du ~ — mit dem Finger auf jdn, etw zeigen
~ de pied — Zeh(e)
domicile [dɔmisil] *m* — Wohnsitz
dominer [dɔmine] — beherrschen, überragen
dommage [dɔmaʒ] *m* — Schaden, Einbuße, Verlust
C'est (vraiment) ~. — Das ist (wirklich) schade.
(Quel) ~! — (Wie) Schade!
il est (*fam* c'est) ~ que (+ *subj*) — es ist schade, daß
donc [dɔ̃k] — also
Dis/Dites ~! — Sag/Sagen Sie bloß! Sag/Sagen Sie mal!
Viens/Venez ~! — Komm/Kommen Sie doch!
c'est ~ vrai (que + *ind*) — es stimmt also (, daß)
Pourquoi/Quoi ~? — Warum/Was denn?
donner [dɔne] — geben; schenken
~ la main à qn — jdm die Hand geben
~ à manger à qn — jdm zu essen geben
~ un dîner/une fête — ein Abendessen/ein Fest geben

On donne un western.	Es läuft ein Western.
~ l'heure (à qn) [wɛstɛrn]	(jdm) die Uhrzeit sagen
~ des/ses raisons	Gründe/seine Gründe angeben
~ raison/la parole à qn	jdm rechtgeben/das Wort erteilen
~ sa parole/son avis (à qn)	(jdm) sein Wort geben/seine Meinung sagen
~ des cours/des instructions	Kurse/Anweisungen geben
~ rendez-vous à qn	jdn bestellen *(Termin)*
se ~ rendez-vous	sich mit jdm verabreden
~ sur/à (La chambre donne sur la cour/au sud.)	hinausgehen auf, nach, zu (Das Zimmer liegt auf der Hof-/Südseite.)
étant donné *(inv)* qc/que (+ *ind*)	angesichts/da, weil
dont [dõ]	von dem, der, denen; dessen, deren; wovon; darunter
la famille ~ je descends/~ je vous ai parlé	die Familie, aus der ich komme/von der ich Ihnen erzählt habe
la femme ~ il est aimé/~ elle est jalouse	die Frau, von der er geliebt wird/auf die sie eifersüchtig ist
la femme ~ le mari est malade	die Frau, deren Mann krank ist
plusieurs invités, ~ le président	mehrere Gäste, darunter der Vorsitzende
dormir [dɔrmir]	schlafen
je dors, il dort, nous dormons, ils dorment; j'ai dormi	
dos [do] *m*	Rücken, Rückseite, -lehne
sac *m* à ~	Rucksack
douane [dwan] *f*	Zoll
double [dublə]	doppelt
en ~ exemplaire	in doppelter Ausfertigung, zweifach
doubler [duble]	verdoppeln, *(Kleidung)* füttern, *(Auto)* überholen
Les prix ont doublé.	Die Preise haben sich verdoppelt.
douche [duʃ] *f*	Dusche
une chambre avec ~	ein Zimmer mit Dusche
prendre une ~	duschen
~ froide	kalte Dusche *(auch fig)*
douleur [dulœr] *f* (!)	Schmerz

doute [dut] *m* — Zweifel
  avoir des ~s (sur) — Zweifel haben (an)
  mettre en ~ — in Zweifel ziehen
  hors de ~ — außer Zweifel
  il n'y a pas de ~ que (+ *ind*) — es gibt keinen Zweifel, daß
  sans ~ — vermutlich; allerdings
  sans aucun ~ — ohne jeden Zweifel
douter [dute] — zweifeln
  (de qc/de + *inf*/que + *subj*)
  se ~ de — ahnen, vermuten
  Je m'en doutais. — Das habe ich geahnt.
  Je ne me doutais de rien. — Ich ahnte nichts.
doux, douce [du, dus] — mild, sanft
  Il fait (un temps) ~. — Es ist mild.
  vin ~ — lieblicher Wein
  Doucement! — Langsam! Sachte! Vorsichtig!
douzaine [duzɛn] *f* — Dutzend
  une ~ (de) — ein Dutzend, ungefähr zwölf
douze [duz] — zwölf
  soixante-~ — zweiundsiebzig
  quatre-vingt-~ — zweiundneunzig
  le 12 (douze) décembre — der 12./am, den, 12. Dezember
  douzième (12e) — zwölfter, -e, -es (12.)
drap [dra] *m* — Tuch, Bettuch, -laken
  (changer) les ~s — die Bettwäsche (wechseln)
drapeau [drapo] *m* (-x) — Fahne
drogue [drɔg] *f* — Droge, Rauschgift
  trafic [trafik] *m* de (la) ~ — Drogen-, Rauschgifthandel
droit [drwa *ou* drwa] *m* — Recht; Gebühr
  avoir le ~ (à qc/de + *inf*) — das Recht haben (auf etw/, zu)
  faire du ~ — Jura studieren
  ~s de l'homme — Menschenrechte
  ~s d'inscription — Einschreib-, Anmeldegebühren

droit, -e [drwa, drwat *ou* drwa, drwat] *adj/nom f* — gerade; recht/rechte Seite, Hand *(auch polit.)* Rechte
  une (ligne) ~e — eine Gerade (Linie)
  à ~e (de) — rechts/nach rechts (von)
  à *ou* sur ta/votre ~e — rechts von dir/Ihnen
  la ~e/l'extrême ~e — die Rechte/die äußerste Rechte
  de ~e/d'extrême ~e — rechtsgerichtet/-radikal
  tout ~ *adv* — (ganz, immer) geradeaus
drôle [drol] — lustig, komisch
  trouver qn, qc ~/trouver ~ que (+ *subj*) — jdn, etw lustig, komisch finden/komisch finden, daß
  histoire *f* ~ — lustige Geschichte; Witz

Ce n'est pas drôle.	Das ist nicht zum Lachen.
un ~ de type	ein komischer Typ
Il fait ~ment froid!	Was für eine Kälte!
dur, -e [dyr]	hart *(auch fig)*, schwierig, streng
un œuf ~	ein hartgekochtes Ei
avoir l'oreille ~e	schwerhörig sein
travailler dur (!)	hart arbeiten
durée [dyre] *f*	Dauer
durer [dyre]	dauern
(ne pas) ~ longtemps	(nicht) lange dauern
Ça dure! *fam*	Das dauert (seine Zeit)! Das zieht sich hin!

E

eau [o] *f* (-x)	Wasser
Il n'y a plus d'~!	Das Wasser ist weg!
boire de l'~	Wasser trinken
~ minérale (gazeuse/non-gazeuse)	Mineralwasser (mit/ohne Kohlensäure)
~ (non) potable	(kein) Trinkwasser
~-de-vie	Schnaps
échange [eʃɑ̃ʒ] *m*	(Aus-)Tausch
faire un ~ (de qn, qc)	(jdn, etw) austauschen
en ~ (de)	im Austausch, als Gegenleistung (für)
éclair [eklɛr] *m*	Blitz
fermeture *f* ~	Reißverschluß
école [ekɔl] *f*	Schule *(auch fig)*
à l'~	in der/die Schule
~ maternelle/primaire/du soir	Vor-/Grund-/Abendschule
~ normale	Pädagogische Hochschule
~ normale supérieure	*frz. Eliteschule, u. a. zur Ausbildung von Lehrern an höheren Schulen*
~ des beaux-arts	Kunstakademie
auto-~	Fahrschule
écologiste [ekɔlɔʒist], *fam* **écolo** [ekɔlo] *m, f*	Umweltschützer, -in, Grüner, -e
économie [ekɔnɔmi] *f*	(Volks-)Wirtschaft
~s	Ersparnisse
faire des ~s	sparen

économique [ekɔnɔmik] — wirtschaftlich; sparsam
écouter [ekute] (qn [!], qc) — (jdm) zuhören, (jdn) an-, erhören, (auf jdn, etw) hören

~ la radio/de la musique — Radio/Musik hören
~ (qn) parler — (jdn) sprechen hören
Ecoute!/Ecoutez! — Hör/Hören Sie zu! Hör/Hören Sie mal!

Mais non, écoute! — Aber nicht doch, ich bitte dich!
écran [ekrã] *m* — (Film-)Leinwand, Bildschirm
écraser [ekraze] — zer-, erdrücken *(auch fig)*; überfahren

se faire ~ — überfahren werden
écrire [ekrir] — schreiben
j'écris, il écrit, nous écrivons, ils écrivent; j'ai écrit

machine *f* à ~ — Schreibmaschine
~ à la machine — mit der Maschine schreiben
(examen) écrit — schriftliche Prüfung, Schriftliches

par écrit — schriftlich
s'~ — sich schreiben *(1. Briefe wechseln, 2. buchstabiert werden)*

écrivain [ekrivɛ̃] *m* — Schriftsteller, -in
édition [edisjɔ̃] *f* — Ausgabe, Auflage *(eines Buches)*

(maison *f* d')~ — Verlag
éducation [edykasjɔ̃] *f* — Erziehung, (Aus-)Bildung
effet [efɛ *ou* ɛfɛ] *m* — Wirkung, Folge
en ~ — in der Tat, nämlich
efficace [efikas *ou* ɛfikas] — wirksam
effort [efɔr *ou* ɛfɔr] *m* — Anstrengung
faire un ~ *ou* des ~s — sich anstrengen
égal, -e [egal] (-aux) — gleich(-mäßig, -gültig)
Cela *(fam* Ça) m'est ~. — Das ist mir gleich.
en parties ~es — in gleiche Teile, zu gleichen Teilen

~ement — gleichfalls, genauso, auch
égard [egar] *m* — Hinsicht; Rücksicht
à l'~ de (à mon/ton *etc* ~) — hinsichtlich, (mir/dir *usw.*) gegenüber

à cet ~/à tous (les) ~s — in dieser/jeder Hinsicht
par/sans ~ pour — mit/ohne Rücksicht auf
église [egliz] *f* — Kirche
à l'~ — in der/die Kirche
l'Eglise catholique/protestante — die katholische/evangelische Kirche

élastique [elastik] *adj/nom m* — elastisch *(auch fig)*/Gummiband
élections [elɛksjɔ̃] *f pl* — *(polit.)* Wahlen
électricité [elɛktrisite] *f* — Elektrizität, Strom
  Il n'y a plus d'~! — Der Strom ist weg!
  à l'~ — mit Strom, elektrisch
  note *f* d'~ — Stromrechnung
électrique [elɛktrik] — elektrisch
  courant *m*/cuisinière *f*/rasoir *m* ~ — elektrischer Strom/Herd/Rasierapparat
électronique [elɛktrɔnik] *adj/nom f* — elektronisch, Elektronen-/Elektronik
élément [elemɑ̃] *m* — Element, Bestandteil, *pl* Grundbegriffe, Grundlagen
élève [elɛv] *m, f* — Schüler, -in; Absolvent, -in
élever [elve] — erheben, errichten; auf-, erziehen
  j'élève, il élève, nous élevons, ils élèvent; j'élèverai [elɛvre]
  ~ la voix — die Stimme erheben
  le point le plus élevé — der höchste Punkt
  des prix élevés — hohe Preise
  bien/mal élevé, -e — gut/schlecht erzogen
  s'~ — sich erheben, steigen
  s'~ à — sich belaufen auf
(s')éloigner [elwaɲe] (de) — (sich) entfernen (von)
s'embarquer [ɑ̃barke] (pour) — sich einschiffen (nach)
embarrasser [ɑ̃barase] — 1. (be)hindern, 2. in Verlegenheit bringen
  embarrassé, -e — verlegen
  embarrassant, -e — unangenehm, peinlich
embêter [ɑ̃bɛte *ou* ɑ̃bete] (qn) *fam* — auf den Wecker gehen
  Ça m'embête. — Das ist mir peinlich *oder* lästig. Das stinkt mir.
  embêtant, -e — ärgerlich, lästig
  s'~ — sich langweilen
embouteillage [ɑ̃butɛjaʒ] *m* — (Verkehrs-)Stau
(s')embrasser [ɑ̃brase] — (sich) küssen, umarmen
  Je t'/vous embrasse. — Alles Liebe *(Brief, Telefon)*
émission [emisjɔ̃] *f* — (Radio-, Fernseh-)Sendung
  ~ en direct — Live-Sendung, Direktübertragung
emmener [ɑ̃mne] — mitnehmen, wegbringen *(meistens Personen)*
  j'emmène, nous emmenons, ils emmènent; j'emmènerai [ɑ̃mɛnre]

emmerder [ɑ̃mɛrde] (qn) *pop* — (jdm) auf den Geist gehen
Tu m'emmerdes! — Du gehst mir auf den Geist!
emmerdant, -e — ärgerlich, lästig; langweilig; beschissen

s'~ — sich langweilen
empêcher [ɑ̃peʃe *ou* ɑ̃peʃe] (qn, qc/qn, qc de + *inf*/ que + *subj*) — (ver)hindern
(Il) N'empêche que j'ai raison. — Ich habe trotzdem recht.
ne pouvoir s'~ de + *inf* — nicht umhin können, zu
empereur *m*, **impératrice** *f* [ɑ̃prœr, ɛ̃peratris] — Kaiser, -in

empire [ɑ̃pir] *m* — (*bes.* Kaiser-)Reich
emploi [ɑ̃plwa] *m* — An-, Verwendung; Anstellung; Beschäftigungslage

mode *m* d'~ — Gebrauchsanweisung
~ du temps — Stunden-, Terminplan
demande *f*/offre *f* d'~ — Stellengesuch/-angebot
sans ~ — arbeitslos
sans-~ *nom m, f inv* — Arbeitsloser, -e
~ à mi-temps/à plein temps — Teil-/Vollzeitbeschäftigung
employé, -e [ɑ̃plwaje] — Angestellter, -e
employer [ɑ̃plwaje] — an-, verwenden; anstellen, beschäftigen
j'emploie, nous employons, ils emploient; j'emploierai [ɑ̃plware]

~ un mot/un ouvrier — ein Wort gebrauchen/einen Arbeiter anstellen
employé, -e chez VW [veve] — bei VW beschäftigt
emporter [ɑ̃pɔrte] — wegtragen, mitnehmen
emprunter [ɑ̃prœ̃te] (qc à qn) — (etw von jdm) leihen, übernehmen *(fig)*

en [ɑ̃] — 1. *Präposition des Ortes, der Zeit und anderer Bestimmungen,* 2. *von dort, davon (Ersatz für Verbergänzungen mit* de*)*

~ France — in/nach Frankreich
~ français — auf französisch/ins Französische
~ bas/haut — unten/oben
~ janvier/1983 — im Januar/(im Jahre) 1983
~ été/automne/hiver — im Sommer/Herbst/Winter
~ deux heures — in *(= im Verlauf von)* zwei Stunden
aujourd'hui ~ 8 (huit [ɥit]) — heute in 8 Tagen
~ voyage — auf der/die Reise

en voiture	mit dem Auto
~ bois	aus Holz
~ colère/réalité	zornig/in Wirklichkeit
~ attendant/outre	inzwischen/im übrigen
~ retard (de 8 heures)	(8 Stunden) zu spät
~ ami (Je vous parle ~ ami.)	als Freund (Ich meine es gut mit Ihnen.)
~ avoir assez de qn, qc (J'~ ai assez.)	von jdm, etw genug haben (Ich habe genug davon; *auch fig*)
Je n'~ (*fam* J'~) sais rien.	Davon weiß ich nichts.
Je vous ~ prie.	1. Ich bitte Sie darum. Bitte. 2. Aber ich bitte Sie. Keine Ursache.
Il n'y ~ a plus.	Es gibt keinen, -e, -es mehr. Es ist nicht(s) mehr da.
s'il ~ est ainsi	wenn/ob es so ist
enceinte [ãsɛ̃t] *f*	schwanger
être ~ de 3 (trois) mois	im 3. Monat (schwanger) sein
enchanté, -e [ãʃãte] (de qn, qc/de + *inf*)	entzückt
~ (de faire/d'avoir fait votre connaissance)!	Angenehm! Sehr erfreut (Sie kennenzulernen/kennengelernt zu haben)!
encore [ãkɔr]	noch
~ une fois	nochmal/noch mehr
pas ~	noch nicht
~ plus	noch mehr
~ aujourd'hui *ou* aujourd'hui ~	heute noch *oder* noch heute
non seulement ... mais ~	nicht nur ..., sondern auch
~!/Et ~!	Schon wieder!/Und wenn schon!
s'endormir [ãdɔrmir] je m'endors, il s'endort, nous nous endormons, ils s'endorment; je me suis endormi, -e	einschlafen
endroit [ãdrwa *ou* ãdrwa] *m*	Stelle, Ort
dans un ~	an einem Ort
à quel ~?	an welcher Stelle? wo?
énergie [enɛrʒi] *f*	Energie
plein d'~	voller Energie
~ nucléaire	Kernenergie
énerver [enɛrve] (qn) *fam*	auf die Nerven gehen, aufregen, verrückt machen
Tu m'énerves.	Du gehst mir auf die Nerven.
ça m'énerve de + *inf*	es macht mich verrückt, zu

s'~ (Ne t'énerve pas!) | sich aufregen (Reg dich nicht auf! Mach dich nicht verrückt!)

enfance [ɑ̃fɑ̃s] *f* | Kindheit
depuis l'~ | von Kindheit an
ami *m* d'~ | Jugendfreund
enfant [ɑ̃fɑ̃] *m, f* | Kind
petits-~s *m pl* | Enkel(kinder)
enfer [ɑ̃fɛr] *m* | Hölle *(auch fig)*
enfin [ɑ̃fɛ̃] | endlich; kurzum
d'abord..., ensuite *ou* après..., ~... | zuerst..., dann..., schließlich...
engueuler [ɑ̃gœle] *pop* | anschnauzen, ausschimpfen
enlever [ɑ̃lve] | wegnehmen; entwenden, entführen; *(Kleidungsstück)* ausziehen
j'enlève, nous enlevons, ils enlèvent; j'enlèverai [ɑ̃lɛvre] |
ennemi, -e [ɛnmi] *nom/adj* | Feind, -in/feindlich
se faire des ~s | sich Feinde machen
ennui [ɑ̃nɥi] *m* | Langeweile; Ärger
avoir des ~s | Ärger, Schwierigkeiten haben
ennuyer [ɑ̃nɥije] | langweilen; ärgern
j'ennuie, nous ennuyons, ils ennuient; j'ennuierai [ɑ̃nɥire] |
Cela (*fam* Ça) m'ennuie (de + *inf*/que + *subj*) | Das ärgert mich. (Es ärgert mich, zu.../daß...)
s'~ | sich langweilen
ennuyeux, -euse [ɑ̃nɥijø, ɑ̃nɥijøz] | langweilig; ärgerlich, lästig
énorme [enɔrm] | enorm, ungeheuer
énormément [enɔrmemɑ̃](!) de *fam* (J'ai énormément de travail.) | ungeheuer viel(e) (Ich habe wahnsinnig viel zu tun.)
s'enrhumer [ɑ̃ryme] | sich einen Schnupfen holen, sich erkälten
enseignant, -e [ɑ̃sɛɲɑ̃, ɑ̃sɛɲɑ̃t] | Lehrender, -e, *pl* Lehrkräfte, -körper
enseignement [ɑ̃sɛɲmɑ̃] *m* | Unterricht
être dans l'~ | Lehrer, -in sein
enseigner [ɑ̃sɛɲe] (qn/qc) | (jdn/etw) unterrichten, lehren
~ qc à qn/à qn à + *inf* | jdn etw lehren/jdn lehren, zu
ensemble [ɑ̃sɑ̃blə] *adv/nom m* | zusammen/Gesamtheit
vivre ~ | zusammenleben
aller bien ~ | gut zusammenpassen
dans l'~ | alles in allem

ensuite [ɑ̃sɥit] — dann
d'abord ..., ~ ..., enfin ... — zuerst ..., dann ..., schließlich ...

entendre [ɑ̃tɑ̃drə] (qn, qc/*inf*/que + *ind*) — hören, verstehen; sagen wollen, meinen
~ mal — schlecht hören, verstehen (können)
~ dire qc (à qn)/(à qn) que (+ *ind*) — (jdn) etw sagen hören/sagen hören, daß
~ (qn) parler (de qn, qc) — (jdn) (von jdm, etw) reden hören
à l'~, ... — wenn man ihn so hört, ...
donner à *ou* laisser ~ — zu verstehen geben
Qu'entendez-vous par là? — Was wollen Sie damit sagen?
(C'est) Entendu! — Einverstanden! Abgemacht!
bien entendu — selbstverständlich
s'~ (avec qn) — sich (mit jdm) verstehen
s'~ en musique/en affaires/à son travail — etw von Musik/ vom Geschäft/ sich auf seine Arbeit verstehen

enterrer [ɑ̃tɛre] — beerdigen
entier, -ière [ɑ̃tje, ɑ̃tjɛr] — vollständig, ganz
une heure ~ère — eine geschlagene Stunde
le monde ~ — die ganze Welt
en ~ *inv* — ganz, in einem Stück
entièrement — ganz, gänzlich
entourer [ɑ̃ture] (qn, qc) (de) — (jdn, etw) umgeben (mit)
(être) entouré, -e de — umgeben (sein) von
entracte [ɑ̃trakt] *m* — Pause *(bei einer Veranstaltung)*

s'entraîner [ɑ̃trɛne] — üben, trainieren
entre [ɑ̃trə] — zwischen *(räumlich und zeitlich)*, von, unter *(zweien oder mehreren)*

~ parenthèses — in Klammern
choisir ~ plusieurs possibilités — unter mehreren Möglichkeiten wählen
~ amis — unter Freunden
~ autres (*pl* !) — unter anderem
la plupart d'~ nous/vous *etc* — die meisten von uns/ euch *usw.*

entrée [ɑ̃tre] *f* — Eingang, Einfahrt, Eintritt(spreis); erster Gang (nach der Vorspeise)
à l'~ — beim Eingang
~ interdite — Zutritt verboten

~ libre	Eintritt frei; kein Kaufzwang
porte *f* d'~	Eingangstür
entreprise [ãtrəpriz] *f*	Unternehmen *(1. Vorhaben, 2. Betrieb)*
entrer [ãtre] (dans)	eintreten, -fahren, -reisen; hineingehen, -passen
je suis entré, -e	
Défense *f* d'~!	Zutritt verboten!
faire ~	hereinbitten, -lassen
Entrez!	Herein!
~ à l'université	das Studium aufnehmen
entre-temps [ãtrətã]	inzwischen
enveloppe [ãvlɔp] *f*	(Brief-)Umschlag
envelopper [ãvlɔpe] (dans)	einwickeln
envie [ãvi] *f* (de qn, qc/de + *inf*)	1. Neid (auf jdn), 2. Lust (auf jdn, etw/zu)
avoir ~ (Je n'ai plus ~.)	Lust haben (Ich habe keine Lust mehr.)
envier [ãvje] (qn/qc à qn)	(jdn/jdn um etw) beneiden
environ [ãvirõ] *adv*	ungefähr
environnement [ãvirɔnmã] *m*	Umwelt
protection *f*/pollution *f* de l'~	Umweltschutz/-verschmutzung
environs [ãvirõ] *m pl*	Umgebung
dans les *ou* aux ~ de Paris	in der Umgebung von Paris
envisager [ãvizaʒe] (qc/de + *inf*)	ins Auge fassen, vorhaben
nous envisageons; j'envisageais; envisageant	
envoyer [ãvwaje]	(ab)schicken
j'envoie, nous envoyons, ils envoient; j'enverrai(!)	
~ un enfant à l'école	ein Kind zur Schule schicken
~ chercher (des timbres/ un médecin)	(Briefmarken/einen Arzt) holen lassen
épais, -se [epɛ, epɛs]	dick *(von Gegenständen)*, dicht
~ de 30 (trente) centimètres	30 cm dick
brouillard ~/neige ~se	dichter Nebel/tiefer Schnee
épaule [epol] *f*	Schulter
épice [epis] *f*	Gewürz
pain *m* d'~	Lebkuchen
épicerie [episri] *f*	Lebensmittelgeschäft
épingle [epɛ̃glə] *f*	*(auch* An-)Stecknadel
~ de sûreté [syrte]	Sicherheitsnadel

80 époque

époque [epɔk] *f* — Epoche, Zeit
à l'~ — damals
à l'~ de — zur Zeit von
époux, épouse [epu, epuz] — (Ehe-)Gatte, Gattin
épreuve [eprœv] *f* — 1. Prüfung(sarbeit, -steil), Probe, 2. Abzug *(Fotografie)*
mettre à l'~ — auf die Probe stellen
épuisé, -e [epɥize] — 1. erschöpft, 2. vergriffen *(Buch)*
équipe [ekip] *f* — Mannschaft, Team, Mitarbeiter(schaft)
~ de foot(ball) — Fußballmannschaft
erreur [ɛrœr] *f* (!) — Irrtum, Fehler
faire une ~ — einen Irrtum begehen, einen Fehler machen
Vous faites ~! — Sie irren (sich)!
Il y a ~. — Sie sind falsch verbunden. *(Telefon)*
c'est une ~ de + *inf* — es ist ein Irrtum *oder* ein Fehler, zu
par ~ — irrtümlicherweise, versehentlich
escalier [ɛskalje] *m* — Treppe
monter/descendre l'~ — die Treppe rauf-/runtergehen
dans l'~ — auf der Treppe
~ roulant — Rolltreppe
~ de service — Hintertreppe, Dienstbotenaufgang
escalope [ɛskalɔp] *f* — Schnitzel
escargot [ɛskargo] *m* — (Weinberg-)Schnecke
espace [ɛspas] *m* — Raum, Zwischenraum, Weltraum
~ vert — Grünanlage, -fläche
l'Espagne [ɛspaɲ] *f* — Spanien
en Espagne — in/nach Spanien
espagnol, -e [ɛspaɲɔl] — spanisch
l'~ — das Spanische, Spanisch
Espagnol, -e — Spanier, -in
espèce [ɛspɛs] *f* — Art, Gattung
une ~ de ... — eine Art (von) ...
~ d'imbécile! *pop* — Idiot!
espérer [ɛspere] — hoffen (auf etw/zu/daß)
(qc!/*inf*/que + *ind*)
j'espère, nous espérons, ils espèrent; j'espérerai [ɛspɛr(ə)re]

J'espère bien.	Ich hoffe (doch) sehr.
J'espère que oui/que non.	Ich hoffe, ja/nein.
il faut ~ que	es ist zu hoffen, daß ..., hoffentlich
en espérant que	in der Hoffnung, daß *(Brief)*
espoir [ɛspwar] *m*	Hoffnung
avoir l'~ de qc/de + *inf*/que (+ *ind*)	die Hoffnung haben auf etw/zu/daß
dans l'~ de qc/de + *inf*/que (+ *ind*)	in der Hoffnung auf etw/zu/daß
plein d'~/sans ~	voller/ohne Hoffnung
esprit [ɛspri] *m*	Geist, Witz
avoir de l'~	Geist haben
homme *m* d'~	geistreicher Mann
présence *f* d'~	Geistesgegenwart
mauvais ~	Argwohn, Bosheit
essayer [esɛje, eseje *ou* ɛseje] (qc/de + *inf*)	versuchen, (aus-, an)probieren
j'essaie, nous essayons, ils essaient; j'essaierai [esere *ou* ɛsere]	
~ une méthode	eine Methode ausprobieren
~ une robe	ein Kleid anprobieren
~ un vin	einen Wein probieren
essence [esɑ̃s *ou* ɛsɑ̃s] *f*	Benzin
prendre de l'~	tanken
faire le plein d'~	volltanken
poste *m*/réservoir *m* d'~	Tankstelle/Benzintank
essentiel, -le [esɑ̃sjɛl *ou* ɛsɑ̃sjɛl]	wesentlich, entscheidend
l'~ est de + *inf*/que (+ *subj*)	die Hauptsache ist, daß
C'est l'~.	Darauf kommt es an.
oublier l'~	das Wichtigste vergessen
essuie-glace [esɥiglas *ou* ɛsɥiglas] *inv m*	Scheibenwischer
essuyer [esɥije *ou* ɛsɥije]	abwischen, abtrocknen
j'essuie, nous essuyons, ils essuient; j'essuierai [esɥire *ou* ɛsɥire]	
est [ɛst] *m*	Osten
à l'~ (de)	im Osten, östlich (von)
l'Allemagne de l'Est	DDR
~-allemand, -e	ostdeutsch, DDR-
Berlin-Est	Ostberlin
estomac [ɛstɔma] *m*	Magen
(avoir) mal à l'~	Magenschmerzen (haben)

et [e] — und
  et ... et — sowohl ... als auch
étage [etaʒ] *m* — Etage, Stock
  une maison à *ou* de deux ~s — ein zweistöckiges Haus
  au 1er (premier) ~ — im ersten Stock
étagère [etaʒɛr] *f* — Regal, Bord
établissement [etablismã] *m* — Er-, Einrichtung, Institution, Firma
état [eta] *m* — 1. (Zu-)Stand, 2. Staat
  être/mettre en ~ de + *inf* — in der Lage sein/in die Lage versetzen, zu
  hors d'~ de + *inf* — außerstande, zu
  en bon/mauvais ~ — in gutem/schlechtem Zustand
  ~ civil — Familienstand
  les Etats-Unis [etazyni] (aux Etats-Unis) — die Vereinigten Staaten (in den/die Vereinigten Staaten)
  chef *m*/homme *m*/coup *m* d'Etat — Staatschef/-mann/-streich
  le chef de l'Etat — das Staatsoberhaupt
été [ete] *m* — Sommer
  cet/en ~ — diesen/im Sommer
éteindre [etɛ̃drə] — löschen, ausmachen *(Feuer, Licht)*
  j'éteins, il éteint, nous éteignons, ils éteignent; j'ai éteint
  s'~ — ausgehen
étendre [etɑ̃drə] — ausbreiten
  j'étends, il étend, nous étendons, ils étendent; j'ai étendu
  s'~ — sich er-, ausstrecken
étoile [etwal] *f* — Stern
  un hôtel trois ~s — ein Dreisternehotel
étonner [etɔne] (qn/qn par qc) — erstaunen
  Cela (*fam* Ça) m'étonne. — Das wundert mich.
  il m'étonne que (+ *subj*) — es wundert mich, daß
  être étonné, -e *ou* s'~ (de qn, qc/de + *inf*/que + *subj*) — erstaunt sein, sich wundern (über jdn, etw/zu/daß)
  étonnant, -e (C'est très étonnant.) — erstaunlich (Das ist sehr verwunderlich.)
  trouver/être étonnant que (+ *subj*) — bemerkenswert finden/sein, daß
étrange [etrɑ̃ʒ] — seltsam
étranger [etrɑ̃ʒe] *m* — Ausland
  à/de l'~ — im *oder* ins/vom, aus dem Ausland

étranger, -ère [etrɑ̃ʒe, etrɑ̃ʒɛr] *adj/nom m, f* — ausländisch, fremd/Ausländer, -in
langue ~ère — Fremdsprache
affaires ~ères — Auswärtige Angelegenheiten
Je suis ~, -ère. — Ich bin Ausländer, -in.
être [ɛtrə] (+ avoir!) — sein
je suis, tu es, il est, nous sommes, vous êtes, ils sont; j'étais; je serai; j'ai été; que je sois
~ malade/bien — krank/hübsch, anständig, angenehm sein; sich wohlfühlen
~ professeur — Lehrer sein
~ aimé, -e (de *ou* par) — geliebt werden (von)
~ en train de + *inf* — im Begriff sein, dabei sein, zu
Quel jour sommes-nous? – Nous sommes le 19 (dix-neuf). — Den Wievielten haben wir? – Heute ist der 19.
Il est midi. — Es ist 12 Uhr *oder* Mittag.
Où en es-tu/êtes-vous? — Wie weit bist du/sind Sie?
Ça y est! — Fertig! Das wär's!
~ à faire/à plaindre — zu tun/zu bedauern sein
c'est-à-dire (c.-à-d.) — das heißt (d. h.)
~ à qn — jdm gehören
c'est à moi de + *inf* — ich bin dran *oder* an der Reihe, zu
..., n'est-ce pas? — ..., nicht wahr?
Est-ce que ...? — *Frageeinleitung*
étroit, -e [etrwa, etrwat *ou* etrwa, etrwat] — eng, schmal
études [etyd] *f pl* — Ausbildung, Studium
faire ses ~ — studieren
commencer/finir ses ~s — sein Studium aufnehmen/beenden
bourse *f* (d'~s) — Stipendium
étudiant, -e [etydjɑ̃, etydjɑ̃t] — Student, -in
être ~, -e — studieren
étudier [etydje] — studieren, lernen; untersuchen
~ le français — Französisch studieren, lernen
eurochèque [øroʃɛk] *m* — Euroscheck
accepter les ~s/payer en ~(s) — Euroschecks annehmen/mit Euroscheck (be)zahlen
l'Europe [ørɔp] *f* — Europa
en Europe — in/nach Europa

européen, -ne
[ørɔpeɛ̃, ørɔpeɛn]
la Communauté (Économique) ~ne (C.E.E. [seeə] *ou* C.E. [seə])
Européen, -ne
s'évanouir [evanwir]
évanoui, -e
éveiller [evɛje *ou* eveje]
s'~
événement [evɛnmɑ̃](!) *m*
évident, -e [evidɑ̃, evidɑ̃t]
(que + *ind*)
évidemment
éviter [evite] (qn, qc/de + *inf*/ que ... (ne) + *subj*)
exact, -e [ɛgza, ɛgzakt *ou* ɛgzakt, ɛgzakt]
C'est ~!
l'heure ~e/le nombre ~
exagérer [ɛgzaʒere]
j'exagère, nous exagérons, ils exagèrent; j'exagérerai [ɛgzaʒɛr(ə)re]
Tu exagères!

sans ~
examen [ɛgzamɛ̃] *m*

se préparer/se présenter à un ~

passer un ~
être reçu, -e/refusé, -e à un ~

~ écrit (*fam* l'écrit)/~ oral (*fam* l'oral)

~ médical [medikal]
examiner [ɛgzamine]
excellent, -e [ɛksɛlɑ̃, ɛksɛlɑ̃t]
une ~e idée
exception [ɛksɛpsjɔ̃] *f*
faire une ~ (à la règle)

par/sans ~
à l'~ de

europäisch

Europäische Gemeinschaft (EG)

Europäer, -in
ohnmächtig werden
ohnmächtig
(auf-, er-)wecken *(auch fig)*
auf-, erwachen
Ereignis
offensichtlich

selbstverständlich
(ver)meiden

genau, richtig, exakt, pünktlich

Genau! Stimmt!
die genaue Uhrzeit/Anzahl
übertreiben

Du übertreibst! Du gehst zu weit!
ohne Übertreibung
Prüfung, Examen; Untersuchung
sich auf eine Prüfung vorbereiten/sich zu einer Prüfung melden
eine Prüfung ablegen
eine Prüfung bestehen/bei einer Prüfung durchfallen
schriftliche Prüfung (das Schriftliche)/mündliche Prüfung (das Mündliche)
ärztliche Untersuchung
(jdn/etw) prüfen, untersuchen
ausgezeichnet
eine tolle Idee
Ausnahme
eine Ausnahme (von der Regel) machen
ausnahmsweise/-los
mit Ausnahme von

exceptionnel, -le [ɛksɛpsjɔnɛl] — außergewöhnlich, Ausnahme-
~lement — ausnahmsweise; äußerst, außergewöhnlich

excursion [ɛkskyrsjɔ̃] *f* — Ausflug, Exkursion

(s')excuser [ɛkskyze] (de *ou* pour qc/auprès de qn) — (sich) entschuldigen (für etw/bei jdm)
Excuse-/Excusez-moi *ou* Je te/vous prie de m'~. – Je t'excuse/vous excuse. — Entschuldige/Entschuldigen Sie mich! Entschuldigung! – Ich entschuldige dich/Sie.

exemple [ɛgzɑ̃plə] *m* — Beispiel
donner un/le bon ~ — ein Beispiel geben/mit gutem Beispiel vorangehen
suivre l'~ de qn — jds Beispiel folgen
servir d'~ (à qn) — (jdm) als Beispiel dienen
par ~ (p.ex.) — zum Beispiel (z.B.)

exercice [ɛgzɛrsis] *m* — *(körperliche und geistige)* Übung
faire un ~/des ~s — eine Übung/Übungen machen, üben

exiger [ɛgziʒe] (qc/qc de qn/que + *subj*) — (er)fordern, verlangen
j'exige, nous exigeons; j'exigeais; exigeant, -e
exigeant, -e — anspruchsvoll

exister [ɛgziste] — bestehen, vorhanden sein, existieren
Cela (*fam* Ça) existe/n'existe pas. — Das gibt es/gibt es nicht.

expéditeur, -trice [ɛkspeditœr, ɛkspeditris] — Absender, -in
Retour à l'~. — Zurück an Absender.

expérience [ɛksperjɑ̃s] *f* — 1. Erfahrung, 2. Experiment (!), Versuch
faire une ~ — 1. eine Erfahrung, 2. ein Experiment, einen Versuch machen
par ~ — aus Erfahrung

explication [ɛksplikasjɔ̃] *f* — Erklärung
demander/donner une ~ (à qn) — (von jdm) eine Erklärung verlangen/(jdm) eine Erklärung geben

expliquer [ɛksplike] (qc/qc à qn/à qn que + *ind*) — erklären
s'~ — sich erklären, erklärlich sein; sich (offen) aussprechen, sich rechtfertigen

ne pas s'expliquer (qc/comment)	sich nicht erklären können (etw/wie)
exportation (!) [ɛkspɔrtasjɔ̃] *f*	Ausfuhr, Export
exporter [ɛkspɔrte]	ausführen, exportieren
exposition [ɛkspozisjɔ̃], *fam* **expo** [ɛkspo] *f*	Ausstellung
exprès 1. [ɛksprɛ] *adv*, 2. [ɛksprɛs] *adj inv*	1. absichtlich, 2. Eil-
Je ne l'ai pas fait ~.	Ich habe es nicht absichtlich getan.
une lettre ~	ein Eilbrief
Par ~!	Durch Eilboten!
express [ɛksprɛs] *m*	1. Schnellzug, 2. Espresso
expression [ɛksprɛsjɔ̃] *f*	Ausdruck
Je vous prie d'agréer, Monsieur (Madame *etc*), l'~ de mes sentiments distingués.	Mit freundlichen Grüßen! *(Brief)*
exprimer [ɛksprime]	ausdrücken, äußern
s'~ (bien/mal)	sich (gut/schlecht) ausdrücken
extérieur [ɛksterjœr] *m*	Äußeres, Aussehen
à l'~ (de)	außen, außerhalb (von)
de l'~	von außen
extérieur, -e [ɛksterjœr]	äußerlich, Außen-
politique ~e	Außenpolitik
extincteur [ɛkstɛ̃ktœr] *m*	Feuerlöscher
extraordinaire [ɛkstraɔrdinɛr], *fam* **extra** [ɛkstra]	außerordentlich, großartig; super
rien d'~	nichts Besonderes
extrême [ɛkstrɛm]	äußerst, extrem
l'~ droite/gauche *f*	die äußerste Rechte/Linke *(polit.)*
l'Extrême-Orient [ɔrjɑ̃] *m*	der Ferne Osten

F

face [fas] *f*	(An-)Gesicht; Ansichts-, Vorderseite
~ à	gegenüber
faire ~ à	gegenüberstehen, -treten
en ~ (de)	gegenüber, angesichts
la maison d'en ~	das Haus gegenüber

fâcher [faʃe] — (ver)ärgern
être fâché, -e (contre qn/de qc/de + *inf*/que + *subj*) — verärgert, böse sein
J'en suis fâché, -e. — Es tut mir leid.
se ~ (avec *ou* contre qn) — böse werden (auf jdn), sich ärgern (über jdn)

facile [fasil] — leicht *(zu tun)*, unkompliziert *(auch fig)*
qc est ~ à + *inf* — etwas ist leicht zu
il est ~ de + *inf* — es ist leicht, zu
Ce n'est pas ~. — Es ist nicht einfach. Man hat's nicht leicht.
~ment — mit Leichtigkeit, leicht

façon [fasɔ̃] *f* (de qc/de + *inf*) — Machart, Art und Weise
~ de faire — Handlungsweise
C'est une ~ de parler. — Das sagt man so. Das ist leicht gesagt.
de cette/de toute ~ — auf diese Weise/auf jeden Fall, jedenfalls
d'une ~ ou d'une autre — irgendwie
de (telle) ~ que (+ *ind*/+ *subj*) — so daß *(Ergebnis/Absicht)*
sans ~ — ohne weiteres, ohne Umstände
les ~s de qn — jds Art, Benehmen, Verhalten
faire des ~s — *(aus Höflichkeit)* Umstände machen

facteur [faktœr] *m* — 1. Briefträger, 2. Faktor
facture [faktyr] *f* — Rechnung *(außer Hotel und Restaurant)*
demander/payer *ou* régler la ~ — die Rechnung verlangen/bezahlen

faculté [fakylte] *f* — 1. Fähigkeit, 2. Fakultät
Faculté, *fam* Fac [fak] — Uni
à la Fac — in der/die Uni

faible [fɛblə] *adj/nom m* — schwach, gering/Vorliebe
se sentir ~ — sich schwach fühlen
~ en maths *fam* — schwach in Mathe
un bruit/une voix ~ — ein leises Geräusch/eine leise Stimme
avoir un ~ pour — eine Schwäche haben für

faillir [fajir] faire — nahe dran sein, zu tun
J'ai failli tomber. — Beinahe wäre ich gefallen.

faillite [fajit] *f* — Konkurs, Bankrott *(auch fig)*, Scheitern
faire ~ — in Konkurs gehen, Bankrott machen

faim

faim [fɛ̃] *f* — Hunger
  avoir (très) ~ — (sehr) hungrig sein
  mourir de ~ — verhungern *(auch fig)*

faire [fɛr] — machen, tun; (veran)lassen
je fais, il fait, nous faisons [fəzɔ̃], vous faites, ils font; je ferai [f(ə)re]; j'ai fait; que je fasse

  ~ la cuisine/un gâteau — kochen/einen Kuchen backen
  ~ une promenade/la guerre — einen Spaziergang machen/Krieg führen
  ~ la connaissance de qn, qc — jdn, etw kennenlernen
  ~ ses études — studieren
  ~ son lit/sa valise — sein Bett machen/seinen Koffer packen
  ~ la queue/des achats/le total (de qc) — Schlange stehen/einkaufen/(etw) zusammenrechnen
  ~ du bruit — Geräusch, Lärm machen
  ~ du sport/du ski — Sport treiben/skilaufen
  ~ erreur/une erreur — (sich) irren/einen Irrtum begehen, einen Fehler machen
  ~ demi-tour — umkehren *(auch fig)*
  ~ attention (à qn, qc/+ *inf*) — aufpassen (auf jdn, etw/daß)
  ~ part de qc à qn — jdm etw mitteilen
  ~ partie de — angehören, gehören zu
  Tu as/Vous avez bien fait. — Das hast du/haben Sie richtig gemacht.
  (se) ~ mal — (sich) wehtun
  (Il n'y a) Rien à ~! — (Da ist) Nichts zu machen!
  Cela (*fam* Ça) ne fait rien. — Das macht nichts.
  Cela (*fam* Ça) fait 10 (dix) francs. — Das macht 10 Francs.
  Vous faites du combien? *fam* — 1. Welche (Schuh-, Kleider-) Größe haben Sie? 2. Wie schnell fahren Sie?/Wie schnell fährt Ihr Auto?
  ~ connaître (qc à qn) — (jdm etw) bekanntmachen
  ~ entendre/voir (qc à qn) — hören lassen, zu verstehen geben/sehen lassen, zeigen
  ~ suivre (~ suivre!) — nachsenden (lassen) (Bitte nachsenden!)
  ~ faire (qc à *ou* par qn) — machen lassen
  ~ entrer — hereinlassen, -bitten
  ~ vite — sich beeilen
  Il fait beau/mauvais. — Es ist schönes/schlechtes Wetter.

falloir 89

Il fait chaud/froid.	Es ist warm/kalt.
Il fait jour/nuit.	Es ist Tag/Nacht. Es ist hell/dunkel.
Il fait sombre/un temps merveilleux.	Es ist dunkel/herrliches Wetter.
Il se fait tard.	Es wird spät.
Il fait jeune/vieux.	Er wirkt jung/alt.
se ~ des soucis (pour qn, qc)	sich (um jdn, etw) Sorgen machen
Ne t'en fais pas!	Mach dir nichts draus!
se ~ attendre	auf sich warten lassen
se ~ comprendre	sich verständlich machen
se ~ inscrire	sich einschreiben (lassen), anmelden
Comment se fait-il que (+ *subj*)?	Wie kommt es, daß ...?
Deux et deux font quatre.	Zwei und zwei ist vier.
tout fait, toute faite	von der Stange, vorgefertigt; vorgefaßt *(Meinung)*

fait [fɛ *ou* fɛt, *pl* fɛ] *m* — Tatsache
C'est un ~. — Das ist eine Tatsache. Das steht fest.
le ~ est que (+ *ind*) — es ist eine Tatsache, soviel steht fest, daß
le ~ de + *inf*/que (+ *ind ou subj*) — die Tatsache, daß
du ~ de qc/de + *inf*/que (+ *ind*) — aufgrund, infolge von, dadurch, daß
de ce ~ — daher
au ~ [fɛt] — übrigens
en ~ [fɛt] — in Wirklichkeit, tatsächlich
tout à ~ [fɛ] (Tout à ~!) — gänzlich, völlig (Völlig richtig!)

falloir [falwar] — nötig sein
(qc/*inf*/que + *subj*)
il faut; il faudra; il a fallu; qu'il faille [faj]
Il faut un jour pour aller à Paris. — Man braucht einen Tag bis Paris.
Qu'est-ce qu'il vous faut? — Was brauchen Sie?
Il faut/ne faut pas attendre. — Man muß warten/braucht nicht zu warten.
Il faut que je vous le dise. — Ich muß es Ihnen sagen.
comme il faut *adv/adj* (une personne comme il faut) — wie es sich gehört, korrekt, anständig (eine sehr anständige Person)

fameux, -euse [famø, famøz] — berühmt, ausgezeichnet
  Ce n'est pas ~. — Das ist nicht toll.
familier, -ière [familje, familjɛr] — vertraut; zwanglos; umgangssprachlich
famille [famij] *f* — Familie
  avoir de la ~ — Angehörige, Verwandte haben
  nom *m* de ~ — Familienname
  être en ~ — unter sich sein
fantastique [fɑ̃tastik] — phantastisch
  (C'est) ~! — (Das ist) Phantastisch!
farine [farin] *f* — Mehl
fatigant, -e [fatigɑ̃, fatigɑ̃t] — ermüdend; lästig
fatiguer [fatige] — ermüden; belästigen
  fatigué, -e (de *ou* par qc/de + *inf*) — müde, erschöpft
faubourg [fobur] *m* — Vorort
faute [fot] *f* — Fehler, Schuld; Mangel
  faire une ~ — einen Fehler machen
  C'est/Ce n'est pas (de) ma ~. — Das ist/Das ist nicht meine Schuld.
  ~ d'impression/de frappe — Druck-/Tippfehler
  ~ de (~ de mieux) — aus Mangel an, mangels (in Ermangelung eines Besseren)
fauteuil [fotœj] *m* — Sessel
  ~s d'orchestre — Parkett *(Theater)*
faux, fausse [fo, fos] — falsch, unecht
  il est ~ de + *inf*/que (+ *subj*) — es ist falsch, zu/daß
  chanter/jouer faux(!) — falsch singen/spielen
faveur [favœr] *f*(!) — Gunst
  demander/faire une ~ à qn — jdn um einen Gefallen bitten/jdm einen Gefallen tun
  faire à qn la ~ (de + *inf*) — jdm den Gefallen tun
  en ~ de — zugunsten von
favorable [favɔrablə] (à) — günstig, wohlgesinnt
fédéral, -e [federal] (-aux) — Bundes-
  la République ~e (d'Allemagne) *ou* l'Allemagne ~e — die Bundesrepublik (Deutschland)
félicitations [felisitasjɔ̃] *f pl* — Glückwünsche *(anläßlich eines Erfolges, einer Leistung)*
  (Mes) ~! — Herzlichen Glückwunsch! Kompliment!
féliciter [felisite] — beglückwünschen
  (qn de qc/qn de + *inf*)
féminin, -e [feminɛ̃, feminin] *adj/nom m* — weiblich/Femininum

femme [fam] f — Frau, Ehefrau
~ de ménage/de service — Putzfrau/Zimmermädchen
Profession: ~ au foyer [fwaje] — Beruf: Hausfrau
(C'est) Ma ~. — (Das ist) Meine Frau. *(Vorstellung)*

émancipation [emɑ̃sipasjɔ̃] f des ~s — Frauenemanzipation
fenêtre [f(ə)nɛtrə] f — Fenster
à la ~ — am/ans Fenster
regarder par la ~ — aus dem Fenster sehen
fer [fɛr] m — Eisen
chemin m/rideau m de ~ — Eisenbahn/eiserner Vorhang *(auch polit.)*
~ à repasser — Bügeleisen
férié, -e [ferje] — arbeitsfrei, Feier-
jour m ~ — Feiertag
ferme [fɛrm] f — Bauernhof
fermer [fɛrme] — schließen, zugehen/(ab-, ver-, zu)schließen, zumachen
~ à 19 (dix-neuf) heures — um 19 Uhr schließen
~ le gaz/la télévision — das Gas/den Fernseher ausmachen
~ à clé *ou* à clef — ab-, zuschließen
Fermé (le dimanche). — (Sonntags) Geschlossen.
fermeture [fɛrmətyr] f — Verschluß; Schließung
~ éclair — Reißverschluß
~ des bureaux/des magasins — Büro-/Ladenschluß
heures f de ~ — (Büro-, Laden-)Schlußzeiten
~ annuelle — Betriebsferien
fête [fɛt] f — Fest, Feier(tag)
à la ~ — auf dem/das Fest
jour m de ~ — Fest-, Feiertag
~ des mères — Muttertag
feu [fø] m (-x) — Feuer; Licht, (Verkehrs-)Ampel
allumer/éteindre le ~ — das Feuer an-/ausmachen
avoir/faire du ~ — Feuer haben/machen
prendre ~ — Feuer fangen *(auch fig)*
mettre le ~ à qc — etw anstecken
jouer avec le ~ — mit dem Feuer spielen *(auch fig)*
(crier) Au ~! — Feuer! (schreien)
~ d'artifice [artifis] — Feuerwerk
~x pl de croisement/de route — Abblend-/Scheinwerferlicht
~ clignotant/stop [stɔp] — Blink-/Bremslicht

feu rouge/vert	rote Ampel, Rot/grünes Licht *(auch fig)*, Grün
brûler un ~ (rouge)	eine (rote) Ampel überfahren
feuille [fœj] *f*	Blatt
une ~ de papier	ein Blatt Papier
février [fevrije] *f*	Februar
en ~ *ou* au mois de ~	im Februar
fiancé, -e [fjãse] *adj/nom*	verlobt/Verlobter, -e
ficelle [fisɛl] *f*	Bindfaden, Schnur; *frz. Stangenbrot, dünner als Baguette*
nouer [nwe]/défaire/couper une ~	einen Bindfaden knoten/aufmachen/durchschneiden
un bout de ~	ein Stück Bindfaden
fiche [fiʃ] *f*	(*auch* Anmelde-)Zettel, Karteikarte
remplir une ~	einen Zettel, eine Karte ausfüllen
ficher [fiʃe] *fam*	(hin)werfen; versetzen, verpassen
~ qn à la porte	jdn rausschmeißen
Fiche-moi la paix!	Laß mich in Ruhe!
fichu, -e *fam*	futsch, kaputt
s'en ~ (de qn, qc) (Je m'en fiche.)	sich nichts daraus machen, sich nichts machen aus (Ich pfeif' drauf.)
fidèle [fidɛl] (à)	treu
fier, fière [fjɛr, fjɛr] (de qn, qc/de + *inf*/que + *subj*)	stolz, hochmütig
fièvre [fjɛvrə] *f*	Fieber
avoir (de) la ~	Fieber haben
figure [figyr] *f*	1. Figur, 2. Gesicht
casser la ~ à qn *fam*	jdm eine scheuern
se casser la ~ *fam*	auf die Nase fallen *(auch fig)*
se figurer [figyre] (qc)	sich (etw) vorstellen
Figure-toi/Figurez-vous!	Stell dir/Stellen Sie sich das vor!
fil [fil] *m*	Faden
~ à coudre/de fer	Nähgarn/Draht
coup *m* de ~ *fam*	(Telefon-)Anruf
donner *ou* passer un coup de ~ à qn	jdn anrufen
recevoir un coup de ~	einen Anruf erhalten, angerufen werden
fille [fij] *f*	Tochter; Mädchen
petite/jeune/vieille ~	kleines/junges Mädchen/alte Jungfer

~ aînée/cadette	ältere *oder* älteste/ jüngere *oder* jüngste Tochter
belle-/petite-~	Schwiegertochter/Enkelin
film [film] *m*	Film
donner *ou* montrer *ou* passer un ~	einen Film zeigen
~ en noir et blanc	Schwarzweißfilm
~ en couleurs	Farbfilm
~ policier	Krimi
~ western [wɛstɛrn]	Western
fils [fis] *m*	Sohn
~ aîné/cadet	älterer *oder* ältester/ jüngerer *oder* jüngster Sohn
beau-/petit-~	Schwiegersohn/Enkel
filtre [filtrə] *m*	Filter
(des cigarettes) *f* avec/ sans ~	(Zigaretten) mit/ ohne Filter
fin [fɛ̃] *f*	Schluß, Ende; Zweck
mettre ~ à/prendre ~	beenden/zu Ende gehen
à la ~ (de la semaine/du mois/de l'année)	zuletzt, am Ende (der Woche/ des Monats/des Jahres)
du commencement à la ~	von Anfang bis Ende
jusqu'à la ~	bis ans Ende, bis zuletzt
sans ~/vers la ~	ohne/gegen Ende
en ~ de compte	alles in allem
fin, -e [fɛ̃, fin]	fein, dünn, zart; edel; gut; klug
final, -e [final]	Schluß-, End-
~ement	schließlich, endlich; alles in allem
finir [finir]	zu Ende gehen/beenden
~bien/mal	gut/schlecht ausgehen
~ de + *inf* (J'ai fini de manger.)	aufhören zu, fertig werden mit (Ich bin mit dem Essen fertig.)
~ par + *inf* (J'ai fini par payer.)	schließlich (doch) ... (Schließ- lich habe ich gezahlt.)
Finissons(-en)!	Machen wir Schluß (damit)!
Il n'en finit pas/plus.	Er hört nicht/nicht mehr auf (damit).
à n'en plus ~	ohne aufzuhören
pour en ~	um zum Schluß zu kommen
Ce n'est pas fini!	Das ist nicht alles!
J'ai fini.	Ich bin fertig.

94 fixer

fixer [fikse]	befestigen; festsetzen, bestimmen
~ qc avec une ficelle	etw an-, festbinden
~ une date/le prix	einen Termin/den Preis festsetzen
flâner [flane]	(umher)bummeln
flash [flaʃ] *m* (-es [flaʃ])	Blitz(licht)
au ~	mit Blitz(licht)
flatter [flate] (qn!)	schmeicheln
fleur [flœr] *f* (!)	Blume, Blüte(zeit)
à ~s	geblümt
en ~(s)	in (der) Blüte
bouquet [bukɛ] *m*/pot *m* de ~s	Blumenstrauß/-topf
fleuve [flœv] *m*	(großer) Fluß, Strom
flic [flik] *m fam*	Polizist, Bulle
foi [fwa] *f*	Glaube, Konfession; Vertrauen
digne de ~	glaubwürdig
de bonne/mauvaise ~	in gutem Glauben, guter/böser Absicht, böswillig
foie [fwa] *m*	Leber
pâté *m* de ~ (gras)	(Gänse-)Leberpastete
foire [fwar] *f*	Jahrmarkt; Messe
fois [fwa] *f*	Mal
une/deux *etc* ~	ein-/zwei- *usw*. -mal
trois ~ quatre	drei mal vier
une ~ (Il était une ~ ...)	einmal, eines Tages (Es war einmal ...)
une ~ que (+ *ind*)	sobald
Combien de ~?	Wie oft?
des ~/bien des ~ *fam*	manchmal/viele Male, ziemlich, sehr oft
plus d'une ~ *ou* plusieurs ~	mehrmals
une ~ de plus *ou* encore une ~	noch einmal
une ~ sur deux/trois *etc*	jedes zweite/dritte *usw*. Mal
une bonne ~ *ou* une ~ pour toutes	ein für allemal
(pas) une seule ~	(nicht) ein einziges Mal
(à) chaque ~	jedesmal
chaque ~ *ou* toutes les ~ que (+ *ind*)	jedesmal wenn
à la ~	auf einmal, zugleich, gleichzeitig
pour la première/prochaine/dernière ~	zum ersten/nächsten/letzten Mal

folie [fɔli] *f* — Wahnsinn *(auch fig)*
faire une ~ — leichtsinnig sein *(auch fig)*
folklorique [fɔlklɔrik], *fam* **folklo** [fɔlklo] — 1. folkloristisch, 2. *fam* komisch, amüsant
foncé, -e [fɔ̃se] — dunkel *(Farbe)*
bleu, gris *etc* ~ *inv* (une robe bleu foncé) — dunkelblau, -grau *usw.* (ein dunkelblaues Kleid)
fonction [fɔ̃ksjɔ̃] *f* — Funktion, Amt
remplir une ~ — eine Funktion, ein Amt ausüben
entrer en ~ — eine Funktion, ein Amt übernehmen
être/rester en ~ — in (einer) Funktion, im Amt sein/bleiben
fonctionnaire [fɔ̃ksjɔnɛr] *m* — Beamter
un haut ~ — ein hoher Beamter
fonctionner [fɔ̃ksjɔne] — funktionieren
fond [fɔ̃] *m* — Boden, Grund; Wesentliches; Hintergrund
(examiner/connaître) à ~ — gründlich (untersuchen/kennen)
au ~ *ou* dans le ~ — im Hintergrund; im Fond; auf dem Grund *(eines Gewässers)*; im Grunde (genommen), eigentlich
aller au ~ de qc — einer Sache auf den Grund gehen
article *m* de ~ — Leitartikel
fontaine [fɔ̃tɛn] *f* — Quelle, (*auch* Spring-)Brunnen
football [futbol], *fam* **foot** [fut] *m* — Fußball
jouer au ~ — Fußball spielen
club *m*/match *m* de ~ — Fußballklub/-spiel
force [fɔrs] *f* — Kraft, Stärke, Gewalt
reprendre des ~s — wieder zu Kräften kommen
de *ou* par/sans ~ — mit Gewalt, gewaltsam/kraftlos
à toute ~ — mit aller Gewalt
de toutes ses ~s — aus Leibeskräften
à bout de ~ — am Ende seiner Kräfte
à ~ de + *inf* (à ~ de travailler) — mit(hilfe von), durch (mit, durch viel Arbeit)
par la ~ des choses — zwangsläufig
~ majeure — höhere Gewalt

forcer [fɔrse] zwingen
(qn, qc/qn à qc/qn à + *inf*)
nous forçons; je forçais;
forçant
~ une serrure ein Schloß aufbrechen
être forcé, -e (de + *inf*) gezwungen sein
forcément/pas forcément notwendigerweise, natürlich/
 nicht unbedingt
forêt [fɔrɛ] *f* Wald
dans la ~ im/in den Wald
la Forêt Noire der Schwarzwald
formation [fɔrmasjɔ̃] *f* Entstehung, Bildung, Gebilde;
 Ausbildung
~ continue *ou* permanente Fort-, Weiterbildung
forme [fɔrm] *f* Form, Gestalt
prendre ~ Gestalt annehmen
(être) en (pleine) ~ in (Hoch-)Form (sein)
en *ou* sous ~ de in Form von
former [fɔrme] hervorbringen, bilden, gestal-
 ten; ausbilden
~ un gouvernement/un tout eine Regierung bilden/ein
 Ganzes darstellen
formidable [fɔrmidablə] ungeheuer, phantastisch,
 toll
formulaire [fɔrmylɛr] *m* Formular
fort, -e [fɔr, fɔrt] stark
un homme/un café ~ ein starker Mann/Kaffee
C'est (un peu) ~! Das geht (ein bißchen) zu
 weit!
une ~e somme eine stattliche Summe
~ en géographie gut in Geographie
frapper/serrer ~(!) kräftig schlagen, klopfen/fest
 drücken
Parlez plus/moins ~! Sprechen Sie lauter/leiser!
~ occupé, -e sehr beschäftigt
savoir ~ bien sehr wohl wissen
fortune [fɔrtyn] *f* Schicksal, Glück; Reichtum
faire ~ reich werden
fou/fol, folle [fu/fɔl, fɔl] (de) verrückt (von, auf, nach),
(fous, folles) wahnsinnig *(auch fig)*, unge-
 heuer
devenir/rendre ~ verrückt werden/machen
~ rire *m* Lachkrampf
amour ~ rasende Liebe
un monde ~ unheimlich viele Leute
C'est ~! Es ist nicht zu fassen!

foulard [fular] *m* — (Seiden-)Schal, Tuch
  mettre un ~ — einen Schal umbinden
foule [ful] *f* — (*auch* Menschen-)Menge
  une ~ d'idées — tausend Ideen
four [fur] *m* — Backofen
  dans le *ou* au ~ — im/in den Backofen
  cuire au ~ — backen, braten
  petits ~s — Kleingebäck
fourchette [furʃɛt] *f* — Gabel
fournir [furnir] — etw liefern/jdn beliefern, versorgen
  qc (à qn)/qn (de *ou* en qc)
fourrière [furjɛr] *f* — Sammelplatz (*Tiere, Autos*)
  emmener à la ~ — (*Auto wegen eines Verstoßes*) abschleppen
fourrure [furyr] *f* — Pelz
  manteau *m* de ~ — Pelzmantel
foutre [futrə] *fam* — schmeißen; verpassen
  ~ le camp [kɑ̃] — abhauen, verduften
  ne rien ~ *fam* — nichts tun, herumgammeln
  foutu, -e — futsch, kaputt
  se ~ de qn, qc (Tu te fous de moi!/Je m'en fous!) — sich über jdn, etw lustig machen; auf jdn, etw pfeifen (Du nimmst mich auf den Arm! Ich bin dir wurscht!/Das ist mir scheißegal!)

fragile [fraʒil] — zerbrechlich
frais [frɛ] *m pl* — (Un-)Kosten
  rentrer dans ses ~ — auf seine Kosten kommen
frais, fraîche [frɛ, frɛʃ] — frisch
  servir (bien) ~ — (gut) gekühlt servieren
  tenir au ~ — kühl aufbewahren
  Il fait ~. — Es ist frisch.
  Peinture fraîche! — Frisch gestrichen!
fraise [frɛz] *f* — Erdbeere
framboise [frɑ̃bwaz] *f* — Himbeere
franc [frɑ̃] *m* — Franc
  un billet de 100 (cent) ~s — ein 100-Francs-Schein
  un billet à *ou* pour 100 ~s — eine Karte zu 100 Francs
français, -e [frɑ̃sɛ, frɑ̃sɛz] — französisch
  la République ~e — die Republik Frankreich
  parler ~ — französisch sprechen
  en ~ — auf französisch
  traduire en ~ — ins Französische übersetzen
  le ~ — das Französische, Französisch
  apprendre/comprendre/parler *ou* savoir le ~ — Französisch lernen/verstehen/können

Français, -e	Franzose, Französin
la France [frɑ̃s]	Frankreich
en France	in/nach Frankreich
Francfort [frɑ̃kfɔr] (-sur-le-Main [syrləmɛ̃])	Frankfurt (am Main)
franchement [frɑ̃ʃmɑ̃] *adv* (*adj* franc)	offen(gesagt, -gestanden), freimütig, geradeheraus
francophone [frɑ̃kɔfɔn]	französischsprachig, frankophon
frapper [frape]	schlagen, klopfen; verblüffen, frappieren
~ à la porte	an die Tür klopfen
(On frappe.)	(Es klopft.)
frappé, -e (par)	1. verblüfft (von), 2. (eis)gekühlt
frein [frɛ̃] *m*	Bremse
freiner [frene]	bremsen
fréquent, -e [frekɑ̃, frekɑ̃t] (*adv* fréquemment)	häufig
fréquenter [frekɑ̃te]	(oft, regelmäßig) besuchen, verkehren mit
frère [frɛr] *m*	Bruder
~ aîné/cadet	älterer *oder* ältester/jüngerer *oder* jüngster Bruder
beau-~	Schwager
fric [frik] *m fam*	Geld, Zaster, Kohle
frigidaire [friʒidɛr], *fam* **frigo** [frigo] *m*	Kühlschrank
dans le *ou* au ~	im/in den Kühlschrank
fringues [frɛ̃g] *f pl fam*	Kleider, Klamotten
frites [frit] *f pl*	Pommes frites
un cornet [kɔrnɛ] de ~	eine Tüte Pommes frites
steak *m* ~	Steak mit Pommes frites
froid, -e [frwa, frwad *ou* frwa, frwad]	kalt (*auch fig*)
avoir ~ (J'ai ~.)	frieren (Mich friert. Mir ist kalt.)
Il fait ~.	Es ist kalt.
fromage [frɔmaʒ] *m*	Käse
~ blanc/frais	Quark/Frischkäse
~ de chèvre	Ziegenkäse
front [frɔ̃] *m*	Stirn (*auch fig*); Front
frontière [frɔ̃tjɛr] *f*	Grenze
passer la ~	die Grenze passieren
à la ~	an der/die Grenze
frotter [frɔte]	(ab-, ein)reiben, (ab)scheuern

fruit [frɥi] *m* — Frucht *(auch fig)*, Obst
  jus *m* de ~ — Fruchtsaft
  ~s de mer — Meeresfrüchte
fuir [fɥir] (qn, qc/devant qn, qc) (+ avoir) — meiden/fliehen
  je fuis, nous fuyons, ils fuient; je fuyais, nous fuyions; j'ai fui
fumée [fyme] *f* — Rauch, Dampf
fumer [fyme] — rauchen
  Défense de ~! — Rauchen verboten!
  saumon fumé — geräucherter Lachs
fumeur [fymœr] *m* — Raucher
  non-~ — Nichtraucher
furieux, -euse [fyrjø, fyrjøz] (contre qn, qc/de + *inf*/que + *subj*) — wütend
fusée [fyze] *f* — Rakete
fusil [fyzi] *m* — Gewehr
futur [fytyr] *m* — Zukunft; Futur
futur, -e [fytyr] — zukünftig
  une ~e maman — eine werdende Mutter

G

gaffe [gaf] *f fam* — Versehen, Dummheit
  faire une ~ — einen Schnitzer machen, sich blamieren
  faire ~ (à) (Fais ~!) *pop* — aufpassen (auf) (Paß auf!)
gagner [gaɲe] — gewinnen; verdienen
  ~ la guerre/du temps — den Krieg/Zeit gewinnen
  ~ à la loterie/au jeu — in der Lotterie/beim Spiel gewinnen
  ~ de l'argent/1000 (mille) francs/sa vie — Geld/1000 Francs/seinen Unterhalt verdienen
gai, -e [ge] — fröhlich
gamin, -e [gamɛ̃, gamin] — kleiner Junge, Bengel/kleines Mädchen, Göre
gant [gɑ̃] *m* — Handschuh
  mettre/enlever ses ~s — seine Handschuhe an-/ausziehen
garage [garaʒ] *m* (!) — Garage; (Auto-)Werkstatt
  au ~ — in der/die Garage, in der/die Werkstatt

garagiste

garagiste [garaʒist] *m*	Werkstatt-, Tankstelleninhaber, (Auto-)Mechaniker
garantie [garɑ̃ti] *f*	Garantie *(auch fig)*
avec/sans ~	mit/ohne Garantie
être sous ~	der Garantie unterliegen
bon *m* de ~	Garantieschein
un an de ~	ein Jahr Garantie
garçon [garsɔ̃] *m*	1. Junge, 2. Kellner
vieux ~	Junggeselle
~!	Herr Ober!
garder [garde]	bewachen, hüten; aufbewahren; behalten
~ des enfants/le lit/la maison	Kinder/das Bett/das Haus hüten
~ un secret/le silence	ein Geheimnis/Stille bewahren
~ son manteau	seinen Mantel anbehalten
Vous pouvez ~ la monnaie.	Der Rest ist für Sie.
se ~ de qn, qc/de + *inf*	sich hüten vor/sich hüten, zu
gardien, -ne [gardjɛ̃, gardjɛn]	Wächter, -in, Wärter, -in
~ de musée/de nuit	Museums-/Nachtwächter
~ de but	Torwart
gare [gar] *f*	Bahnhof
à la ~	am, auf dem/zum Bahnhof
~ centrale	Hauptbahnhof
(se) garer [gare]	parken
garer sa voiture	seinen Wagen parken
garniture [garnityr] *f*	Ausstattung, Zubehör; Garnitur; *(Restaurant)* Beilage
gars [gɑ] *m fam*	Junge
Salut, les ~!	Hallo, Jungs!
gas-oil [gazɔjl *ou* gazwal] *m*	Dieselöl
gaspiller [gaspije]	vergeuden
~ de l'argent/son temps	Geld/seine Zeit vergeuden
gâter [gɑte]	verderben *(Obst)*; verwöhnen
gâteau [gɑto] *m* (-x)	Kuchen
~ au chocolat	Schokoladenkuchen
(petits) ~x	Plätzchen, Kleingebäck
gauche [goʃ] *adj/nom f*	links/linke Seite *(auch polit.)*, Linke
à ~ (de)	links/nach links (von)
à *ou* sur ta/votre ~	links von dir/Ihnen
la ~/l'extrême ~	die Linke/die äußerste Linke
de ~/d'extrême ~	linksgerichtet/-radikal
gaz [gaz] *m*	Gas
~ naturel	Erdgas

gazeux, -euse [gazø, gazøz] — mit Kohlensäure versetzt
eau minérale ~se/non-~se — Mineralwasser mit/ohne Kohlensäure
geler [ʒ(ə)le] — (ge-/ein)frieren
il gèle, ils gèlent;
il gèlera [ʒɛlra]
gêner [ʒɛne *ou* ʒene] — (be)hindern, stören, in Verlegenheit bringen
je gêne, nous gênons; je
gênais; je gênerai [ʒɛnre];
gênant
C'est gênant. — Das ist unangenehm *oder* lästig.
être terriblement gêné, -e — schrecklich verlegen sein
se ~ (Ne vous gênez pas!) — sich Zwang antun (Lassen Sie sich nicht stören! Machen Sie keine Umstände! Zieren Sie sich nicht!)

général, -e [ʒeneral] (-aux) — allgemein
en ~ *ou* d'une manière ~e — im allgemeinen
assemblée/grève ~e — Generalversammlung/-streik
généreux, -euse [ʒenerø, ʒenerøz] — großmütig, freigebig; *(Wein)* feurig
Genève [ʒ(ə)nɛv] — Genf
genou [ʒ(ə)nu] *m* (-x) — Knie
sur les ~x — 1. auf dem Schoß, 2. *fam* erschöpft, geschafft, fertig
genre [ʒɑ̃rə] *m* — Gattung, Art, Stil; (grammatisches) Geschlecht, Genus
Ce n'est pas mon ~. — Das ist nicht meine Art *oder* mein Geschmack.
gens [ʒɑ̃] *m, f pl* — Leute, Menschen
beaucoup de ~ — viele Leute, Menschen
les jeunes ~ — die jungen Leute
de méchantes ~ *f* (!)/des ~ méchants *m*(!) — schlechte Menschen
des ~ bien — anständige Leute
gentil, -le [ʒɑ̃ti, ʒɑ̃tij] — nett
Vous êtes trop ~. — Das ist nett (von Ihnen).
gérant, -e [ʒerɑ̃, ʒerɑ̃t] — Geschäftsführer, -in
gibier [ʒibje] *m* — Wild
glace [glas] *f* — 1. (*auch* Speise-)Eis, 2. (Wand-)Spiegel
~ au chocolat/au citron/à la vanille — Schokoladen-/Zitronen-/Vanilleeis
se regarder dans la ~ — sich im Spiegel betrachten
glaçon [glasɔ̃] *m* — Eiswürfel

102 glisser

glisser [glise] (+ avoir)	(ab-, aus)gleiten, (ab-, aus-)rutschen/*(unter etw hindurch, in etw hinein usw.)* schieben, stecken, *(heimlich)* zustecken
gloire [glwar] *f*	Ruhm
à la ~ de	zum Ruhme von
gonfler [gɔ̃fle]	(an)schwellen, aufgehen/aufblasen, -pumpen
se ~	(an)schwellen, aufgehen, sich aufblasen *(auch fig)*
gorge [gɔrʒ] *f*	Kehle, Schlund; Schlucht
avoir mal à la ~	Halsschmerzen haben
soutien-~ *m*	Büstenhalter
gosse [gɔs] *m/f fam*	Junge, Bengel/Mädchen, Göre
gothique [gɔtik]	gotisch
église *f* ~	gotische Kirche
gourmand, -e [gurmã, gurmãd]	Vielfraß
être ~	gerne essen
gourmet [gurmɛ] *m*	Feinschmecker
goût [gu] *m*	Geschmack; Neigung, Vorliebe
avoir du/manquer de ~	Geschmack/keinen Geschmack haben, geschmackvoll/-los sein
avoir le ~ de *ou* du ~ pour qn, qc	für jdn, etw Interesse, Sinn haben
avec/sans ~	mit/ohne Geschmack
au ~ de	nach dem Geschmack von
chacun (à) son ~	jeder/jedem nach seiner Façon
le bon ~	der gute Geschmack
arrière-~	Nachgeschmack *(auch fig)*
goûter [gute]	probieren, kosten
goutte [gut] *f*	Tropfen
gouvernement [guvɛrnəmã] *m*	Regierung
former un ~	eine Regierung bilden
chef *m*/membre *m* du ~	Regierungschef/-mitglied
grâce [grɑs *ou* gras] **à**	dank
graissage [grɛsaʒ] *m*	Abschmieren *(Auto)*
graisse [grɛs] *f*	Fett
grammaire [gramɛr] *f*	Grammatik
gramme [gram] *m*	Gramm
grand, -e [grã, grãd]	groß
un homme ~/un ~ homme [grãtɔm]	ein großer *(hochgewachsener/bedeutender)* Mann

les ~es personnes	die Erwachsenen *(wenn man mit einem Kind spricht)*
~ magasin/-rue *f*	Kaufhaus/Hauptstraße
~e ligne	Haupt-, Fernstrecke *(Eisenbahn)*
être ~ temps de + *inf*	höchste Zeit sein, zu
(Ce n'est, *fam* C'est) Pas grand' chose.	(Das ist) Nichts Besonderes.
grand-mère(!)/-père/ ~s-parents	Großmutter/-vater/-eltern
~ ouvert [grɑ̃tuvɛr], ~e ouverte	weit offen
la Grande-Bretagne [brətaɲ]	Großbritannien
en Grande-Bretagne	in/nach Großbritannien
gras, -se [grɑ, grɑs *ou* gra, gras]	fett *(Speise, Person)*
(pâté [pate] *m* de) foie ~	Gänseleberpastete
matière ~se	Fettgehalt
(viande *f*) sans ~	mager(es Fleisch)
mardi-~	Fastnachtsdienstag
faire la ~se matinée *fam*	bis in die Puppen schlafen
gratuit, -e [gratɥi, gratɥit]	unentgeltlich, gratis
Entrée ~e!	Eintritt frei!
grave [grav]	ernst, schlimm
Ce n'est (*fam* C'est) pas ~.	Das macht nichts. Das ist nicht schlimm.
un blessé, une blessée ~	ein Schwerverletzter, eine Schwerverletzte
~ment blessé, -e/malade	schwerverletzt/-krank
grec, grecque [grɛk, grɛk]	griechisch
le ~	das Griechische, Griechisch
Grec, Grecque	Grieche, -in
la Grèce [grɛs]	Griechenland
en Grèce	in/nach Griechenland
grenouille [grənuj] *f*	Frosch
cuisses [kɥis] *f pl* de ~	Froschschenkel
grève [grɛv] *f*	Streik
faire (la) *ou* être en ~	streiken
~ générale/de la faim	General-/Hungerstreik
grippe [grip] *f*	Grippe
avoir la ~	(die) Grippe haben
gris, -e [gri, griz]	1. grau *(auch fig)*, 2. angetrunken, beschwipst
Il fait ~.	Es ist bedeckt.
~ clair *inv*/foncé *inv*	hell-/dunkelgrau

gros, -se [gro, gros] — dick, groß, stark, grob
~ ventre — dicker Bauch
~se somme — große Summe
le ~ lot [lo] — das große Los
de(s) ~ mots — Schimpfworte, Grobheiten
gagner ~ (!) — viel verdienen
grossir [grosir] (+ avoir) — dicker werden, zunehmen
groupe [grup] *m* (!) — Gruppe
en ~ — in der Gruppe, zu mehreren
~ sanguin [sãgɛ̃] — Blutgruppe
guérir [gerir] (+ être/+ avoir) — gesund werden/machen, heilen
Je suis guéri(e). — Ich bin geheilt.
guerre [gɛr] *f* — Krieg
déclarer/faire la ~ (à qn) — (jdm) den Krieg erklären/(mit jdm) Krieg führen
aller à la/être en ~ — in den Krieg ziehen/sich im Krieg befinden
en état de ~ — im Kriegszustand
prisonnier *m* de ~ — Kriegsgefangener
(Première/Deuxième *ou* Seconde) Guerre mondiale [mɔ̃djal] — (Erster/Zweiter) Weltkrieg
~ atomique/civile/froide — Atom-/Bürger-/kalter Krieg
gueule [gœl] *f* — Maul, Schnauze
casser la ~ à qn *pop* — jdm eins in die Fresse hauen
Ta ~! *pop* — Halt's Maul!
guichet [giʃɛ] *m* — (Fahrkarten- usw.) Schalter
au ~ — am/an den Schalter
guide [gid] *m* — (Museums-, Reise- usw.) Führer *(Person, Buch)*

H

(s')habiller [abije] (de/en) — (sich) anziehen (mit/als)
bien/mal habillé, -e — gut/schlecht gekleidet
habitant, -e [abitã, abitãt] — Ein-, Bewohner, -in
habiter [abite] — wohnen, leben/bewohnen
~ (dans) un grand immeuble/ (à) Paris — in einem großen Wohnblock/ in Paris wohnen
~ Place de la Madeleine/ Rue de Rivoli — an der Place de la Madeleine/ in der Rue de Rivoli wohnen

(s')habituer [abitɥe] (à qn, qc/à + *inf*) — (sich) gewöhnen
habitué, -e à — gewöhnt an
habitude [abityd] *f* — (An-)Gewohnheit
avoir l'~ (de qc/de + *inf*) — die Gewohnheit haben, gewöhnt sein
(comme) d'~ — (wie) gewöhnlich
par ~ — aus Gewohnheit
haine ['ɛn] *f* — Haß
hall ['ɔl] *m* — Halle, Flur
halte ['alt] *f* (!) — Rast, Halt(estelle)
~! — Halt!
Hambourg [ãbur] — Hamburg
handicapé, -e ['ãdikape] *adj/nom* — behindert/Behinderter, -e
haricot ['ariko] *m* — Bohne
~s verts — grüne Bohnen
hasard ['azar] *m* — Zufall
Quel ~! — Was für ein Zufall!
parler au ~ — drauflosreden
(comme) par ~ — (wie) durch Zufall, zufälligerweise

haut, -e ['o, 'ot] — hoch; laut
~e montagne — Hochgebirge
de(s) ~s talons — hohe Absätze
avoir 10 (dix) mètres de ~ — 10 m hoch sein
en ~ (de) — oben (auf)
là-~ — dort oben (hin)
de ~ en bas [dəotɑba] — von oben bis *oder* nach unten
voir plus ~ — siehe (weiter) oben *(Text)*
à ~e voix *ou* à voix ~e — mit lauter Stimme
parler (plus) ~ (!) — laut(er) sprechen
haut-parleur ['oparlœr] *m* (*pl* haut-parleurs) — Lautsprecher
hauteur ['otœr] *f* — Höhe
(ne pas) être à la ~ de qn, qc — jdm/etw (nicht) gewachsen sein

hebdomadaire [ɛbdɔmadɛr] *adj/nom m* — wöchentlich/Wochenzeitung, -zeitschrift
Hein? [ɛ̃] *fam* — Na? Was? Wie? Nicht wahr?
Tu viens, ~? — Du kommst doch?
Hélas! [elɑs] — Leider!
herbe [ɛrb] *f* — Kraut, Gras, Rasen
des (fines) ~s — (Küchen-)Kräuter
hésiter [ezite] (devant *ou* entre qc/à + *inf*) — zögern, unschlüssig sein, schwanken

heure

heure [œr] *f* — Stunde, Zeit, Uhr
100 (cent) kilomètres à l'~ — 100 Stundenkilometer
à 2 (deux) ~s de Paris — 2 Stunden von Paris
dans/en une ~ — in *(nach Ablauf/im Verlauf)* einer Stunde
par ~ — pro Stunde
un quart d'~/une demi-~/trois quarts d'~ — eine Viertel-/halbe/Dreiviertelstunde
~ supplémentaire — Überstunde
~ d'été — Sommerzeit
~s d'ouverture/de pointe — Öffnungszeiten/(Verkehrs-)Stoßzeit

Avez-vous l'~? *ou* Quelle ~ est-il? – 8 (huit) ~s. — Haben Sie die Uhrzeit? *oder* Wieviel Uhr ist es? – 8 (Uhr).
A quelle ~? – A 8 ~s. — Um wieviel Uhr? – Um 8.
8 ~s précises *ou* 8 ~s juste(!) (*fam* 8 ~s pile) — genau 8 (Uhr)
8 ~s passées — 8 (Uhr) durch
8.05 h/8.30 h (huit ~s cinq/et demie) — 5 nach 8/halb 9
8.45 h/8.55 h (neuf ~s moins le quart/moins cinq) — viertel/5 vor 9

8 ~s un quart/et quart — achteinviertel Stunden/viertel nach 8

8 ~s du matin/du soir — 8 Uhr morgens/abends
Il est l'~. — Es ist soweit.
à l'~ — 1. pünktlich, 2. pro Stunde, stundenweise
tout à l'~ (A tout à l'~!) — 1. eben, vorhin, 2. gleich, nachher (Bis gleich! Bis nachher!)
à l'~ actuelle — zur Zeit, gegenwärtig
A la bonne ~! — Na endlich!
de bonne ~ — früh, rechtzeitig

heureux, -euse [œrø, œrøz *ou* ørø, ørøz] (de qc/de + *inf*/que + *subj*) — glücklich, froh
être ~ au jeu/en amour — Glück beim Spiel/in der Liebe haben
rendre ~ — glücklich machen
~eusement (pour qn, qc/que + *ind*)! (~eusement pour moi!/~eusement qu'il n'est pas venu.) — Ein Glück (für jdn, etw/daß …)! Zum Glück (Mein Glück!/Zum Glück ist er nicht gekommen.)

hier [jɛr *ou* ijɛr] — gestern
~ matin/soir — gestern morgen/abend
avant-~ [avɑ̃tjɛr] — vorgestern

histoire [istwar] f — Geschichte *(1. Vergangenheit und Wissenschaft davon, 2. Erzählung)*; Lüge
~ de France — Geschichte Frankreichs
~ de la littérature (française) — (französische) Literaturgeschichte
raconter une ~ — eine Geschichte erzählen, sich etw ausdenken, etw vorlügen
avoir/faire des ~s — Schwierigkeiten haben/machen
C'est toujours la même ~. — Es ist immer dasselbe.
~ drôle — lustige Geschichte; Witz
historique [istɔrik] — historisch, geschichtlich, Geschichts-
hiver [ivɛr] m — Winter
cet/en ~ [ãnivɛr] — diesen/im Winter
sports m pl d'~ — Wintersport
H.L.M. [aʃɛlɛm] m, f (= habitation à loyer modéré) — Sozialwohnung(sbau)
la Hollande ['ɔlãd] — Holland
en Hollande [ãɔlãd] — in/nach Holland
homme [ɔm] m — Mensch; Mann
les Droits de l'~ — die Menschenrechte
jeune ~ — junger Mann
~ d'affaires/d'état/de lettres — Geschäfts-/Staatsmann/Literat
~ politique — Politiker
honnête [ɔnɛt] — ehrlich, anständig
honneur [ɔnœr] m — Ehre
J'ai l'~ de + *inf* — Ich erlaube mir, zu … *(förmlicher Briefanfang)*
en l'~ de — zu Ehren von
parole f d'~ — Ehrenwort
honte ['ɔ̃t] f — Scham, Schande
avoir ~ (de qn, qc/de + *inf*) — sich schämen
faire ~ à qn — jdm Schande machen
C'est une ~ (de + *inf*/que + *subj*). — Es ist eine Schande (zu …/daß …).
hôpital [ɔpital *ou* opital] m (-aux) — Krankenhaus
à l'~ — im/ins Krankenhaus
horaire [ɔrɛr] m — Stunden-, Fahr-, Flugplan
horloge [ɔrlɔʒ] f(!) — (Turm-, Wand-)Uhr
horreur [ɔrœr] f(!) — Schrecken, Abscheu
Quelle ~! — Wie schrecklich! Entsetzlich!
avoir ~ de qc/de + *inf* — verabscheuen, nicht mögen

horrible

faire horreur (à qn)	(bei jdm) Entsetzen hervorrufen, Abscheu erregen
horrible [ɔriblə]	schrecklich
hors [ˈɔr]	außer(halb)
~ de doute/de danger/de question	außer Zweifel/Gefahr/Frage
(Il est) ~ de lui/(Elle est) ~ d'elle *etc*	(Er/Sie *usw.* ist) außer sich.
~ saison	außerhalb der Saison
~-d'œuvre *m inv*	Vorspeise
hôtel [ɔtɛl *ou* otɛl] *m*	Hotel
à l'~	im/ins Hotel
chambre *f*/maître *m* d'~	Hotelzimmer/Oberkellner
~ garni [garni]	Pension
~ de ville	Rathaus
huile [ɥil] *f*	Öl
changer l'~ (du moteur)	Öl wechseln
~ d'olive	Olivenöl
huit [ɥit]	acht
dans/en ~ [ɥi] jours	in *(nach Ablauf/im Verlauf von)* acht Tagen
dans les ~ [ɥi] jours	binnen acht Tagen
aujourd'hui en ~ [ɥit]	heute in acht Tagen
le 8 [ɥi] mai	der 8./den, am 8. Mai
~ième (8ᵉ) [ɥitjɛm]	achter, -e, -es (8.)
huître [ɥitrə] *f*	Auster
humain, -e [ymɛ̃, ymɛn]	menschlich, human
humanité [ymanite] *f*	Menschheit; Menschlichkeit
humeur [ymœr] *f* (!)	Stimmung, Laune
être de bonne/mauvaise ~	guter/schlechter Laune sein
humide [ymid]	feucht
humour [ymur] *m*	Humor
avoir de l'~/manquer d'~	Humor/keinen Humor haben

I

ici [isi]	hier/hierher
~ Paul.	Hier ist Paul. *(Telefon)*
~ Paul Meyer.	Hier ist Meyer. *(Telefon)*
par/jusqu'~	hier entlang, hierher/bis hier, bis jetzt
d'~	von hier
d'~ là/demain/lundi	bis dahin/morgen/Montag

idée [ide] *f*	Idee, Vorstellung
(de *ou* sur qc/de + *inf*)	
J'ai *ou* Il me vient une ~.	Ich habe eine Idee.
(C'est une) Bonne ~!	(Das ist eine) Gute Idee!
se faire des ~s	sich etw einbilden
(Je n'ai) Aucune ~!	(Ich habe) Keine Ahnung!
identité [idɑ̃tite] *f*	Übereinstimmung, Identität, Personalien
carte *f*/pièce *f* d'~	Personalausweis/Ausweispapier
idiot, -e [idjo, idjɔt] *adj/nom*	blöd(sinnig), idiotisch/Schwachkopf, Idiot, -in
faire l'~	den Blöden markieren
ignorer [iɲɔre]	nicht wissen, nicht kennen (wollen), ignorieren
(qn, qc/que + *ind ou subj*/si)	
ne pas ~ (que + *ind*)	sehr wohl wissen
île [il] *f*	Insel
dans une ~	auf einer/eine Insel
image [imaʒ] *f*	Bild; Vorstellung
livre *m* d'~s	Bilderbuch
imagination [imaʒinasjɔ̃] *f*	Einbildung(skraft), Phantasie
avoir de l'~/manquer d'~	Phantasie/keine Phantasie haben
dans l'~	in der Vorstellung
s'imaginer [imaʒine]	sich vorstellen
(qn, qc/*inf*/que + *ind*)	
Tu t'imagines?/Vous vous imaginez?	Stell dir/Stellen Sie sich das mal vor!
imbécile [ɛ̃besil] *m, f*	Schwachkopf
prendre qn pour un ~	jdn für dumm verkaufen wollen
imiter [imite]	nachahmen
immatriculation [imatrikylasjɔ̃] *f*	Immatrikulation
numéro *m* d'~	Kfz-Kennzeichen
immédiat, -e [imedja, imedjat]	unmittelbar, unverzüglich
dans l'~	im Augenblick, fürs erste
~ement	unverzüglich, sofort
immense [imɑ̃s]	unermeßlich, ungeheuer, riesig
immeuble [imœblə] *m*	Gebäude, (Miets-)Haus
impair, -e [ɛ̃pɛr]	ungerade *(Zahlen)*
jours ~s	ungerade Tage *(Parkregelung)*
impasse [ɛ̃pɑs *ou* ɛ̃pas] *f*	Sackgasse *(auch fig)*
impératrice [ɛ̃peratris] *f*	Kaiserin

imperméable [ɛ̃pɛrmeablə], *fam* **imper** [ɛ̃pɛr] *m* — Regenmantel
importance [ɛ̃pɔrtɑ̃s] *f* — Wichtigkeit, Bedeutung, Umfang

avoir peu d'~ — wenig Bedeutung haben
ne pas avoir d'~ *ou* n'avoir aucune ~ — bedeutungslos sein
une affaire d'~ — eine Sache von Bedeutung

important, -e [ɛ̃pɔrtɑ̃, ɛ̃pɔrtɑ̃t] — wichtig, bedeutend, beträchtlich

il est ~ de + *inf*/que (+ *subj*) — es ist wichtig, zu/daß
l'~ est de + *inf*/que (+ *subj*) — die Hauptsache ist, zu/daß

importation(!) [ɛ̃pɔrtasjɔ̃] *f* — Einfuhr, Import
importer [ɛ̃pɔrte] —
1. einführen, importieren
2. wichtig sein

il importe (à qn) de (+ *inf*)/que (+ *subj*) — es ist (jdm) wichtig, zu/daß
Peu importe! — Was soll's! Wie dem auch sei!
n'importe qui/quoi/où ... — egal, wer/was/wo(hin) ..., irgendwer/-was/-wo(hin) ...

impossible [ɛ̃pɔsiblə] — unmöglich

C'est ~. — Das geht nicht.
il est ~ de + *inf*/que (+ *subj*) — es ist unmöglich, zu/daß
demander/faire l'~ — Unmögliches verlangen/tun

impôts [ɛ̃po] *m pl* — Steuern
impression [ɛ̃prɛsjɔ̃] *f* — Eindruck *(auch fig)*, Druck

avoir l'~ (de qn, qc/de + *inf*/que + *ind*) — den Eindruck haben (von/zu/daß)
avoir une bonne/mauvaise ~ (de qn, qc) — einen guten/schlechten Eindruck von jdm, etw haben
faire une bonne/mauvaise ~ — einen guten/schlechten Eindruck machen
faute *f* d'~ — Druckfehler

imprimé [ɛ̃prime] *m* — Drucksache
imprudent, -e [ɛ̃prydɑ̃, ɛ̃prydɑ̃t] — unvorsichtig
incapable [ɛ̃kapablə] (de + *inf*) — unfähig, außerstande

C'est un ~. *fam* — Er ist eine Flasche.

incendie [ɛ̃sɑ̃di] *m* (!) — Brand, Feuer
incident [ɛ̃sidɑ̃] *m* — Vor-, Zwischenfall
inclus, -e [ɛ̃kly, ɛ̃klyz] (*part passé; inf* inclure) — inbegriffen

ci-~ *inv* — beiliegend, in der Anlage *(Brief)*

inconnu, -e [ɛ̃kɔny] *adj/nom* — unbekannt/Unbekannter, -e

inconvénient [ɛ̃kɔ̃venjɑ̃] *m* — Unannehmlichkeit, Nachteil
incroyable [ɛ̃krwajablə] (que + *subj*) — unglaublich
indécis, -e [ɛ̃desi, ɛ̃desiz] — unentschieden, unentschlossen
indépendance [ɛ̃depɑ̃dɑ̃s] *f* — Unabhängigkeit
indépendant, -e [ɛ̃depɑ̃dɑ̃, ɛ̃depɑ̃dɑ̃t] — unabhängig
indication [ɛ̃dikasjɔ̃] *f* — Anzeichen, Angabe, Hinweis
indifférence [ɛ̃diferɑ̃s] *f* — Gleichgültigkeit
indifférent, -e [ɛ̃diferɑ̃, ɛ̃diferɑ̃t] — gleichgültig; belanglos
~ à — gleichgültig gegenüber, unempfindlich für
indiquer [ɛ̃dike] — (an)zeigen, angeben
~ un chemin/un hôtel — einen Weg zeigen/ein Hotel nennen
à l'endroit indiqué/à l'heure indiquée — am angegebenen Ort/zur (an-)gegebenen Zeit
indispensable [ɛ̃dispɑ̃sablə] — unentbehrlich, unerläßlich
il est ~ de + *inf*/que (+ *subj*) — es ist unerläßlich, zu/daß
individu [ɛ̃dividy] *m* — Individuum, Person
individuel, -le [ɛ̃dividyɛl] — individuell, Einzel-
industrialiser [ɛ̃dystrijalize] — industrialisieren
industrie [ɛ̃dystri] *f* — Industrie
~ automobile [ɔtɔmɔbil]/métallurgique [metalyrʒik]/textile [tɛkstil] — Auto-/Metall-/Textilindustrie
industriel, -le [ɛ̃dystrijɛl] *adj/nom* — industriell, Industrie-, gewerblich, Gewerbe-/Industrieller, -e
inférieur, -e [ɛ̃ferjœr] (à) *adj/nom* — niedriger, schlechter (als)/Untergebener, -e
infini, -e [ɛ̃fini] — unendlich
Je vous remercie ~ment. — Ich danke Ihnen vielmals. Tausend Dank!
infirmier, -ière [ɛ̃firmje, ɛ̃firmjɛr] — Krankenpfleger/-schwester
inflammable [ɛ̃flamablə] — feuergefährlich
influence [ɛ̃flyɑ̃s] *f* — Einfluß
avoir beaucoup d'~/n'avoir aucune ~ (sur) — viel/keinen Einfluß haben (auf)
avoir une bonne/mauvaise ~ (sur) — einen guten/schlechten Einfluß haben (auf)

information [ɛ̃fɔrmasjɔ̃] *f* — Auskunft; Auskunftschalter
demander/donner une ~ — um eine Auskunft bitten/eine Auskunft erteilen
pour votre ~ — zu Ihrer Information, zu Ihrer Kenntnisnahme
traitement *m* de l'~ — Datenverarbeitung
~s — (Rundfunk- und Fernseh-)Nachrichten

informer [ɛ̃fɔrme] (qn/qn de *ou* sur qn, qc/qn que + *ind*) — benachrichtigen
être bien/mal informé, -e — gut/schlecht informiert sein
s'~ (auprès de qn/de *ou* sur qc/si) — sich erkundigen (bei/nach/ob)

infusion [ɛ̃fyzjɔ̃] *f* — Tee(aufguß, *außer von schwarzem Tee*)

innocent, -e [inɔsɑ̃, inɔsɑ̃t] (de) — unschuldig, schuldlos (an)

inquiet, -iète [ɛ̃kjɛ, ɛ̃kjɛt] (de) — unruhig (wegen), besorgt (um)

inquiéter [ɛ̃kjete] — beunruhigen
je m'inquiète, nous nous inquiétons, ils s'inquiètent; je m'inquiéterai [ɛ̃kjɛtre(!)]
s'~ (de qn, qc) — sich (um jdn, etw) Sorgen machen
s'~ pour rien — sich grundlos sorgen

inscription [ɛ̃skripsjɔ̃] *f* — In-, Aufschrift; Graffito; Einschreibung, Immatrikulation, Anmeldung
feuille *f*/droits *m pl* d'~ — Anmeldeformular/Einschreib-, Anmeldegebühren

(s')inscrire [ɛ̃skrir] (à) — (sich) einschreiben, immatrikulieren (lassen), (sich) anmelden (für)
j'inscris, il inscrit, nous inscrivons, ils inscrivent; je suis inscrit, -e
s'~ *ou* se faire ~ à l'université/à un cours/en lettres modernes — sich an der Universität/für einen Kurs/für Neuere Philologien einschreiben (lassen)

insister [ɛ̃siste] (sur) — darauf bestehen; bestehen, Gewicht legen (auf)
Il n'a pas insisté. — Er hat nicht darauf beharrt. Es war ihm nicht weiter wichtig.
~ à + *inf* — nicht nachlassen, zu
~ pour que (+ *subj*) — darauf drängen, daß
~ auprès de qn — jdn drängen, in jdn dringen

installer [ɛ̃stale]	einrichten, installieren; *(jdn)* unterbringen
s'~	sich niederlassen, unterkommen
instant [ɛ̃stɑ̃] *m*	Augenblick
Un ~!	Einen Augenblick!
à l'~	augenblicklich, sofort; (gerade)eben
à/dès l'~ où	in dem Augenblick/von dem Augenblick an, wo
dans un ~	in einem Augenblick
pour l'~	für den Augenblick, vorläufig
instituteur, -trice [ɛ̃stitytœr, ɛ̃stitytris]	Grundschullehrer, -in
institution [ɛ̃stitysjɔ̃] *f*	Einrichtung, Anstalt
instruction [ɛ̃stryksjɔ̃] *f*	Unterricht, Anweisung
donner/recevoir des ~s	Anweisungen geben/bekommen
juge *m* d'~	Untersuchungsrichter
instrument [ɛ̃strymɑ̃] *m*	Werkzeug, (*auch* Musik-)Instrument
jouer d'un ~ (de musique)	ein (Musik-)Instrument spielen
insupportable [ɛ̃sypɔrtablə]	unerträglich, unausstehlich
intellectuel, -le [ɛ̃tɛlɛktu̯ɛl] *adj/nom*	intellektuell, verstandesmäßig, Verstandes-/Intellektueller, -e
intelligence [ɛ̃tɛliʒɑ̃s] *f*	Intelligenz, Verstand, Verständnis
intelligent, -e [ɛ̃tɛliʒɑ̃, ɛ̃tɛliʒɑ̃t]	intelligent, vernunftbegabt, verständig
intention [ɛ̃tɑ̃sjɔ̃] *f*	Absicht
avoir l'~ de + *inf*	beabsichtigen
avec/sans ~	mit/ohne Absicht
dans une bonne/mauvaise ~	in guter/böser Absicht
interdire [ɛ̃tɛrdir] (qc à qn/à qn de + *inf*) j'interdis, il interdit, nous interdisons, vous interdisez (!), ils interdisent; j'ai interdit	untersagen, verbieten
C'est interdit.	Das ist verboten.
il est (formellement [fɔrmɛlmɑ̃]) interdit de + *inf*	es ist (streng) verboten, zu
Sens/Arrêt/Stationnement interdit!	Einfahrt/Halten/Parken verboten!
Interdit aux moins de 18 (dix-huit) ans.	Für Jugendliche unter 18 verboten.

114 intéressant

intéressant, -e [ɛ̃terɛsɑ̃, ɛ̃terɛsɑ̃t]	interessant; (preis)günstig
il est ~ de + *inf*	es ist interessant, zu
intéresser [ɛ̃terese]	interessieren; angehen
intéressé, -e à	interessiert an
s'~ à	sich interessieren für
intérêt [ɛ̃terɛ] *m*	Interesse, Vorteil
avoir ~ à + *inf* (Tu as ~ à te tenir tranquille!)	*(im eigenen Interesse)* Veranlassung haben, zu (Du bleibst besser still!)
par ~	aus Interesse
sans ~	ohne Interesse, uninteressant
dans l'~ de	im Interesse von
~s	Zinsen
intérieur [ɛ̃terjœr] *m*	Inneres
à l'~ (de)	drinnen, innerhalb, im Innern (von)
intérieur, -e [ɛ̃terjœr]	innerlich, Innen-
politique ~e	Innenpolitik
international, -e [ɛ̃tɛrnasjɔnal] (-aux)	international
interprète [ɛ̃tɛrprɛt] *m, f*	1. Interpret, -in, 2. Dolmetscher, -in
interrompre [ɛ̃tɛrɔ̃prə]	unterbrechen
j'interromps [ɛ̃tɛrɔ̃], il interrompt, nous interrompons, ils interrompent; j'ai interrompu	
interrupteur [ɛ̃tɛryptœr] *m*	*(elektr.)* Schalter
interruption [ɛ̃tɛrypsjɔ̃] *f*	Unterbrechung
intime [ɛ̃tim]	innerst, vertraut, intim
journal *m* ~	Tagebuch
inutile [inytil]	nutzlos, unnötig
il est ~ de + *inf*/que (+ *subj*)	es ist unnötig, zu/daß
invention [ɛ̃vɑ̃sjɔ̃] *f*	Erfindung
inverse [ɛ̃vɛrs] *adj/nom m*	umgekehrt/Gegenteil, -satz
faire l'~ (de)	das Gegenteil tun (von)
en sens ~	andersherum
à l'~ (de)	im Gegensatz (zu)
invitation [ɛ̃vitasjɔ̃] *f*	Einladung
accepter/refuser une ~	eine Einladung annehmen/ablehnen
~ à un mariage/à déjeuner/à dîner	Einladung zu einer Hochzeit/zum Mittag-/Abendessen

inviter [ɛ̃vite]
~ (qn) à un mariage/à déjeuner/à dîner

einladen, auffordern
(jdn) zu einer Hochzeit/zum Mittag-/Abendessen einladen

l'Italie [itali] *f*
en Italie
italien, -ne [italjɛ̃, italjɛn]
l'~
Italien, -ne
itinéraire [itinerɛr] *m*
ivre [ivrə]
complètement ~

Italien
in/nach Italien
italienisch
das Italienische, Italienisch
Italiener, -in
Reise-, Fahrtroute
betrunken; trunken
stockbetrunken

J

jalousie [ʒaluzi] *f*
jaloux, -se [ʒalu, ʒaluz]
(de qn, qc/que + *subj*)
jamais [ʒamɛ]
A-t'on ~ vu cela (*fam* ça)?
à ~
sans ~ + *inf*
si ~
(ne ...) ~ (On ne sait ~.)

~ (plus/de la vie)!
jambe [ʒɑ̃b] *f*
jambon [ʒɑ̃bɔ̃] *m*
une tranche de ~
~ cru/fumé/cuit *ou* blanc

omelette *f* au ~
janvier [ʒɑ̃vje] *m*
en ~ *ou* au mois de ~
le Japon [ʒapɔ̃]
au Japon
japonais, -e [ʒapɔnɛ, ʒapɔnɛz]
le ~
Japonais, -e
jardin [ʒardɛ̃] *m*
au *ou* dans le ~
jaune [ʒon] *m*
~ d'œuf
jaune [ʒon] *adj*

Neid; Eifersucht; Jalousie
eifersüchtig; neidisch

je(mals)
Hat man sowas schon gesehen?
für immer
ohne je zu ...
falls jemals
nie(mals) (Man kann nie wissen.)
Nie (mehr/im Leben)!
Bein
(gekochter) Schinken
eine Scheibe Schinken
roher/geräucherter/gekochter Schinken
Omelette mit Schinken
Januar
im Januar
Japan
in/nach Japan
japanisch
das Japanische, Japanisch
Japaner, -in
Garten
im/in den Garten
Gelb
Eigelb
gelb

jean [dʒin] *m sg* (!)
ou **jeans** [dʒins] *pl* — Jeans
en ~ — in Jeans

Jésus (-Christ) [ʒezy-] *m* — Jesus (Christus)
avant/après ~-Christ (av./apr. J.-C.) — vor/nach Christus (v./n. Chr.)

jeter [ʒ(ə)te] — werfen; wegwerfen
je jette, nous jetons, ils jettent; je jetterai [ʒɛtre]

jeton [ʒ(ə)tɔ̃] *m* — (Spiel-, Zahl-)Marke, Automatenmünze

jeu [ʒø] *m* (-x) — Spiel
gagner/perdre au ~ — beim Spiel gewinnen/verlieren
mettre/être en ~ — aufs Spiel setzen/auf dem Spiel stehen
~ de cartes/d'échecs [eʃɛk] — Karten-/Schachspiel
les règles *f* du ~ — die Spielregeln
les Jeux Olympiques — die Olympischen Spiele

jeudi [ʒødi] *m* — Donnerstag
~ dernier/prochain — letzten/nächsten Donnerstag
tous les ~s — jeden Donnerstag
le ~ — donnerstags

jeune [ʒœn] — jung
~ fille/homme — junges Mädchen/junger Mann
les ~s — die junge Generation, die Jungen, die Jugend

jeunesse [ʒœnɛs] *f* — Jugend
auberge *f* de ~ — Jugendherberge

joie [ʒwa] *f* — Freude
avoir la ~ de + *inf* — die Freude haben, zu
~ de vivre — Lebensfreude
plein de/sans ~ — voller/ohne Freude
à la grande ~ de — zur großen Freude von

joindre [ʒwɛ̃drə] — an-, zusammenfügen; (jdn) einholen, *(telefonisch)* erreichen
je joins [ʒwɛ̃], il joint, nous joignons [ʒwaɲɔ̃], ils joignent [ʒwaɲ)]; j'ai joint
se ~ à qn — sich jdm anschließen
pièces jointes (P.J.) — Anlagen *(Brief)*
ci-joint *inv* — beiliegend, in der Anlage *(Brief)*

joli, -e [ʒɔli] — hübsch
C'est bien ~, mais ... — Alles schön und gut, aber ...
~e somme — stattliche Summe

joue [ʒu] *f* — Wange

jouer [ʒwe] — spielen
 ~ au foot(ball)/aux cartes — Fußball/Karten spielen
 ~ à la poupée — mit Puppen spielen
 ~ d'un instrument (du piano *etc*) — ein Instrument (Klavier *usw.*) spielen
 ~ qc au violon — etw auf der Geige spielen
 ~ une pièce de théâtre/un rôle — ein Theaterstück/eine Rolle spielen *(auch fig)*
 ~ un tour à qn — jdm einen Streich spielen
 ~ pour de l'argent — um Geld spielen
 Qu'est ce qu'on joue au cinéma? — Was läuft im Kino?

jouet [ʒwɛ] *m* — Spielzeug

jour [ʒur] *m* — Tag; (Tages-)Licht
 un (beau) ~ — eines (schönen) Tages
 l'autre ~ — neulich
 un ~ après — einen Tag später
 8 (huit)/15 (quinze)(!) ~s — 8/14 Tage
 chaque ~ *ou* tous les ~s — jeden Tag
 de tous les ~s — alltäglich, Alltags-
 tous les deux/trois *etc* ~s *ou* un ~ sur deux/trois *etc* — jeder zweite/dritte *usw.*, jeden zweiten/dritten *usw.* Tag

 A un de ces ~s! — Bis bald!
 au ~ le ~ — von der Hand in den Mund
 du ~ au lendemain *ou* d'un ~ à l'autre — von einem Tag auf den andern, jeden Tag
 Quel ~ sommes nous? *(fam* Quel ~ est-on?) — Welchen Tag haben wir heute?
 ~ férié/ouvrable [uvrablə] — Feier-/Werktag
 mettre qc à ~ — etw auf den neuesten Stand bringen
 être à ~ — auf dem laufenden sein
 de nos ~s — zu unsrer Zeit
 par ~ — pro Tag
 ordre *m*/plat *m* du ~ — Tagesordnung/-gericht
 ~ de l'an — Neujahr
 ~ et nuit — Tag und Nacht
 Bonjour! — Guten Morgen! Guten Tag!
 Il fait ~. — Es ist Tag.
 au ~ — bei Tag(eslicht)
 au grand ~ — am hellichten Tag

journal [ʒurnal] *m* (-aux) — 1. Zeitung, 2. Tagebuch
 ~ parlé/télévisé [televize] — Rundfunk-/Fernsehnachrichten, Tagesschau

journaliste [ʒurnalist] *m, f* — Journalist, -in

journée [ʒurne] f — Tag(esverlauf)
dans la ~ — am (selben) Tage, noch heute
pendant la ~ — im Laufe des Tages
toute la ~ — der ganze/den ganzen Tag
Bonne ~! — Schönen Tag noch!

joyeux, -euse [ʒwajø, ʒwajøz] — fröhlich
~se(s) fête(s)! — Schöne Feiertage! Frohes Fest!
~ Noël! — Frohe Weihnachten!

juge [ʒyʒ] m — Richter
~ d'instruction — Untersuchungsrichter

jugement [ʒyʒmã] m — Urteil
donner son ~ (sur) — sein Urteil abgeben (über)

juger [ʒyʒe] (de qn, qc/qn, qc) — urteilen, befinden (über)/richten; beurteilen, halten für
nous jugeons; je jugeais; jugeant
Jugez par vous-même! — Urteilen Sie selbst!
~ bon/nécessaire (de + *inf*) — für gut/nötig halten

juillet [ʒɥijɛ] m — Juli
en ~ *ou* au mois de ~ — im Juli
le 14 (quatorze) (!) ~ — der/den 14. Juli *(frz. Nationalfeiertag)*

juin [ʒɥɛ̃] m — Juni
en ~ *ou* au mois de ~ — im Juni

jumeau, -elle [ʒymo, ʒymɛl] — Zwilling
~elles *pl* — 1. Zwillingsschwestern, 2. Fernglas

jumelage [ʒymlaʒ] m (!) — Städtepartnerschaft

jupe [ʒyp] f — Rock
~-culotte — Hosenrock

jurer [ʒyre] — 1. schwören, 2. fluchen
Je te/vous jure! — Ich schwör's dir/Ihnen!
~ qc (à qn)/(à qn) de + *inf*/(à qn) que (+ *ind*) — (jdm) etw schwören/(jdm) schwören, zu/daß

jus [ʒy] m — Saft
~ de fruit/d'orange/de tomate — Frucht-/Orangen-/Tomatensaft

jusque [ʒyskə] — bis
jusqu'à Paris/jusqu'en France — bis Paris/bis (nach) Frankreich
jusqu'au bout — bis ans Ende
jusqu'ici/jusque-là — bis hier(her), bis jetzt/bis dort, bis dahin
jusqu'à présent — bis jetzt
jusqu'où — bis wo(hin)
jusqu'à quand — bis wann
jusqu'à ce que (+ *subj*) — (solange) bis

juste [ʒyst] — gerecht; richtig; genau
  C'est ~. — Das stimmt.
  il est ~ de + *inf*/que (+ *ind ou subj*) — es ist gerecht *oder* richtig, zu/daß
  (Très) ~! — (Sehr) Richtig!
  tout/trop ~ — knapp/zu knapp, zu eng
  pour être ~ — um fair zu sein
  le mot ~ — das passende Wort
  l'heure ~ — die genaue Uhrzeit
  à 2 (deux) heures ~s — Punkt 2 Uhr
  à ~ titre — mit vollem Recht
  le ~ milieu — der goldene Mittelweg, die goldene Mitte
  chanter juste (!) — richtig singen
  ~ le contraire — das genaue Gegenteil
  ~ un an — gerade ein Jahr
  On a ~ le temps. — Die Zeit reicht gerade.
  ~ à côté/en face — gleich nebenan/genau gegenüber
  ~ment! [ʒystəmɑ̃] — Eben!
justice [ʒystis] *f* — Gerechtigkeit; Justiz
(se) justifier [ʒystifje] (auprès *ou* devant qn) — (sich) rechtfertigen

K

kilo(gramme) [kilo, kilɔgram] *m* — Kilogramm
kilomètre [kilɔmɛtrə] *m* — Kilometer

L

là [la] — da/dahin
  être ~ — da sein
  de/par ~ — von dort, daher/da entlang, da drüben (hin); damit, dadurch
  jusque ~ — bis dort, bis dahin
  celui-(*pl* ceux-), celle-~ — jener, -e, -es
  ce livre-/ce jour-~ — das Buch (da)/jener Tag *oder* an jenem Tag
  ~-bas/-dedans — dort (unten, hinten) (hin)/darin, da-, dorthinein
  ~-dessous/-dessus — darunter/darauf, darüber
  ~-haut — dort oben (hin)

lac [lak] *m* — (Binnen-)See
~ Léman [lemã] — Genfer See
~ de Constance [kõstãs] — Bodensee
laid, -e [lɛ, lɛd] — häßlich
laine [lɛn] *f* — Wolle
en ~ — aus Wolle
laisse [lɛs] *f* — (Hunde-)Leine
tenir un chien en ~ — einen Hund an der Leine führen
laisser [lɛse *ou* lese] — lassen
~ à désirer — zu wünschen übriglassen
se ~ aller — sich gehenlassen
lait [lɛ] *m* — Milch
café *m* au ~ — Milchkaffee
~ entier/écrémé [ekreme] — Voll-/Magermilch
lampe [lãp] *f* — Lampe
~ de poche — Taschenlampe
langue [lãg] *f* — Zunge; Sprache
~ allemande/française — deutsche/französische Sprache
~ maternelle/étrangère — Mutter-/Fremdsprache
parler/savoir plusieurs ~s — mehrere Sprachen sprechen/können
~s vivantes — lebende, neuere, moderne Sprachen
lapin [lapɛ̃] *m* — Kaninchen
large [larʒ] — breit, weit, groß
~ de 5 (cinq) mètres — 5 Meter breit
trop ~ — zu weit *(Kleidung)*
~ment — reichlich, vollauf, bei weitem
largeur [larʒœr] *f* (!) — Breite, Weite *(auch fig)*
larme [larm] *f* — Träne; winziges Schlückchen
(avoir) les ~s aux yeux — Tränen in den Augen (haben)
en ~s — in Tränen (aufgelöst)
latin, -e [latɛ̃, latin] — lateinisch
le ~ — das Lateinische, Lateinisch
lavabo [lavabo] *m* — Waschbecken, *pl* Toiletten
laver [lave] — waschen
~ la vaisselle — (Geschirr) abwaschen, spülen
se ~ — sich waschen
lave-vaisselle [lavvɛsɛl] *m inv* — (Geschirr-)Spülmaschine
leçon [l(ə)sõ] *f* — Unterrichtsstunde; Lektion
donner/prendre des ~s — Stunden geben/nehmen
~ particulière — Privat-, Nachhilfestunde
lecteur, -trice [lɛktœr, lɛktris] — Leser, -in
~ de cassettes — Cassettenrecorder

léger, -ère [leʒe, leʒɛr] — leicht *(auch fig)*
  colis/repas ~ — leichtes Paket/Essen
  blessure [blɛsyr] ~ère — leichte Verletzung
  ~èrement blessé, -e — leicht verletzt
légume [legym] *m* — Gemüse
le lendemain [lãdmɛ̃] — der nächste/den *oder* am nächsten Tag
  le ~ matin/soir — der nächste/den *oder* am nächsten Morgen/Abend
  le ~ de — am Tag nach
lent, -e [lã, lãt] — langsam
lequel, laquelle [l(ə)kɛl, lakɛl] (lesquels, lesquelles [lekɛl]) — welcher, -e, -es *(1. relativ, 2. interrogativ)*
  avec/pour/sans *etc* ~ — mit/für/ohne *usw.* welchen, -e, -es *(nur Sachen)*
  ne pas savoir ~ — nicht wissen, welcher, -e, -es
  ~ (de) — welcher, -e, -es (von)
lessive [lɛsiv] *f* — Wäsche *(1. das Waschen, 2. was gewaschen wird)*
  faire la ~ — (Wäsche) waschen
lettre [lɛtrə] *f* — 1. Buchstabe, 2. Brief 3. *pl* Literatur(wissenschaft)
  papier *m* à ~s — Briefpapier
  ~ recommandée — eingeschriebener Brief, Einschreiben
  homme *m*/femme *f* de ~s — Literat, -in
  ~s modernes — neuere Philologien
lever [l(ə)ve] — (an-, er)heben
  je lève, nous levons, ils lèvent; je lèverai [lɛvre]
  ~ la main/la tête/son verre — die Hand/den Kopf/sein Glas (er)heben
  se ~ (de table/du lit) — sich (vom Tisch/aus dem Bett) erheben, aufstehen
  se ~ tôt/tard — früh/spät aufstehen
  Le soleil/Le vent se lève. — Die Sonne geht auf./Es wird windig.
  Lève-toi de là! *fam* — Weg da! Hau ab!
lèvre [lɛvrə] *f* — Lippe
  rouge *m* à ~s — Lippenstift
libéral, -e [liberal] (-aux) — liberal
  les professions ~es — die freien Berufe
libération [liberasjɔ̃] *f* — Befreiung
liberté [libɛrte] *f* — Freiheit
  rendre la ~ à qn, qc *ou* mettre qn, qc en ~ — jdn, etw freilassen

en toute liberté — ohne jeden Zwang
~ d'opinion/de la presse/religieuse — Meinungs-/Presse-/Glaubensfreiheit
librairie [librɛri] *f* — Buchhandlung
libre [librə] — frei
être ~ — frei sein *(Platz, Taxi, Person)*, nichts vorhaben
Tu es/Vous êtes ~ de + *inf* — Es steht dir/Ihnen frei, zu …
un appartement/une chambre/une place ~ — eine freie Wohnung/ein freies Zimmer/ein freier Platz
~-service *m* — Selbstbedienung
licence [lisɑ̃s] *f* — *in Frankreich erster akademischer Abschluß für das Lehramt*
licencier [lisɑ̃sje] — *(aus einem Arbeitsverhältnis)* entlassen, kündigen
lieu [ljø] *m* (-x) — Ort, Stelle
avoir ~ — stattfinden
~ de naissance — Geburtsort
en premier/dernier ~ — an erster/letzter Stelle, zuerst/zuletzt
au ~ de (qn, qc/*inf*) — statt
ligne [liɲ] *f* — *(auch* Telefon-, Bahn-, Bus-*)* Linie, Zeile
limite [limit] *f* — Grenze *(fig)*
atteindre/dépasser une ~ — eine Grenze erreichen/überschreiten
à la ~ — äußerstenfalls
sans ~s — unbegrenzt
Il y a des ~s à tout. — Alles hat seine Grenzen.
limiter [limite] — begrenzen, be-, einschränken
linge [lɛ̃ʒ] *m* — (Körper-, Haushalts-)Wäsche
changer de/laver le ~ — die Wäsche wechseln/waschen
~ sale — schmutzige Wäsche *(auch fig)*
lion, -ne [ljɔ̃, ljɔn] — Löwe, Löwin
liquide [likid] *adj/nom m* — flüssig/Flüssigkeit
de l'argent ~ *ou* du ~ — Bargeld
payer en ~ — barzahlen
lire [lir] — lesen
je lis, il lit, nous lisons, ils lisent; j'ai lu
~ à haute voix — laut lesen
liste [list] *f* — Liste
faire une ~ — eine Liste anlegen
figurer sur la ~ — auf der Liste stehen

lit [li] *m* — Bett
  aller/être au ~ — zu Bett gehen, schlafengehen/im Bett liegen
  garder le ~ — das Bett hüten
  faire son ~ — sein Bett machen
  une chambre à un ~/à deux ~s — ein Einzel-/Zweibettzimmer

litre [litrə] *m* — Liter
  un ~ de lait — ein Liter Milch

littérature [literatyr] *f* — Literatur

living [liviŋ] *m* — Wohnzimmer

livre [livrə] *m* — Buch
  ~ de cuisine/de poche — Koch-/Taschenbuch
  ~ d'occasion — verbilligtes, antiquarisches Buch

livre [livrə] *f* — Pfund
  une (demi-)~ de beurre — ein (halbes) Pfund Butter
  ~ (sterling [stɛrliŋ]) — Pfund (Sterling; *engl. Währung*)

locataire, -trice [lɔkatɛr, lɔkatris] — Mieter, -in
  sous-~, -trice — Untermieter, -in

location [lɔkasjɔ̃] *f* — 1. Vermietung, Mieten; Miete, 2. Vorverkauf(skasse)

logement [lɔʒmɑ̃] *m* — Unterkunft, Wohnung

loger [lɔʒe] — untergebracht sein, wohnen/unterbringen, beherbergen
  nous logeons; je logeais; logeant
  ~ *ou* être logé,-e à l'hôtel/chez des amis — im Hotel/bei Freunden übernachten
  ~ qn pour une nuit — jdn für eine Nacht unterbringen

logique [lɔʒik] *adj/nom f* — logisch/Logik

loi [lwa] *f* — Gesetz
  adopter/observer une ~ — ein Gesetz annehmen/befolgen
  conforme/contraire à la ~ — gesetzmäßig/-widrig

loin [lwɛ̃] — weit (weg), weit davon
  (de qn, qc/de + *inf*) *inv*
  aller/être ~ — weit (weg) gehen/sein
  aller trop ~ — zu weit gehen *(auch fig)*
  ~ de Paris — weit von Paris
  ~ d'être bête — gar nicht dumm
  au ~ — in der Ferne
  de ~ — aus der Ferne, von weitem
  de ~ la plus belle — bei weitem die Schönste

loisir [lwazir] *m* — Muße, Freizeit, *pl* Freizeitgestaltung, -beschäftigung
  à ~ — in aller Ruhe
Londres [lõdrə] — London
long, -ue [lõ, lõg] — lang
  ~ de 3 (trois) mètres — 3 Meter lang
  à ~ terme [tɛrm] — langfristig
  le ~ de (la maison) — (das Haus) entlang
  à la ~ue — auf die Dauer
longtemps [lõtã] — lange
  attendre/parler/rester ~ — lange warten/reden/bleiben
  ~ après qc/~ après — lange nach/danach
  depuis/pour/il y a ~ — seit langem/für lange/vor langer Zeit
  Il y a ~. — Das ist lange her.
  il y a ~ que (+ *ind*) — es ist lange her, daß
longueur [lõgœr] *f*(!) — Länge
la Lorraine [lɔrɛn] — Lothringen
  en Lorraine — in/nach Lothringen
lorsque [lɔrskə] — als, wenn
louer [lwe] — 1. loben, 2. mieten/vermieten
  (Chambre) A ~! — (Zimmer) Zu vermieten!
louper [lupe] *fam* — fehlschlagen/(*Aufgabe, Klassenarbeit*) verhauen, (*Zug*) verpassen
lourd, -e [lur, lurd] — schwer, *fig* schwerfällig
  peser ~ — viel wiegen
  poids ~ *m* — Lastwagen, Lkw
loyer [lwaje] *m* — Miete
lumière [lymjɛr] *f* — Licht
  allumer/éteindre la ~ — das Licht an-/ausmachen
  faire de la ~ — Licht machen
lundi [lœdi] *m* — Montag
  ~ dernier/prochain — letzten/nächsten Montag
  tous les ~s — jeden Montag
  le ~ — montags
lune [lyn] *f* — Mond
  nouvelle/pleine ~ — Neu-/Vollmond
  clair *m* de ~ — Mondschein
  ~ de miel — Flitterwochen
lunettes [lynɛt] *f pl* — Brille
  (*pl* des paires de ~)
  mettre/porter des ~ — eine Brille aufsetzen/tragen
  ~ de soleil — Sonnenbrille
lutter [lyte] — kämpfen

luxe [lyks] *m* — Luxus
  aimer le/vivre dans le ~ — den Luxus lieben/im Luxus leben
  de ~ — Luxus-
Luxembourg [lyksãbur] — Luxemburg
luxueux, -euse (!) [lyksɥø, lyksɥøz] — luxuriös
lycée [lise] *m* (!) — Gymnasium
  aller au ~ — aufs Gymnasium gehen

M

machin [maʃɛ̃] *m fam* — Dings(da)
machine [maʃin] *f* — Maschine
  ~ à coudre/à écrire/à laver — Näh-/Schreib-/Waschmaschine
  écrire *ou* taper à la ~ — mit der Maschine schreiben, tippen
madame [madam] *f* (*pl* mesdames [medam]; Mme, Mmes) — Frau
  ~ Dupont [dypɔ̃]/~ le Ministre — Frau Dupont/Frau Minister
  Bonjour, ~! — Guten Tag (Frau XY; *im Französischen ohne Namen*)!
  Madame, .../Chère Madame, ... — Sehr geehrte/Liebe Frau XY! (*Brief; im Französischen ohne Namen*)
  Mesdames et Messieurs! (*fam* Messieurs-dames!) — Meine Damen und Herren!
  (Bonjour *etc*) Messieurs-dames! *fam* — (Guten Tag *usw.*) Die Herrschaften!
mademoiselle [madmwazɛl] *f* (*pl* mesdemoiselles [medmwazɛl]; Mlle, Mlles) — Fräulein (Frl.)
  ~ Dubois [dybwa] — Fräulein Dubois
  Merci, ~! — Danke (Fräulein XY; *im Französischen ohne Namen*)!
magasin [magazɛ̃] *m* — Laden, Geschäft
  grand ~ — Kaufhaus
magazine [magazin] *m* — Illustrierte
magnifique [maɲifik] — großartig, herrlich
mai [mɛ *ou* me] *m* — Mai
  en ~ *ou* au mois de ~ — im Mai

maigre [mɛgrə] — mager; dürftig
une personne/de la viande ~ — eine magere Person/mageres Fleisch
un ~ repas/résultat — ein dürftiges Mal/Ergebnis
maigrir [mɛgrir *ou* megrir] (+ avoir) — schlank werden, abnehmen
~ d'un kilo — ein Kilo abnehmen
maillot [majo] *m* — Trikot
~ de bain — Badeanzug, -hose
main [mɛ̃] *f* — Hand
donner la ~ (à qn) — (jdm) die Hand geben
donner un coup de ~ à qn — jdm zur Hand gehen, helfen
prendre en ~ — *(eine Angelegenheit)* in die Hand nehmen
avoir sous la ~ — zur Hand haben
se laver les ~s — sich die Hände waschen
à la ~ (fait, -e à la ~) — in, an, mit der Hand, Hand- (handgemacht)
la ~ droite/gauche — die rechte/linke Hand
sac *m* à ~ — Handtasche
~-d'œuvre *f* — Arbeit(skräfte, -lohn)
maintenant [mɛ̃tnɑ̃] — jetzt, nun
Et ~? — Und jetzt?
Pas ~. — Jetzt nicht.
à partir de ~ — von nun an
maire [mɛr] *m* — Bürgermeister
mairie [mɛri *ou* meri] *f* — Bürgermeisteramt, Rathaus
mais [mɛ] — aber; sondern
non seulement..., ~ aussi *ou* ~ encore — nicht nur..., sondern auch
~ si!/non! — Aber ja! Oh doch!/Aber nein! Nicht doch!
maïs [mais] *m* — Mais
maison [mɛzɔ̃] *f* — Haus; Firma
à la ~ — zu/nach Hause
quitter la ~ — das Haus verlassen
rentrer à la ~ — nach Hause zurückkehren
rester à la ~ — zu Hause bleiben
~ de campagne/de retraite — Landhaus/Altersheim
~ de la culture — *in frz. Städten öffentliches Kulturzentrum*
maître, -esse [mɛtrə, mɛtrɛs] — Meister, -in; (Grundschul-)Lehrer, -in
être son ~ — sein eigener Herr sein
~ de conférences/d'hôtel — (Universitäts-)Dozent/Oberkellner

malgré 127

Maître!	*Titel und Anrede eines Rechtsanwalts*
Maître (M^e) Dupont	Rechtsanwalt Dupont
~esse de maison	Dame des Hauses
majeur, -e [maʒœr]	volljährig
majorité [maʒɔrite] *f*	1. Mehrheit, 2. Volljährigkeit
~ absolue	absolute Mehrheit
mal [mal] *adv*	schlecht, schlimm, übel
~ comprendre	mißverstehen
être ~ à l'aise	sich unwohl, unbehaglich fühlen
faire ~ (à qn)/se faire ~	(jdm) wehtun/sich wehtun
Pas ~!	Nicht übel!
travailler pas ~	(ziemlich) viel arbeiten
apprendre pas ~ de choses	(ziemlich) viel lernen
Elle n'est pas ~. *fam*	Sie ist hübsch.
Ce n'est déjà pas ~!	Nicht schlecht für den Anfang!
un hôtel pas ~	ein (ganz) gutes Hotel
mal [mal] *m* (maux [mo])	Übel; Böses; Leiden
~ du pays/de mer	Heimweh/Seekrankheit
maux de dents/de tête	Zahn-/Kopfschmerzen
avoir mal aux dents/à la tête/à l'estomac/au ventre/à la gorge	Zahn-/Kopf-/Magen-/Bauch-/Halsweh haben
J'ai ~ au cœur.	Mir ist übel.
Il n'y a pas de ~!	Keine Ursache!
avoir du ~ à + *inf*	Mühe haben, zu
dire du ~ de qn/faire du ~ à qn	schlecht reden von jdm/jdm Böses tun
malade [malad] *adj/nom*	krank/Kranker, -e
se sentir (un peu)/tomber ~	sich (ein bißchen) krank fühlen/krank werden
gravement ~	schwerkrank
maladie [maladi] *f*	Krankheit
attraper une ~	sich eine Krankheit holen
une ~ grave/incurable [ɛ̃kyrablə]/contagieuse [kɔ̃taʒøz]	eine schwere/unheilbare/ansteckende Krankheit
assurance-~ *f*	Krankenversicherung
maladroit, -e [maladrwɑ, maladrwɑt *ou* -drwa, -drwat]	ungeschickt
malentendu [malɑ̃tɑ̃dy] *m*	Mißverständnis
malgré [malgre]	trotz
~ cela (*fam* ça)/tout	trotzdem/trotz allem
~ que (+ *subj*)	obwohl

malheur

malheur [malœr] *m* — Unglück
porter ~ (à qn) — (jdm) Unglück bringen
par ~ — unglücklicherweise
Quel ~ (que + *subj*)! — Was für ein Unglück (daß ...)!
malheureux, -euse [malœrø, malœrøz] — unglücklich; bedauerlich
~eusement — leider
maman [mamã] *f* — Mama
manche [mãʃ] 1. *f*, 2. *m* — 1. Ärmel, 2. Stiel, Griff
la Manche — der Ärmelkanal
mandat [mãda] *m* — Zahlungsanweisung
~ (postal *ou* ~-poste) — Postanweisung
manger [mãʒe] — essen, *(Tiere)* fressen
nous mangeons; je mangeais; mangeant
salle *f* à ~ — Eßzimmer
manière [manjɛr] *f* — Art und Weise
~ d'agir/de penser/de vivre — Verhalten(sweise)/Denk-/Lebensweise
de quelle/de cette ~ — auf welche/auf diese Weise
de toute/en aucune ~ — auf jeden/auf keinen Fall
de ~ à + *inf*/que (+ *ind*/ + *subj*) — um zu/so daß *(Ergebnis/Ziel)*
d'une ~ générale — im allgemeinen
faire des ~s — *(aus Höflichkeit)* Umstände machen
manifestation [manifɛstasjõ], *fam* **manif** [manif] *f* — Kundgebung, Veranstaltung; Demonstration, Demo
manifester [manifɛste] — demonstrieren
manquer [mãke] — fehlen/verpassen
Qui/Qu'est-ce qui manque? — Wer/Was fehlt?
~ de qc (Je manque de courage.) — etw nicht haben (Mir fehlt der Mut.)
~ de + *inf* (J'ai manqué de me faire écraser.) — beinahe, um ein Haar ... (Beinahe wäre ich überfahren worden.)
~ son train/une occasion — seinen Zug/eine Gelegenheit verpassen
manteau [mãto] *m* (-x) — Mantel
mettre/ôter son ~ — seinen Mantel an-/ausziehen
maquillage [makijaʒ] *m* — Schminken; Schminke
(se) maquiller [makije] — (sich) schminken
marchand, -e [marʃã, marʃãd] — Kaufmann, Händler, -in
~, -e de journaux — Zeitungsverkäufer, -in
~, -e de légumes — Gemüsehändler, -in
marchandise [marʃãdiz] *f* — Ware

marche [marʃ] *f* | 1. Gang, Gehen, Wanderung, 2. (Treppen-)Stufe
faire une longue ~ | eine lange Wanderung machen
faire ~ arrière | rückwärts-, zurückfahren, umkehren *(auch fig)*
mettre/être en ~ | in Gang, in Bewegung setzen/sein
Attention à la ~! | Vorsicht, Stufe!
marché [marʃe] *m* | Markt
au ~ | auf dem/den Markt
~ aux puces | Flohmarkt
bon/meilleur/le meilleur ~ *adj inv/adv* | billig/billiger/am billigsten
être/acheter/vendre bon ~ | billig sein/kaufen/verkaufen
un livre/une maison/des fruits bon ~ | ein billiges Buch/Haus/billiges Obst
marcher [marʃe] (+ avoir) | (zu Fuß) gehen; funktionieren
Ne pas ~ sur la pelouse! | Betreten des Rasens verboten!
Ça marche? – Ça marche. *fam* | Alles klar? – Alles klar.
Cela (*fam* Ça) a bien marché. | Das ist gut gelaufen.
faire ~ qn *fam* | jdn an der Nase herumführen
mardi [mardi] *m* | Dienstag
~ dernier/prochain | letzten/nächsten Dienstag
tous les ~s | jeden Dienstag
le ~ | dienstags
~ gras | Fastnachtsdienstag
marée [mare] *f* | Gezeiten
~ basse/haute | Ebbe/Flut
mari [mari] *m* | (Ehe-)Mann
mariage [marjaʒ] *m* | Heirat, Ehe
~ d'amour/de raison | Liebes-/Vernunftheirat
~ civil/religieux | standesamtliche/kirchliche Trauung
marier [marje] | verheiraten
être marié, -e | verheiratet sein
se ~ (avec qn) | (jdn) heiraten
marin, -e [marɛ̃, marin] *adj/nom m* | Meer-, See-/Seemann
mark [mark] *m* (!) | (Deutsche) Mark
le Maroc [marɔk] | Marokko
au Maroc | in/nach Marokko
marocain, -e [marɔkɛ̃, marɔkɛn] | marokkanisch
Marocain, -e | Marokkaner, -in
marque [mark] *f* | Zeichen; Marke, Fabrikat
article *m* de ~ | Markenartikel

marrant, -e [marɑ̃, marɑ̃t] *fam*   lustig, komisch
en avoir marre [mar]   die Nase voll haben
(de qn, qc/de + *inf*) *fam*
J'en ai ~!   Ich hab' die Nase voll! Mir reicht's!
se marrer [mare] *fam*   lachen, sich amüsieren
marron [marɔ̃] *nom m/adj inv*   Marone, Eßkastanie/(kastanien)braun
des yeux ~   braune Augen
mars [mars] *m*   März
en ~ *ou* au mois de ~   im März
marteau [marto] *m*   Hammer
masculin, -e [maskylɛ̃, maskylin] *adj/nom m*   männlich/Maskulinum
masse [mas] *f*   Masse, Menge
en ~   massenhaft
mass-media [masmedja] *m pl*   Massenmedien
match [matʃ] *m*   Wettkampf, Spiel *(Sport)*
(*pl* -s *ou* -es [matʃ])
~ de boxe [bɔks]/de foot(ball)/de tennis [tenis]   Boxkampf/Fußball-/Tennisspiel
(faire) ~ nul [matʃənyl]   unentschieden (spielen)
matelas [matla] *m*   Matratze
~ pneumatique [pnømatik]   Luftmatratze
matériel, -le [materjɛl] *adj/nom m*   materiell/Material
mathématiques [matematik], *fam* **maths** [mat] *f pl*   Mathematik
matière [matjɛr] *f*   Stoff; (Unterrichts-)Fach
~ grasse/plastique   Fettgehalt/Plastik, Kunststoff
~ première   Rohstoff
~ principale/secondaire   Haupt-/Nebenfach
table *f* des ~s   Inhaltsverzeichnis
matin [matɛ̃] *m*   Morgen, Vormittag
un (beau) ~   eines (schönen) Morgens
le/ce ~   morgens, am Morgen/heute früh
hier/demain ~   gestern/morgen früh
chaque ~ *ou* tous les ~s   jeden Morgen
à 10 (dix) heures du ~   um 10 Uhr morgens, vormittags
du ~ au soir   von morgens bis abends
matinée [matine] *f*   Vormittag; Nachmittagsvorstellung(!)
faire la grasse ~ *fam*   bis in die Puppen schlafen

mauvais, -e [mɔvɛ, mɔvɛz *ou* mɔvɛ, mɔvɛz] — schlecht
 Il fait ~ (temps). — Es ist schlechtes Wetter.
 être de ~e humeur — schlechter Laune sein
 la ~e direction/route — die falsche Richtung/Straße
 être ~ en français — schlecht in Französisch sein
maximum [maksimɔm] *m* — Maximum
 au ~ — höchstens
mazout [mazut] *m* — (Heiz-)Öl
mec [mɛk] *m pop* — Macker, Typ
 une nana avec son ~ — eine Tussi mit ihrem Typ
mécanicien [mekanisjɛ̃] *m* — Mechaniker, Autoschlosser
méchant, -e [meʃɑ̃, meʃɑ̃t] — böse, bissig *(auch fig)*, schlecht
 Chien ~! — Bissiger Hund!
médecin [mɛdsɛ̃ *ou* mɛtsɛ̃] *m* — Arzt
 aller chez/appeler le ~ — zum Arzt gehen/den Arzt rufen
médecine [mɛdsin *ou* mɛtsin] *f* — Medizin, Heilkunde
médicament [medikamɑ̃] *m* — Medizin, Medikament
la Méditerranée [mediterane] — das Mittelmeer
se méfier [mefje] (de qn, qc) — (jdm, etw) mißtrauen
 Méfie-toi!/Méfiez-vous! — Sei/Seien Sie vorsichtig!
meilleur, -e [mɛjœr] *adj* — besser
 bon, -ne – meilleur, -e – le meilleur, la meilleure — gut – besser – der, die, das beste, am besten
 bien ~ — weit besser
 ~s vœux! — Herzlichen Glückwunsch! Frohes Neues Jahr!
(se) mélanger [melɑ̃ʒe] — (sich) (ver)mischen
 nous mélangeons; je mélangeais; mélangeant
membre [mɑ̃brə] *m* — Körperteil, Glied; Mitglied
même [mɛm] *adj/adv* — selber, selbst/selbst, sogar
 le, la ~ (que) — der-, die-, dasselbe (wie)
 la ~ chose (C'est toujours la ~ chose.) — dieselbe Sache, dasselbe (Es ist immer dasselbe.)
 Cela (*fam* Ça) revient au ~. — Das läuft aufs selbe raus.
 être du ~avis (que) — derselben Meinung sein (wie)
 de ~ (que) — ebenso (wie)
 en ~ temps (que) — gleichzeitig (mit)
 tout de ~ *ou* quand ~ — trotzdem
 ~ si (+ *ind*) — selbst wenn
 (ne …) ~ plus — nicht einmal mehr
mémoire [memwar] *f* (de) — Gedächtnis, Erinnerung (an)
 avoir une bonne ~ — ein gutes Gedächtnis haben

menacer [m(ə)nase] (de + *inf*/ qn/qn de qc/qn de + *inf*) nous menaçons; je menaçais; menaçant — drohen/bedrohen

ménage [menaʒ] *m* — Haushalt
 faire le ~ — den Haushalt machen
 femme *f* de ~ — Putzfrau

ménagère [menaʒɛr] *f* — Hausfrau
 être bonne ~ — eine gute Hausfrau sein

mener [m(ə)ne] — führen *(auch Weg)*, begleiten, bringen
 je mène, nous menons, ils mènent; je mènerai [mɛnre]
 ~ à — führen zu, hinauslaufen auf

mensonge [mãsɔ̃ʒ] *m* — Lüge

mensuel, -le [mãsɥɛl] *adj/nom m* — monatlich/Monats(zeit)schrift

mentir [mãtir] (à qn) — (jdn an-, be)lügen
 je mens, il ment, nous mentons, ils mentent; j'ai menti

menu [m(ə)ny] *m* — Speisekarte; Menü

mer [mɛr] *f* — Meer
 au bord de la ~ — am/ans Meer
 avoir le mal de ~ — seekrank sein
 la mer du Nord/~ Baltique — die Nord-/Ostsee

merci [mɛrsi] — danke
 (de *ou* pour qc/de + *inf*)
 ~ beaucoup *ou* bien! — Danke sehr!
 Dieu ~ — Gott sei dank

mercredi [mɛrkrədi] *m* — Mittwoch
 ~ dernier/prochain — letzten/nächsten Mittwoch
 tous les ~s — jeden Mittwoch
 le ~ — mittwochs
 ~ des cendres [sãdrə] — Aschermittwoch

merde [mɛrd] *f pop* — Scheiße
 ~ (alors)! — Scheiße!

mère [mɛr] *f* — Mutter
 Profession: ~ de famille — Beruf: Hausfrau
 belle-/grand-~ — Schwieger-/Großmutter

mériter [merite] — würdig sein, verdienen
 (qc/de + *inf*/que + *subj*)

merveilleux, -euse [mɛrvɛjø, mɛrvɛjøz] — wunderbar

message [mɛsaʒ *ou* mesaʒ] *m* — Nachricht, Mitteilung
 transmettre/recevoir un ~ — eine Nachricht übermitteln/empfangen

mesure [m(ə)zyr] *f*	Maß(stab); Maßnahme
prendre les ~s	maßnehmen
prendre des ~s	Maßnahmen ergreifen
dans la ~ du possible	soweit möglich
être en ~ de + *inf*	in der Lage sein, zu
sur ~	nach Maß
à ~ que (+ *ind*)	in dem Maße, wie
mesurer [m(ə)zyre]	messen
métal [metal] *m* (-aux)	Metall
en ~	aus Metall
météo [meteo] *f fam*	Wetterbericht
métier [metje] *m*	Handwerk, Gewerbe, Beruf
le ~ de boulanger	das Bäckerhandwerk
mètre [mɛtrə] *m*	Meter
~ carré	Quadratmeter
métro [metro] *m*	U-Bahn
prendre le ~	die U-Bahn nehmen
bouche *f*/station *f*/ticket *m* de ~	U-Bahn-Eingang/-Station/-Fahrschein
metteur [mɛtœr] *m* **en scène**	Regisseur
mettre [mɛtrə]	setzen, stellen, legen; anziehen, aufsetzen
je mets, il met, nous mettons, ils mettent; j'ai mis	
~ son manteau/ses lunettes	seinen Mantel anziehen/seine Brille aufsetzen
~ la voiture au garage	das Auto in die Garage fahren
~ la table *ou* le couvert	den Tisch decken
~ du poivre/du sel à qc	etw pfeffern/salzen
~ 2 (deux) ans/longtemps à + *inf*	2 Jahre/lange brauchen, um zu
~ à la poste	zur Post bringen, einwerfen
~ qn en garde/qn, qc en marche	jdn warnen/jdn in Bewegung, etw in Betrieb setzen
se ~ à qc/à + *inf*	sich an etw machen/sich daran machen, anfangen, zu
se ~ à table/au lit/en route	sich an den Tisch setzen/sich ins Bett legen/sich auf den Weg machen
se ~ en colère	wütend werden
meuble [mœblə] *m*	Möbel(stück)
meubler [mœble]	möblieren
une chambre meublée	ein möbliertes Zimmer
mi- [mi]	halb
à ~-chemin	auf halbem Weg
travailler/travail *m* à ~-temps	halbtags arbeiten/Halbtagsarbeit

microphone [mikrɔfɔn], *fam* **micro** [mikro] *m*	Mikrophon
au ~	am/ans Mikrophon
midi [midi] *m*	Mittag; Süden
Il est ~.	Es ist 12 Uhr *oder* Mittag.
à ~	um 12 Uhr (mittags)
~ juste *ou* précis	Punkt 12 Uhr (mittags)
~ moins 5 (cinq)/et demi	5 vor 12/halb 1
dans le Midi	in/nach Südfrankreich
miel [mjɛl] *m*	Honig
lune *f* de ~	Flitterwochen
mieux [mjø] *adv*	besser
bien – mieux – le mieux	gut – besser – am besten; das beste
être *ou* aller ~ (Je vais de ~ en ~.)	sich besser fühlen (Es geht mir immer besser.)
aimer ~ (que)	lieber mögen (als)
il vaut ~ + *inf*	es ist besser, zu
tant ~ (pour)	um so besser (für)
faire de son ~	sein Bestes tun
être pour le ~ (Tout est pour le ~.)	zum besten stehen (Es steht alles bestens.)
le ~ serait que (+ *subj*)	es wäre das Beste, wenn
le ~ possible	so gut wie möglich
mignon, -ne [miɲɔ̃, miɲɔn]	niedlich; nett
milieu [miljø] *m* (-x)	Mitte; Milieu
au ~ (de)	in der Mitte (von), mitten (in, auf *usw.*)
mille [mil] *inv*	tausend
~ ans	tausend Jahre
deux ~	zweitausend
en 1985 (mille *ou* mil neuf cent quatre-vingt-cinq)	(im Jahre) 1985
million [miljɔ̃] *m*	Million
2 (deux) ~s d'habitants	2 Millionen Einwohner
mince [mɛ̃s]	dünn, schlank, schmal *(auch fig)*
~ (alors)! *pop*	Scheibenhonig!
mine [min] *f*	Miene
avoir bonne/mauvaise ~	gut, gesund/schlecht aussehen
mineur, -e [minœr] *adj/nom*	minderjährig/Minderjähriger, -e
Interdit aux ~s!	Für Jugendliche verboten!
minimum [minimɔm] *m*	Minimum
au ~	mindestens
ministère [ministɛr] *m*	Ministerium

ministre [ministrə] *m*	Minister
premier ~	Premierminister
conseil *m* des ~s	(Regierungs-)Kabinett
minorité [minɔrite] *f*	Minderheit
minuit [minɥi] *m*	Mitternacht
à/vers/jusqu'à ~	um/gegen/bis Mitternacht
~ moins 5 (cinq)/et demi	5 vor 12/halb 1
minute [minyt] *f*	Minute
avoir une ~	eine Minute (Zeit) haben
d'une ~ à l'autre	in der nächsten, jede Minute
à la dernière ~	in der, auf die letzte Minute
jusqu'à la dernière ~	bis zur letzten Minute
Une ~, s'il vous plaît!	Einen Augenblick, bitte!
miroir [mirwar] *m*	(*bes.* Hand-, Taschen-) Spiegel
misère [mizɛr] *f*	Elend, Notstand
moche [mɔʃ] *fam*	häßlich (*Person oder Sache*), blöd (*Sache*), beschissen
mode [mɔd] *f*	Mode
à la (dernière) ~	nach der (neuesten) Mode, modern
journal *m* de ~	Modezeitschrift
mode *m* **d'emploi** [mɔddɑ̃plwa]	Gebrauchsanweisung
modèle [mɔdɛl] *m*	Muster, Modell
prendre pour ~	zum Vorbild nehmen
moderne [mɔdɛrn]	modern
lettres ~s	neuere Philologien
modeste [mɔdɛst]	bescheiden (*auch fig*)
moindre [mwɛ̃drə] *adj*	geringer
le, la ~	der, die, das geringste
le ~ effort	die geringste Anstrengung
Je n'en ai pas la ~ idée.	Ich habe nicht die geringste Ahnung.
C'est la ~ des choses!	Nichts leichter als das! Das ist (doch) das wenigste!
moins [mwɛ̃] *adv*	weniger
peu – moins – le moins	wenig – weniger – am wenigsten; das wenigste
le ~ possible	so wenig wie möglich
grand, -e – ~ grand, -e (que) – le ~ grand, la ~ grande	groß – weniger groß (als), nicht so groß (wie) – am wenigsten groß; der, die, das am wenigsten große
la ~ grande maison *ou* la maison la ~ grande	das am wenigsten große Haus

vite – moins vite (que) – le moins vite	schnell – weniger schnell (als), nicht so schnell (wie) – am wenigsten schnell
le ~ grand, la ~ grande/le ~ vite possible	so wenig groß/schnell wie möglich
plus ou ~	mehr oder weniger
ni plus ni ~	nicht mehr und nicht weniger
~ de la moitié/que jamais	weniger als die Hälfte/denn je
5 (cinq) ~ 3 (trois)	5 minus 3
3 heures ~ 20 (vingt)/le quart/~ 5 (cinq)	20 (Minuten)/viertel/5 vor 3
~ de 3 heures	keine 3 Stunden
Interdit aux ~ de 18 (dix-huit) ans!	Für Jugendliche unter 18 verboten!
à ~ de + *inf*/que ... ne (+ *subj*)	es sei denn
au *ou* du ~	mindestens
de ~ en ~ [mwɛ̃zɑ̃mwɛ̃]	immer weniger
C'est le ~.	Das ist das Minimum.
le ~ que (+ *subj*)	das wenigste, das
moins ..., moins ... (~ il demande, ~ on lui donne.)	je weniger ..., desto weniger (Je weniger er verlangt, desto weniger gibt man ihm.)
mois [mwa] *m*	Monat
au ~ de janvier	im Januar
dans un/en un ~	in *(nach Ablauf/im Verlauf von)* einem Monat
depuis un ~	seit einem Monat
par ~	pro Monat, monatlich
3 (trois)/6 (six [si])/9 (neuf [nœf]) ~	ein Viertel-/halbes/dreiviertel Jahr
chaque ~ *ou* tous les ~	jeden Monat
moitié [mwatje] *f*	Hälfte
à ~ (plein, -e)	zur Hälfte, halb(voll)
moitié ... moitié ...	halb ... halb ...
moitié moitié	halb so halb so; halbe-halbe
moment [mɔmɑ̃] *m*	Augenblick
Un ~ (s'il vous plaît)!	Einen Augenblick (bitte)!
un bon *ou* un long ~	eine ganze Weile
au bon ~	im richtigen Augenblick
à ce ~(-là)	in jenem Augenblick
à un ~ donné	schließlich, plötzlich
au ~ de (qc/*inf*)/où	im Augenblick von/wo
dans/en un ~	in *(nach Ablauf/im Verlauf von)* einem Augenblick
en ce ~	in diesem Augenblick, jetzt

d'un ~ à l'autre	von einem Augenblick auf den andern, jeden Augenblick
au dernier ~	im letzten Augenblick, auf die letzte Minute
jusqu'au dernier ~	bis zum letzten Augenblick
pour le ~	für den Augenblick
par ~s	augenblicks-, zeitweise, von Zeit zu Zeit
monde [mɔ̃d] *m*	1. Welt, 2. Leute
champion *m*/tour *m* du ~	Weltmeister/-reise
faire le tour du ~	eine Weltreise machen, *(Lied oder dgl.)* um die Welt gehen
au ~	auf der/die Welt
mettre au ~	zur Welt bringen
pour rien au ~	um nichts in der Welt
tout le ~	jedermann, alle
le ~ entier	die ganze Welt
dans le ~ entier	auf der ganzen Welt
(Il y a) du ~/beaucoup de ~/ un ~ fou.	(Da sind) Leute, Besucher, Gäste/viele Leute/unheimlich viele Leute.
moniteur, -trice [mɔnitœr, mɔnitris]	Betreuer, -in *(bes. in Ferienlagern)*
~ de ski	Skilehrer
monnaie [mɔnɛ] *f*	Münze; Kleingeld; Währung
ne pas avoir de ~	kein Kleingeld haben, nicht wechseln können
rendre la ~	das Wechselgeld herausgeben
Vous pouvez garder la ~.	Der Rest ist für Sie.
~ étrangère	ausländische Währung
monsieur [m(ə)sjø] *m* (*pl* messieurs [mɛsjø]; M., MM.)	Herr
un ~	ein Herr
~ Dupont [dypɔ̃]/le directeur	Herr Dupont/der Herr Direktor
Bonjour, ~!	Guten Tag (Herr XY; *im Französischen ohne Namen*)!
~!	*(im Restaurant)* Herr Ober!
Monsieur, .../Cher Monsieur, ...	Sehr geehrter/Lieber Herr XY! *(Brief; im Französischen ohne Namen)*
Mesdames et Messieurs! (*fam* Messieurs-dames!)	Meine Damen und Herren!
(Bonjour *etc*) Messieursdames! *fam*	(Guten Tag *usw.*) Die Herrschaften!

montagne [mɔ̃taɲ] *f* — Berg, Gebirge
passer ses vacances à la ~ — seine Ferien, seinen Urlaub im Gebirge verbringen
une excursion en ~ — ein Ausflug ins Gebirge
montant [mɔ̃tɑ̃] *m* — Betrag
monter [mɔ̃te] (+ être/+ avoir) — sich erheben, (hinein-, hinauf-)steigen/(an)steigen; besteigen; hinaufbefördern; aufstellen; veranstalten

~ à 300 (trois cents) mètres (+ être) — sich 300 Meter hoch erheben
~ à *ou* dans sa chambre (+ être) — in sein Zimmer hinaufgehen
~ à *ou* en bicyclette, à *ou* en vélo (+ être) — aufs Fahrrad steigen
~ dans un taxi/en avion/sur une chaise (+ être) — in ein Taxi/ins Flugzeug/auf einen Stuhl steigen
~ dans une/en voiture (+ être) — in ein Auto/ins Auto steigen
~ par l'ascenseur (+ être) — mit dem Fahrstuhl hinauffahren
Le vin m'est monté à la tête. — Der Wein ist mir zu Kopf gestiegen.
Le prix/La température a monté. — Der Preis/Die Temperatur ist gestiegen.
~ à cheval (+ être) — aufs Pferd steigen
~ un cheval (+ avoir) — ein Pferd besteigen
~ l'escalier (+ avoir) — die Treppe hinaufgehen
~ les bagages (+ avoir) — das Gepäck raufbringen
~ une tente (+ avoir) — ein Zelt aufschlagen
~ une entreprise (+ avoir) — ein Unternehmen gründen
~ une pièce de théâtre (+ avoir) — ein Theaterstück aufführen
se ~ à 3000 (trois mille) francs — sich auf 3000 Francs belaufen

montre [mɔ̃trə] *f* — (Armband-, Taschen-)Uhr
regarder sa ~ — auf die Uhr sehen
Ma ~ avance/retarde. — Meine Uhr geht vor/nach.
~-bracelet *f ou* bracelet-~ *m* — Armbanduhr
Montréal [mɔ̃real] — Montreal
montrer [mɔ̃tre] — zeigen
~ qn, qc du doigt — mit dem Finger auf jdn/etw zeigen
se ~ (qn, qc/*adj*) — sich zeigen, sich erweisen (als)
monument [mɔnymɑ̃] *m* — Denkmal, Sehenswürdigkeit

se moquer [mɔke] (de) — sich lustig machen (über)
Tu te moques de moi! — Du willst mich wohl auf den Arm nehmen!

moral [mɔral] *m* (!) — (Gemüts-)Verfassung, Stimmung
Le ~ est bon. — Die Stimmung ist gut.

moral, -e [mɔral] (-aux) — moralisch, anständig

morale [mɔral] *f* — Moral

morceau [mɔrso] *m* (-x) — Stück *(eines Ganzen)*, Musikstück
un ~ de pain/de sucre/de viande — ein Stück Brot/Zucker/Fleisch

mordre [mɔrdrə] — beißen, stechen
je mords, il mord, ils mordent; j'ai mordu

mort [mɔr] *f* (!) — Tod

mort, -e [mɔr, mɔrt] *adj/nom* — tot/Toter, -e
la ~e-saison — die Sauregurkenzeit
nature ~e — Stilleben

mortel, -le [mɔrtɛl] — sterblich, tödlich *(auch fig)*, Tod-
C'est ~! *fam* — Das ist nicht zum Aushalten (langweilig)!

Moscou [mɔsku] — Moskau

mot [mo] *m* — Wort
dire un ~ à qn de qc — jdn auf etw ansprechen
écrire/envoyer un (petit) ~ — ein paar Zeilen schreiben/schicken
~ à ~ [mɔtamo] — Wort für Wort, wortwörtlich
en un ~ — in einem Wort, kurzgesagt
jeu *m* de ~s — Wortspiel
~s croisés [krwaze] — Kreuzworträtsel

moteur [mɔtœr] *m* — Motor
mettre le ~ en marche — den Motor anlassen
arrêter le ~ — den Motor abstellen

moto(cyclette) [mɔtɔ(siklɛt)] *f* — Motorrad
aller à *ou* en ~ — mit dem Motorrad fahren

mou/mol, molle [mu/mɔl, mɔl] (mous, molles) — weich

mouche [muʃ] *f* — Fliege

mouchoir [muʃwar] *m* — Taschentuch
~ en papier — Papiertaschentuch

mouiller [muje] — anfeuchten, naßmachen, durchnässen
se faire ~ — naß werden
être tout mouillé, toute mouillée — völlig durchnäßt sein

moule [mul] *f* — (Mies-)Muschel
mourir [murir] — sterben
 je meurs, il meurt, nous mourons, ils meurent; je mourrai; je suis mort, -e
 ~ de faim/de soif — verhungern/verdursten
 ~ de peur/de fatigue — halbtot vor Angst/todmüde sein
moustache [mustaʃ] *f* — Schnurrbart
 porter la ~ — einen Schnurrbart haben
moustique [mustik] *m* — Mücke
 piqûre *f* de ~ — Mückenstich
moutarde [mutard] *f* — Senf
mouton [mutɔ̃] *m* — Schaf
 du ~ — Hammelfleisch
mouvement [muvmɑ̃] *m* — Bewegung
 mettre/être en ~ — in Bewegung setzen/sein
moyen [mwajɛ̃] *m* — (Hilfs-)Mittel
 au ~ de — mit Hilfe von
 il n'y a pas ~ de + *inf* — es ist unmöglich, zu
 ~ de transport — Verkehrsmittel
 les ~s — die (Geld-)Mittel
moyen, -ne [mwajɛ̃, mwajɛn] — mittlerer, -e, -es, Mittel-, durchschnittlich, Durchschnitts-
 la température/vitesse ~ne — die Durchschnittstemperatur/-geschwindigkeit
 l'Allemand ~ — der Durchschnittsdeutsche
 les classes ~nes — der Mittelstand
 le/au ~(-)âge [mwajɛnɑʒ *ou* -aʒ] — das/im Mittelalter
moyenne [mwajɛn] *f* — Durchschnitt
 en ~ — im Durchschnitt
muet, -te [mɥɛ, mɥɛt] — stumm
 sourd-~, sourde-~te *adj/nom* — taubstumm/Taubstummer, -e
Munich [mynik] — München
municipal, -e [mynisipal] (-aux) — städtisch, Stadt-, Gemeinde-
 conseil ~ — Stadtrat
 bibliothèque ~e — Stadtbibliothek
mur [myr] *m* — Mauer, Wand
mûr, -e [myr] — reif *(auch fig)*
musée [myze] *m* (!) — Museum
musicien, -ne [myzisjɛ̃, myzisjɛn] — Musiker, -in

musique [myzik] *f* — Musik
  faire de la ~ — Musik machen
  ~ classique/pop [pɔp] — klassische Musik/Popmusik
myope [mjɔp] — kurzsichtig
mystère [mistɛr] *m* — Geheimnis, Rätsel
mystérieux, -euse [misterjø, misterjøz] — geheimnisvoll, rätselhaft
  ~sement — auf geheimnisvolle Weise

N

nager [naʒe] (+ avoir) — schwimmen *(auch fig)*
  nous nageons; je nageais; nageant
  (ne pas) savoir ~ — (nicht) schwimmen können
naïf, -ve [naif, naiv] — naiv
  il est ~ de + *inf* — es ist naiv, zu
naissance [nɛsɑ̃s] *f* — Geburt, Entstehung
  date *f*/lieu *m* de ~ — Geburtsdatum/-ort
naître [nɛtrə] — geboren werden, entstehen
  il naît, ils naissent; je suis né, -e
  faire ~ — hervorbringen
  Je suis né, -e en 1938 (dix-neuf cent trente-huit *ou* mille neuf cent trente-huit [ɥit]). — Ich bin 1938 geboren.
  Emma Bovary, née Rouault — Emma Bovary, geb. Rouault
  nouveau -né, -e *adj/nom m* — neugeboren/Neugeborenes
nana [nana] *f pop* — Mädchen, Frau, Freundin, Tussi
  un mec et sa ~ — ein Typ mit seiner Tussi
nation [nasjɔ̃ *ou* nɑsjɔ̃] *f* — Nation
  les Nations Unies — die Vereinten Nationen
national, -e [nasjɔnal] (-aux) — national
  assemblée/fête/route ~e — Nationalversammlung/-feiertag/-straße *(vgl. dt. Bundesstraße)*
nationalité [nasjɔnalite] *f* — Staatsangehörigkeit, -bürgerschaft, Nationalität
  avoir la *ou* être de ~ allemande — die deutsche Staatsangehörigkeit haben
nature [natyr] *f* — Natur, Wesen, Art
  ~ morte — Stillleben

naturel, -le [natyrɛl] — natürlich, Natur-
gaz ~ — Erdgas
sciences ~les — Naturwissenschaften
il est ~ de + *inf*/que (+ *subj*) — es ist natürlich, zu/daß
~lement — natürlich(erweise), selbstverständlich

ne [nə] — *Negationspartikel*
~ ... pas (du tout/non plus) — (überhaupt/auch) nicht
~ ... jamais/plus — nie(mals)/nicht mehr
~ ... plus que — nur noch
~ ... que — nur; erst
~ ... aucun, -e *adj/pron* — kein (einziger, -es), keine (einzige)/keiner, -e, -es; kein einziger, -es, keine einzige
~ ... personne/rien — niemand/nichts
~ ... ni ... ni — weder ... noch

nécessaire [nesesɛr *ou* nesɛsɛr] (de + *inf*/que + *subj*) — notwendig
faire le ~ — das Notwendige veranlassen
~ment — notwendigerweise

nécessité [nesesite *ou* nesɛsite] *f* — Notwendigkeit

négatif, -ve [negatif, negativ] *adj/nom m* — negativ/Negativ
réponse ~ve — abschlägiger Bescheid

négliger [negliʒe] (qn, qc/de + *inf*) — vernachlässigen
nous négligeons; je négligeais; négligeant

négociation [negɔsjasjɔ̃] *f* — Verhandlung

neige [nɛʒ] *f* — Schnee
boule [bul] *f*/bonhomme [bɔnɔm] (*pl* bonshommes [bɔ̃zɔm]) *m* de ~ — Schneeball/-mann

neiger [nɛʒe *ou* neʒe] — schneien
il neigeait

nerf [nɛr] *m* — Nerv
crise *f* de ~s — Nervenzusammenbruch
taper sur les ~s de qn/se taper sur les ~s (Tu me tapes sur les ~s!) *fam* — jdm/sich auf die Nerven gehen (Du gehst mir auf die Nerven!)
être à bout de ~s — mit den Nerven fertig sein

net, -te [nɛt, nɛt] — sauber; klar; netto
différence/réponse ~te — deutlicher Unterschied/klare Antwort
prix/poids ~ — Nettopreis/Reingewicht

nettement	deutlich, rundheraus
nettoyage [nɛtwajaʒ] *m*	Reinigung
~ à sec	chemische Reinigung
nettoyer [nɛtwaje *ou* netwaje] je nettoie, nous nettoyons, ils nettoient; je nettoierai [nɛtware *ou* netware]	reinigen, putzen
neuf [nœf]	neun
~ ans [nœvɑ̃]	9 Jahre
le 9 (neuf) février	der/den, am 9. Februar
neuvième (9ᵉ)	neunter, -e, -es (9.)
neuf, neuve [nœf, nœv]	neu(wertig), ungebraucht
Quoi de ~?	Was gibt's Neues?
nez [ne] *m*	Nase
saigner du ~	Nasenbluten haben
ni [ni]	und nicht, auch nicht
(ne ...) ni ... ni	weder ... noch
~ l'un ~ l'autre	weder der eine noch der andere/weder den einen noch den andern
(ne dire) ~ oui ~ non	weder ja noch nein (sagen)
Nice [nis]	Nizza
nier [nje] (qc/*inf*/que)	verneinen, leugnen, bestreiten
je nierai [nire]	
~ que (+ *ind*/+ *subj*)	*(die Tatsache)* leugnen/*(die Annahme)* bestreiten, daß
niveau [nivo] *m* (-x)	Niveau
~ de vie	Lebensstandard
passage *m* à ~	Bahnübergang
Noël [nɔɛl] *m*	Weihnachten
à ~	zu Weihnachten
Joyeux ~!	Frohe Weihnachten!
arbre *m ou* sapin [sapɛ̃] *m*/ vacances *f pl* de ~	Weihnachtsbaum/-ferien
père *m* ~	Weihnachtsmann
nœud [nø] *m*	Knoten *(auch fig)*
noir [nwar] *m*	Schwarz, Schwärze
film *m* en blanc et ~	Schwarzweißfilm
noir, -e [nwar] *adj/nom*	schwarz, *fam* betrunken, blau/ Schwarzer, -e
Il fait ~.	Es ist dunkel.
(petit) ~ *nom fam*	schwarzer Kaffee *(d. h. ohne Milch)*
la Forêt Noire	der Schwarzwald
marché ~/travail (au) ~	Schwarzmarkt/-arbeit
travailler au ~	schwarzarbeiten

144 nom

nom [nõ] *m* — Name
appeler par son ~ — beim Namen nennen
Quel est le ~ de …? (Quel est votre ~?) — Wie heißt …? (Wie heißen Sie?)
au ~ de — im Namen von
~ de famille/de jeune fille — Familien-/Mädchenname
nombre [nõbrə] *m* — (An-)Zahl, Menge
un certain/grand/petit ~ de — eine gewisse/große/kleine Anzahl (von)
en (grand) ~ — zahlreich
nombreux, -euse [nõbrø, nõbrøz] — zahlreich
une famille ~se — eine kinderreiche Familie
peu ~ — nicht sehr zahlreich, selten
non [nõ] — nein, nicht
Ah [a] ~? — Ach nein? So?
Mais ~! — Aber nein! Nicht doch!
~ plus — auch nicht
~ sans regret — nicht ohne Bedauern
~ seulement …, mais aussi *ou* mais encore — nicht nur …, sondern auch
nord [nɔr] *m* — Norden
(tout) au ~ (de) — (ganz) im Norden *oder* nördlich (von)
dans le nord de la France *ou* dans le Nord — in Nordfrankreich
l'Afrique/l'Amérique du ~ — Nordafrika/-amerika
la mer du Nord — die Nordsee
le pôle [pol] ~ — der Nordpol
~-est/-ouest [nɔr(d)ɛst/nɔr(d)wɛst] — Nordosten/-westen
normal, -e [nɔrmal] (-aux) — normal
école ~e — Pädagogische Hochschule
~ement — normalerweise
notamment [nɔtamɑ̃] — namentlich, insbesondere
note [nɔt] *f* — 1. Note *(Musik, Zeugnis)*, 2. Notiz, 3. *(nur Hotel-)*Rechnung
prendre des ~s — sich Notizen machen, mitschreiben
bloc-~s [blɔk-] *m* — Notizblock
préparer/payer la ~ — die Rechnung fertigmachen/bezahlen
noter [nɔte] (qn, qc/que + *ind*) — an-, be-, ver-, vormerken, notieren
nouille [nuj] *f* — Nudel

nourrir [nurir]	(er)nähren *(auch fig)*, verpflegen, stillen
se ~ de	sich ernähren von
nourrissant, -e	nahrhaft
nourriture [nurityr] *f*	Nahrung, Verpflegung
nouveau/nouvel, nouvelle [nuvo/nuvɛl, nuvɛl] (nouveaux, nouvelles)	neu(artig), anders
rien de ~	nichts Neues
tout à fait ~	völlig neu
une voiture nouvelle/une nouvelle voiture	ein neues *(neuartiges/anderes)* Auto
le nouvel an	das neue Jahr
le Nouveau Testament	das Neue Testament
~-né, -e *adj/nom m*	neugeboren/Neugeborenes
à *ou* de ~	von neuem, noch einmal
nouveauté [nuvote] *f*	Neuheit
nouvelle [nuvɛl] *f*	1. Neuigkeit, Nachricht, 2. Novelle
avoir/apprendre *ou* recevoir une ~	eine Neuigkeit, Nachricht haben/erhalten
avoir/recevoir des ~s de qn, qc (J'ai de ses ~s.)	von jdm, über etw Nachricht haben/bekommen (Ich habe Nachricht von ihm.)
donner de ses ~s (Donnez-moi de vos ~s!)	von sich hören lassen (Lassen Sie von sich hören!)
novembre [nɔvɑ̃mbrə] *m*	November
en ~ *ou* au mois de ~	im November
se noyer [nwaje]	ertrinken
je me noie, nous nous noyons, ils se noient; je me noierai [nware]	
nu, -e [ny]	nackt, kahl
~-pieds *ou* pieds ~s	barfuß
nuage [nɥaʒ] *m* (!)	Wolke
nucléaire [nykleɛr] *adj/nom m*	nuklear, Kern-/Atomindustrie
énergie *f* ~	Kernenergie
nuit [nɥi] *f*	Nacht, Dunkelheit
Bonne ~!	Gute Nacht!
Il fait ~.	Es ist Nacht.
cette ~	heute nacht
la ~	nachts, in der Nacht
tard dans la ~/en pleine ~	spät/mitten in der Nacht
toute la ~	die ganze Nacht
ne pas dormir de la ~	die ganz Nacht nicht schlafen (können)

nul, -le [nyl] — null, nichtig; kein, -e
 (ne …) ~le part — nirgends
 (ne …) ~lement — keineswegs
 (faire) match ~ [matʃənyl] — unentschieden (spielen)
 être ~ — unfähig sein, nichts können
numéro [nymero] *m* — Nummer
 faire le ~ — die (Telefon-)Nummer wählen
 ~ d'immatriculation/de téléphone — Auto-/Telefonnummer

O

obéir [ɔbeir] (á qn, qc) — (jdm, etw) gehorchen
objet [ɔbʒɛ] *m* — Gegenstand; Betreff *(Brief)*
 ~ d'art — Kunstgegenstand
 bureau *m* des ~s trouvés — Fundbüro
obligatoire [ɔbligatwar] — obligatorisch, Pflicht-
obliger [ɔbliʒe] — verpflichten
 (qn à qc/qn à + *inf*)
 nous obligeons; j'obligeais; obligeant
 être obligé, -e (de + *inf*) — verpflichtet sein (zu)
obscur, -e [ɔpskyr] — dunkel *(auch fig)*
obscurité [ɔpskyrite] *f* — Dunkelheit *(auch fig)*
observer [ɔpsɛrve] — beobachten; beachten, befolgen
 ~ une loi — ein Gesetz befolgen
obstacle [ɔpstaklə] *m* — Hindernis
 rencontrer des ~s — auf Hindernisse stoßen
obtenir [ɔptənir] — erlangen, erhalten
 j'obtiens, il obtient, nous obtenons, ils obtiennent; j'obtiendrai; j'ai obtenu
occasion [ɔkazjɔ̃] *f* — Gelegenheit
 profiter de/saisir l'~ (pour + *inf*) — die Gelegenheit nutzen/ergreifen
 manquer une ~ — eine Gelegenheit verpassen
 avoir l'~ (de + *inf*) — die Gelegenheit haben (zu)
 à cette/à la première ~ — bei dieser/bei erster Gelegenheit
 à l'~ de — aus Anlaß, anläßlich von
 livre *m* d'~ — verbilligtes, antiquarisches Buch
 voiture *f* d'~ — Gebrauchtwagen

occitan, -e [ɔksitã, ɔksitan] — okzitanisch
occuper [ɔkype] — besetzen
libre/occupé, -e (La ligne est occupée.) — frei/besetzt (Die Leitung ist besetzt.)
être occupé, -e (par qn, qc/à + *inf*) — beschäftigt sein (mit/zu)
s'~ (de) — sich beschäftigen (mit)
On s'occupe de vous? — Werden Sie bedient?
Je vais m'en ~. — Das übernehme *oder* Dafür sorge ich.

octobre [ɔktɔbrə] *m* — Oktober
en ~ *ou* au mois d'~ — im Oktober

odeur [ɔdœr *ou* ɔdœr] *f* (!) — Geruch, Duft

œil [œj] *m* (*pl* yeux [jø]) — Auge
avoir les yeux bleus — blaue Augen haben
voir de ses propres yeux — mit eigenen Augen sehen
jeter un coup d'~ sur qn, qc — auf jdn, etw einen Blick werfen

œillet [œjɛ] *m* — Nelke

œuf [œf, *pl* ø] *m* — Ei
~ dur/à la coque [kɔk] — hart-/weichgekochtes Ei
~s brouillés [bruje]/au plat *ou* sur le plat — Rührei/Spiegeleier
blanc *m*/jaune *m* d'~ — Eiweiß/-gelb

œuvre [œvrə] *f* — *(bes. schöpferisches)* Werk
se mettre à l'~ — sich an die Arbeit machen
~s choisies/complètes — ausgewählte/sämtliche Werke
~ d'art — Kunstwerk
chef-d'~ [ʃɛdœvrə] *m* — Meisterwerk
hors-d'~ *m inv* — Vorspeise
main-d'~ *f* — Arbeit(skräfte, -lohn)

office [ɔfis] *m* — Amt
~ de tourisme — Verkehrsamt

officiel, -le [ɔfisjɛl] — amtlich, offiziell
un document ~ — ein amtliches Papier

offre [ɔfrə] *f* (!) — Angebot
faire/accepter/repousser une ~ — ein Angebot machen/annehmen/ablehnen
~ d'emploi — Stellenangebot

offrir [ɔfrir] (qc/à qn de + *inf*) — anbieten; schenken
j'offre, nous offrons, ils offrent; j'ai offert
~ à boire/à manger — zu trinken/zu essen anbieten

oignon [ɔɲɔ̃] *m* — Zwiebel
soupe *f* à l'~ — Zwiebelsuppe

oiseau [wazo] *m* (-x) — Vogel

olive [ɔliv] *f* — Olive
huile *f* d'~ — Olivenöl
ombre [ɔ̃brə] *f* (!) — Schatten
à l'~ (de) — im Schatten (von)
omnibus [ɔmnibys] *m* — Personenzug
on [ɔ̃] — man; wir
~ frappe/sonne. — Es klopft/klingelt.
~ dit que (+ *ind*) — es heißt, daß
~-dit *m inv* — Gerücht
~ y va? – ~ y va. *fam* — Gehen wir? Fangen wir an? – Auf geht's! Los!
Qu'est ce qu'~ fait ce soir? — Was machen wir heute abend?
oncle [ɔ̃klə] *m* — Onkel
ongle [ɔ̃glə] *m* — Fingernagel
vernis *m* à ~s — Nagellack
O.N.U. [ɔny] *f* (= Organisation des Nations Unies) — UNO (United Nations Organization)
onze [ɔ̃z] — elf
le 11 (onze) juillet — der 11./den, am 11. Juli
onzième (11ᵉ) — elfter, -e, -es (11.)
opéra [ɔpera] *m* (!) — Oper *(Musik/Gebäude)*
à l'~ — in der/die Oper
opération [ɔperasjɔ̃] *f* — *(auch med)* Operation
subir [sybir] une ~ — sich einer Operation unterziehen
opérer [ɔpere] (qn de qc) — (jdn an etw) operieren
j'opère, nous opérons, ils opèrent; j'opérerai [ɔper(ə)re]
se faire ~ — sich operieren lassen
opinion [ɔpinjɔ̃] *f* — Meinung
se faire une ~ — sich eine Meinung bilden
exprimer son ~ — seine Meinung ausdrücken
avoir la même/être de la même ~ (que) — die gleiche Meinung haben/ derselben Meinung sein (wie)
changer d'~ — seine Meinung ändern
liberté *f*/sondage [sɔ̃daʒ] *m* d'~ — Meinungsfreiheit/-umfrage
~ publique — öffentliche Meinung
opposition [ɔpozisjɔ̃] *f* — Gegenüberstellung, Gegensatz, Opposition
or [ɔr] *m* — Gold
d'~ *ou* en ~ — aus Gold
orage [ɔraʒ] *m* — Gewitter; Unwetter
Il fait de l'~. — Es ist (ein) Gewitter.

oral, -e [ɔral] (-aux) — mündlich
(examen) ~ — mündliche Prüfung, Mündliches
orange [ɔrɑ̃ʒ] *nom f/adj inv* — Apfelsine/orange(farben)
jus *m* d'~ — Orangensaft
orangeade [ɔrɑ̃ʒad] *f* — Orangenlimonade
orchestre [ɔrkɛstrə] *m* — Orchester; *(Theater)* Parkett
chef *m* d'~ — Dirigent
ordinaire [ɔrdinɛr] *adj/nom m* — gewöhnlich, üblich/Normalbenzin
vin *m* ~ — Tafelwein
à l'~ *ou* d'~ — gewöhnlich, meistens
ordinateur [ɔrdinatœr] *m* — Computer
à l'~ — per Computer, Computer-
ordonnance [ɔrdɔnɑ̃s] *f* — *(ärztliches)* Rezept
faire *ou* écrire une ~ — ein Rezept ausstellen
sur ~ — auf Rezept
ordre [ɔrdrə] *m* — 1. Ordnung, 2. Befehl
(re)mettre/être en ~ — in Ordnung bringen/sein
mettre de l'~ — Ordnung schaffen
dans l'~ — in der richtigen Reihenfolge
par ~ alphabétique [alfabetik]/chronologique [krɔnɔlɔʒik] — in alphabetischer/chronologischer Reihenfolge
(à l') ~ du jour — (auf der) Tagesordnung
de premier ~ — ersten Ranges, erster Güte
donner l'~ (de + *inf*)/un ~ — den Befehl geben (zu)/einen Befehl geben
oreille [ɔrɛj] *f* — Ohr
avoir l'~ dure — schwerhörig sein
dire qc à l'~ de qn — jdm etw ins Ohr flüstern
boucle *m* d'~ — Ohrring
oreiller [ɔrɛje] *m* — Kopfkissen
organisation [ɔrganizasjɔ̃] *f* — Organisation
manque *m* d'~ — fehlende Organisation
organiser [ɔrganize] — organisieren
~ une fête — ein Fest veranstalten
voyage organisé — Reise mit einer Reisegesellschaft, Pauschalreise
original, -e [ɔriʒinal] (-aux) — original; originell(!)
origine [ɔriʒin] *f* — Ursprung, Herkunft
d'~ française — französischer Abstammung, aus Frankreich
pays *m* d'~ — Ursprungs-, Herkunftsland
à l'~ (de) — ursprünglich, am Anfang (von)
os [ɔs, *pl* o] *m* — Knochen

oser [oze] (qc/+ *inf*) — wagen
si j'ose dire — wenn ich so sagen darf
une pièce osée — ein gewagtes (Theater-)Stück
O.T.A.N. [otã] (= Organisation du traité de l'Atlantique Nord) *f* — NATO (North Atlantic Treaty Organization)
ou [u] — oder
~ bien — oder aber, oder auch
ou … ou — entweder … oder
où [u] — wo/wohin
d'~ — woher
par ~ — wo hindurch, wo entlang
le jour/au moment ~ — an dem Tag/in dem Augenblick, wo
~ ça? *fam* — Wo/Wohin denn? Und wo/wohin?
oublier [ublije] (qn, qc/de + *inf*/que + *ind*) — vergessen
j'oublierai [ublire]
ouest [wɛst] *m* — Westen
à l'~ (de) — im Westen, westlich (von)
l'Allemagne *f* de l'Ouest — Westdeutschland, Bundesrepublik
~-allemand, -e — westdeutsch, Bundes-
Berlin-Ouest — Westberlin
oui [wi] — ja
Je crois que ~. — Ich glaube, ja.
Ah ~? — Ach ja? So?
Mais ~! — Aber ja (doch)!
outil [uti] *m* — Werkzeug
ouverture [uvɛrtyr] *f* — Öffnung; Eröffnung; Ouvertüre
heures *f pl* d'~ — Öffnungszeiten
ouvre-boîte(s) [uvrəbwat] *m inv* — Dosenöffner
ouvre-bouteille(s) [uvrəbutɛj] *m inv* — Flaschenöffner
ouvrier, -ière [uvrije, uvrijɛr] — (Fabrik-)Arbeiter, -in
la classe ~ère — die Arbeiterklasse
ouvrir [uvrir] — öffnen, eröffnen
j'ouvre, nous ouvrons, ils ouvrent; j'ai ouvert
~ un compte — ein Konto eröffnen
Les magasins ouvrent à 9 (neuf) heures [nœvœr]. — Die Geschäfte öffnen um 9.
grand ouvert [grãtuvɛr], grande ouverte — weit offen

entr'ouvert, -e — halboffen
laisser la porte/la fenêtre ouverte — die Tür/das Fenster auflassen

P

page [paʒ] *f* — (Heft-, Buch-)Seite
à la ~ 20 (vingt) — auf Seite 20
tourner la ~ — umblättern, *fig* einen Schlußstrich ziehen
en bas/en haut de la ~ — unten/oben auf der Seite
paie *ou* **paye** [pɛ(j)] *f* — (Arbeits-)Lohn
paiement [pɛmɑ̃] *m* — (Be-)Zahlung; Rate
faire un ~ — eine Zahlung leisten
~ à tempérament [tɑ̃peramɑ̃] — Ratenzahlung
pain [pɛ̃] *m* — Brot
petit ~ — Brötchen
~ complet — *(frz. Art)* Vollkornbrot
pair, -e [pɛr] — gerade *(von Zahlen)*
numéro ~ — gerade Zahl
jours ~s — gerade Tage *(Parkregelung)*
fille *f* au ~ — Au pair-Mädchen
être au ~ — eine Au pair-Stelle haben, Au pair-Mädchen sein
paire [pɛr] *f* — Paar *(bes. von Tieren und Gegenständen)*
une ~ de chaussures/de gants — ein Paar Schuhe/Handschuhe
une ~ de ciseaux/de lunettes — eine Schere/Brille
paix [pɛ] *f* — Frieden, Ruhe
faire la ~ — Frieden schließen
vivre en ~ — in Frieden leben
traité *m* de ~ — Friedensvertrag
avoir la ~ — seine Ruhe haben
laisser qn en ~ — jdn in Ruhe lassen
Fiche-moi la ~! *fam* — Laß mich in Ruhe!
La ~! *fam* — Ruhe!
pâle [pɑl *ou* pal] — blaß
panne [pan] *f* — Panne
tomber/être en ~ — *(bes. Auto)* kaputtgehen/-sein, eine Panne haben
pansement [pɑ̃smɑ̃] *m* — Verband
faire *ou* mettre un ~ — einen Verband anlegen
pantalon [pɑ̃talɔ̃] *m* — (lange) Hose
pape [pap] *m* — Papst

papeterie

papeterie [papɛtri] *f*	Schreibwaren(geschäft)
papier [papje] *m*	Papier
un bout/une feuille de ~	ein Stück/Blatt Papier
mouchoir *m*/serviette *f* en ~	Papiertaschentuch/-handtuch
~ à lettres/à cigarettes	Brief-/Zigarettenpapier
~ hygiénique [iʒjenik]	Toilettenpapier
(*fam* ~ de cabinets)	
~ peint	Tapete
papillon [papijɔ̃] *m*	Schmetterling, *fam* Strafzettel
Pâques [pak] *m*	Ostern
à ~	zu Ostern
paquet [pakɛ] *m*	Paket, Packung
un ~ de cigarettes	eine Schachtel Zigaretten
par [par]	durch
~ la porte/la fenêtre	durch die Tür/durchs Fenster, zur Tür/zum Fenster hinaus
passer ~ Paris	durch Paris kommen, über Paris fahren
~ ici/là	hier entlang; hierher/dort entlang, dort drüben; dorthin; damit, dadurch
~ terre	auf den/dem Boden
~ avion/la poste/le train	per Luftpost/Post/Bahn
~ cette chaleur/cette pluie/ un temps pareil	bei dieser Hitze/diesem Regen/solchem Wetter
~ heure/jour/mois	pro Stunde/Tag/Monat
~ moments	augenblicks-, zeitweise, von Zeit zu Zeit
~ personne/tête	pro Person/Kopf
~ cœur	auswendig
~ écrit	schriftlich
~ amitié/pitié	aus Freundschaft/Mitleid
~ bonheur/miracle [mirakləe]	glücklicherweise/wie durch ein Wunder
~ conséquent	folglich
~ contre	hingegen
~ exemple (p.ex.)	zum Beispiel (z.B.)
paraître [parɛtrə] (qc) (+ avoir)	erscheinen *(auch Buch)*, scheinen
je parais, il paraît, nous paraissons, ils paraissent; j'ai paru	
il paraît que (+ *ind*) (Il paraît qu'il est malade.)	es scheint, daß; anscheinend (Er soll krank sein.)
Vient de ~!	Soeben erschienen! Neuerscheinung! *(Buch)*

parapluie [paraplyi] *m* — Regenschirm
parasol [parasɔl] *m* — Sonnenschirm
parc [park] *m* — Park; Laufstall
parce que [pars(ə)kə] — weil
pardon [pardɔ̃] *m* — Verzeihung
  demander ~ à qn — jdn um Verzeihung bitten
  ~ (Monsieur, Madame *etc*)! — Verzeihung!
  ~? — Wie bitte?
pardonner [pardɔne] — verzeihen
  (qc à qn/à qn de + *inf*)
  Pardonne-/Pardonnez-moi! — Verzeih/Verzeihen Sie mir!
pareil, -le [parɛj, parɛj] — gleich
  C'est ~. — Das läuft aufs selbe raus. Das ist egal.
  Ce n'est pas ~. — Das ist etwas anderes.
  sans ~, -le — ohnegleichen
parent, -e [parɑ̃, parɑ̃t] — verwandt/Verwandter, -e
  adj/nom
  être ~s — verwandt sein
  ~s/beaux-~s — Verwandte, Eltern/Schwiegereltern
paresseux, -euse [parɛsø, parɛsøz] — faul
parfait, -e [parfɛ, parfɛt] — vollkommen
  ~! — Ausgezeichnet!
  ~ement (Tu as ~ement raison.) — ganz und gar (Du hast völlig recht.)
parfois [parfwa] — manchmal
parfum [parfœ̃] *m* — Duft, Parfum; Aroma, (Eis-)Sorte
parisien, -ne [parizjɛ̃, parizjɛn] — pariserisch
  Parisien, -ne — Pariser, -in
parking [parkiŋ] *m* — Parken; Parkplatz
  ~ payant — Parken gebührenpflichtig; gebührenpflichtiger Parkplatz
parler [parle] — sprechen
  ~ allemand/anglais/français — deutsch/englisch/französisch sprechen
  ~ l'allemand/l'anglais/le français — Deutsch/Englisch/Französisch können
  ~ bas/fort *ou* haut — leise/laut sprechen
  N'en parlons plus! — Reden wir nicht mehr davon!
  Tu parles! *fam* — Na klar! Und wie! Von wegen!
parmi [parmi] — unter, von *(mehr als zweien)*
  une possibilité ~ d'autres — eine von mehreren Möglichkeiten

parole [parɔl] *f* — Wort; Sprechen, Sprache
  demander/donner/prendre la ~ — um das Wort bitten/das Wort erteilen/ergreifen
  couper la ~ à qn — jdm das Wort abschneiden
  donner/tenir sa ~ — sein Wort geben/halten
  (Ma) ~ (d'honneur)! — Mein (Ehren-)Wort!
se parquer [parke] — parken
  parquer sa voiture — sein Auto parken
part [par] *f* — (An-)Teil
  prendre ~ à qc — an etw teilnehmen
  faire ~ de qc à qn — jdm etw mitteilen
  faire-~ *m* (de mariage/de naissance/de décès [desɛ]) — (Hochzeits-/Geburts-/Todes-) Anzeige
  à ~ — beiseite; getrennt, extra
  à ~ cela (*fam* ça) — sonst, außerdem
  à ~ moi — von mir abgesehen
  de la ~ de qn (Dites-lui bonjour de ma ~.) — von seiten jds, von jdm (Grüßen Sie ihn von mir.)
  (d'une ~ …,) d'autre ~ — (einerseits …) andrerseits
  de toutes ~s — von, auf, nach allen Seiten
  pour ma ~ — was mich anbelangt
  quelque/(ne …) nulle ~ — irgend-/nirgendwo, nirgends
partager [partaʒe] (avec/entre/en) nous partageons; je partageais; partageant — (auf-, ein)teilen (mit/unter/in)
  ~ une chambre/une opinion — ein Zimmer/eine Meinung teilen
  ~ un gâteau en 12 (douze) — einen Kuchen in 12 Stücke teilen
parti [parti] *m* (!) — Partei
  prendre ~ (pour/contre) — Partei ergreifen (für/gegen)
  ~ de droite/de gauche — Rechts-/Linkspartei
  ~ pris — Voreingenommenheit
participer [partisipe] (à) — teilnehmen, sich beteiligen (an)
  participant, -e — Teilnehmer, -in
particulier [partikylje] *m* — Privatperson
particulier, -ière [partikylje, partikyljɛr] — besonderer, -e, -es, eigen(artig, -tümlich), einzeln, privat
  leçon ~ière — Privat-, Nachhilfestunde
  en ~ — insbesondere
  (tout) ~ièrement — (ganz) besonders
partie [parti] *f* — Teil *(eines Ganzen)*
  diviser en plusieurs ~s — in mehrere Teile teilen
  faire ~ de qc — zu etw gehören
  en ~ — zum Teil

partir [partir] (de/pour) je pars, il part, nous partons, ils partent; je suis parti, -e
abreisen, -fahren, fort-, losgehen (von/nach)

~ à *ou* pour Paris
nach Paris abreisen, -fahren

~ pour la *ou* en France
nach Frankreich abreisen, -fahren

~ en vacances/en voyage
in die Ferien fahren/auf Reisen gehen

C'est bien/mal parti.
Das hat sich gut/schlecht angelassen.

à ~ de Paris/d'aujourd'hui
von Paris/von heute an

partout [partu]
überall

pas [pα *ou* pa] *m*
Schritt

faire un ~ en avant/en arrière
einen Schritt vor/zurück machen

faire les cent ~
auf- und abgehen

~ à ~ [pαzapα *ou* pazapa]
Schritt für Schritt

à chaque ~
bei jedem Schritt

à deux ~ de (à deux ~ d'ici)
ganz in der Nähe von (hier ganz in der Nähe)

pas [pα *ou* pa] *adv*
Negationspartikel

(ne ...) ~ (Je ne sais ~.)
nicht (Ich weiß nicht.)

(ne ...) ~ du tout
überhaupt nicht

~ moi
ich nicht

~ un
nicht einer

Pourquoi ~?
Warum nicht?

~ de quoi!
Keine Ursache! Nicht der Rede wert! Gerne geschehen!

~ encore
noch nicht

même ~
nicht einmal

passage [pasaʒ] *m*
1. Durchgang, -fahrt, -reise; Übergang, 2. (Text-)Stelle, Absatz

être de ~
auf der Durchreise sein

~ interdit!
Durchgang, -fahrt verboten!

~ clouté [klute]
Zebrastreifen

~ souterrain [sutɛrɛ̃]
Unterführung

~ à niveau
Bahnübergang

passager, -ère [pasaʒe, pasaʒɛr]
Reisender, -e, Passagier, -in

passé [pase] *part passé/nom m*
vergangen, vorbei/Vergangenheit

l'année ~e
letztes Jahr

dans le ~
in der Vergangenheit

passeport [paspɔr] *m*
(Reise-)Paß

passer [pase] (+ être/+ avoir) — hin-, vorbei-, vorübergehen, -kommen; vergehen/überqueren, -treffen; ver-, zubringen; (herüber)reichen, *(telef.)* verbinden; *(Prüfung)* ablegen, bestehen

~ à la caisse (+ être) — zur Kasse gehen

~ chez des amies (+ être) — bei Freunden, bei Bekannten vorbeigehen

~ par Paris (+ être) — durch Paris kommen, über Paris fahren

~ devant (+ être) — vorgehen, vorbeigehen, -fahren an

~ sur (+ être) — hinweggehen über *(auch fig)*

~ pour (+ être) — gelten als, gehalten werden für

La douleur/Le temps passe. (+ être) — Der Schmerz/Die Zeit vergeht.

laisser ~ — durch-, vorbei-, vorübergehen lassen

~ la frontière (+ avoir) — die Grenze passieren

~ deux jours/ses vacances (+ avoir) — zwei Tage/seine Ferien verbringen

~ son temps à + *inf* (+ avoir) — seine Zeit damit zubringen, zu

~ le sel (+ avoir) — das Salz reichen

~ un film (+ avoir) — einen Film zeigen

Je vous passe M. Dupont. (+ avoir) — Ich übergebe an *oder* verbinde Sie mit Herrn Dupont. *(Telefon)*

se ~ (Qu'est-ce qui se passe?) — passieren (Was ist los?)

se ~ comme si (+ *ind*!) — sich abspielen, so aussehen, als ob

Tout s'est bien passé. — Es hat alles geklappt.

se ~ de qn, qc — ohne jdn, etw auskommen

pâte [pat] *f* — Teig; Paste, *pl* Teigwaren

patience [pasjɑ̃s] *f* — Geduld

avoir de la ~ — Geduld haben

prendre/perdre ~ — sich gedulden/die Geduld verlieren

patient, -e [pasjɑ̃, pasjɑ̃t] *adj/nom* — geduldig/Patient, -in

pâtisserie [patisri] *f* — 1. Gebäck, Kuchen, 2. Konditorei

patron, -ne [patrɔ̃, patrɔn] — Chef, -in; Wirt, -in

pause [poz] *f* — Pause *(außer Theater)*

faire une ~ — eine Pause machen

pauvre [povrə] — arm *(auch fig)*
un homme ~/un ~ homme — ein armer *(mittelloser/ bedauernswerter)* Mann

payer [pɛje *ou* peje] — (be)zahlen
je paye [pɛj *ou* pej]*ou* paie [pɛ *ou* pe], nous payons, ils payent *ou* paient; je payerai *ou* paierai [pɛre *ou* pere]
~ (qc) cher/10 (dix) francs — (etw) teuer bezahlen/ 10 Francs (für etw) zahlen
~ en marks/par chèque/ comptant [kɔ̃tɑ̃] — in Mark/mit Scheck/bar (be)zahlen
parking payant — Parken gebührenpflichtig; gebührenpflichtiger Parkplatz
être payé, -e à l'heure — stundenweise bezahlt werden

pays [pɛi *ou* pei] *m* — Land
~ natal [natal] — Heimat
(avoir le) mal du ~ — Heimweh (haben)
les Pays-Bas — die Niederlande
vin *m* de ~ — Land-, Tischwein

paysage [pɛizaʒ *ou* peizaʒ] *m* — Landschaft

paysan, -ne [pɛizɑ̃, pɛizan *ou* peizɑ̃, peizan] — Bauer, Bäuerin

P.-D.G. [pedeʒe] *m* (= président-directeur général) — Generaldirektor, *fam* großer Boß

péage [peaʒ] *m* — Autobahngebühr, Maut

peau [po] *f* (!) (-x) — Haut; Fell, Leder; (Obst-) Schale

pêche [pɛʃ] *f* — 1. Pfirsich, 2. Fischfang
aller à la ~ — fischen, angeln gehen

pêcheur, -euse [pɛʃœr, pɛʃøz] — Fischer, -in

peigne [pɛɲ] *m* — Kamm

(se) peigner [pɛɲe *ou* peɲe] — (sich) kämmen

peindre [pɛ̃drə] — malen *(Bild, Wand)*, anstreichen
je peins, il peint, nous peignons, ils peignent; j'ai peint

peine [pɛn] *f* — Strafe; Schmerz, Kummer; Mühe
~ de mort — Todesstrafe
faire de la ~ (à qn) — (jdm) leid-, wehtun
avoir de la ~/beaucoup de ~ à + *inf* — Mühe/große Mühe haben, zu
se donner de la ~/beaucoup de ~ (pour + *inf*) — sich Mühe/große Mühe geben
à grand-~ — mit großer Mühe

Cela (*fam* Ça) vaut/ne ou n'en vaut pas la peine. — Das lohnt sich/lohnt sich nicht.
il vaut/ne vaut pas la ~ de + *inf*/que (+ *subj*) — es lohnt sich/lohnt sich nicht, zu/daß
C'est ~ perdue. — Das ist vergebens.

peintre [pɛ̃trə] *m* — (Kunst-, Häuser-)Maler
peinture [pɛ̃tyr] *f* — Malerei, Gemälde; Anstrich, Farbe

~ à l'huile — Ölgemälde
~ fraîche! — Frisch gestrichen!

pelouse [p(ə)luz] *f* — Rasen
~ interdite! — Rasen nicht betreten!

(se) pencher [pɑ̃ʃe] — (sich) neigen, beugen
pendant [pɑ̃dɑ̃] — während *prp*
~ le travail — während der Arbeit
~ que (+ *ind*) (~ que je travaille) — während *conj* (während ich arbeite)

pénible [peniblə] — mühsam, lästig, peinlich
pensée [pɑ̃se] *f* — Denken; Gedanke
penser [pɑ̃se] (à qc/que) — denken, meinen
Je pense comme toi/vous. — Ich denke wie du/Sie.
Penses-tu?/Pensez-vous? — Meinst du/Meinen Sie (wirklich)?

Tu penses!/Vous pensez! *ou* Penses-tu!/Pensez-vous! — Wo denkst du/denken Sie hin! Ach wo! Nicht die Spur!
~ du bien/du mal de qn — Gutes/Schlechtes von jdm denken
~ que (+ *ind*)/ne pas ~ que (+ *subj*) — glauben/nicht glauben, daß
~ à qn, qc/à + *inf* — an jdn, etw denken/daran denken, nicht vergessen, zu
faire ~ à qn, qc — an jdn, etw denken lassen, an jdn, etw erinnern
~ + *inf* — beabsichtigen, damit rechnen, zu

pension [pɑ̃sjɔ̃] *f* — Pension (1. Ruhegehalt, 2. Fremdenheim)
demi-~/~ complète — Halb-/Vollpension
Pentecôte [pɑ̃tkot] *f* — Pfingsten
perdre [pɛrdrə] — verlieren
je perds, nous perdons, ils perdent; j'ai perdu
~ connaissance/patience — das Bewußtsein/die Geduld verlieren
~ au jeu — beim Spiel verlieren
~ de vue — aus den Augen verlieren

n'avoir pas de temps à ~	keine Zeit zu verlieren haben
C'est peine perdue.	Das ist vergebens.
Tout est perdu.	Es ist alles verloren.
Verre perdu!	*(Flasche, Glas)* Ohne Pfand!
se sentir perdu, -e	sich verloren, hilflos vorkommen
se ~	verlorengehen, sich verlieren; sich verirren

père [pɛr] *m* — Vater
~ de famille — Familienvater
beau-/grand-~ (*pl* grands-~s) — Schwieger-/Großvater
périmé, -e [perime] — abgelaufen, ungültig
(*inf* se périmer)
périphérique [periferik] *m* (!) — *Pariser Umgehungsautobahn*
permanence [pɛrmanɑ̃s] *f* — Bereitschaftsdienst
être de ~ — Bereitschaftsdienst haben
en ~ — ohne Unterbrechung, ständig
permanent, -e — ständig
[pɛrmanɑ̃, pɛrmanɑ̃t]
permanente [pɛrmanɑ̃t] *f* — Dauerwelle
permettre [pɛrmɛtrə] (qc/qc à — erlauben
qn/à qn de + *inf*/que + *subj*)
je permets, il permet, nous
permettons, ils permettent;
j'ai permis

Tu permets?/Vous permettez?	Du erlaubst?/Sie erlauben? Darf ich?
Permettez-moi de vous présenter le nouveau directeur.	Darf ich Ihnen den neuen Direktor vorstellen?
se ~ (qc/de + *inf*)	sich erlauben

permis [pɛrmi] *m* — Erlaubnis(schein)
~ de conduire/de séjour — Führerschein/Aufenthaltsgenehmigung
permission [pɛrmisjɔ̃] *f* — Erlaubnis
demander/obtenir la ~ (de + *inf*) — die Erlaubnis erbitten/bekommen
avec votre ~ — mit Ihrer Erlaubnis
personnage [pɛrsɔnaʒ] *m* — Persönlichkeit; Figur, Rolle *(Theater, Literatur)*
personne [pɛrsɔn] *f* — Person
en/par ~ — in/pro Person
(ne ...) ~ (Il n'y a ~.) — niemand (Es ist keiner da.)
pour une ~/deux ~s — für eine Person/zwei Personen
personnel [pɛrsɔnɛl] *m* — Personal

personnel

personnel, -le [pɛrsɔnɛl] — persönlich
  C'est ~. — Es ist privat. *(z. B. Telefongespräch)*

persuader [pɛrsɥade] (qn/qn de qc/qn de + *inf*/qn que + *ind*) — überreden, überzeugen
  être persuadé, -e que (+ *ind*)/ ne pas être persuadé, -e que (+ *subj*) — überzeugt/nicht überzeugt sein, daß

peser [p(ə)ze] — wiegen *(Gewicht haben/abwiegen)*
  je pèse, nous pesons, ils pèsent; je pèserai [pɛzre]
  ~ lourd (!) — schwer sein
  ~ le pour et le contre — Pro und Contra abwägen

petit, -e [p(ə)ti, p(ə)tit] — klein
  tout ~, toute ~e — ganz klein
  ~-fils, ~e-fille, ~s-enfants — Enkel, -in, Enkelkinder
  ~ pain/pois — Brötchen/Erbse
  ~ à ~ [ptitapti] — nach und nach

pétrole [petrɔl] *m* — (Erd-)Öl

peu [pø] — wenig
  peu – moins – le moins — wenig – weniger – am wenigsten; das wenigste
  assez/très/trop ~ — ziemlich/sehr/zu wenig
  ~ à ~ — nach und nach
  ~ pratique — nicht sehr praktisch
  dormir ~/un ~ — wenig/etwas schlafen
  ~ de/un ~ de beurre — wenig/etwas Butter
  ~ de gens — wenige Leute
  en ~ de mots — in wenigen Worten, kurz
  avoir ~ d'importance — keine große Bedeutung haben
  C'est ~ de chose. — Das ist eine Kleinigkeit.
  à ~ près — ungefähr
  ~ après — kurz danach, wenig später
  sous/depuis ~ — binnen/seit kurzem

peuple [pœplə] *m* — (*auch* einfaches) Volk

peur [pœr] *f* — Angst
  avoir (très) ~ (de qn, qc/de + *inf*/que … (ne) + *subj*) — (große) Angst haben
  faire ~ (à qn) — (jdm) Angst machen
  mourir de ~ — vor Angst sterben
  de ~ de + *inf*/que … (ne) (+ *subj*) — aus Angst, daß

peut-être [pøtɛtrə] — vielleicht
  ~ que (+ *ind*) — es kann sein, daß

phare [far] *m* — Leuchtturm; Scheinwerfer
~s code — Abblendlicht
pharmacie [farmasi] *f* — Apotheke
photo [fɔto] *f* (!) — Foto, Aufnahme
faire *ou* prendre une ~ (de) — fotografieren, ein Bild machen (von)
~ en noir et blanc/en couleurs — Schwarzweiß-/Farbfoto
album [albɔm] *m* de ~s — Fotoalbum
appareil-~ *m* — Fotoapparat
phrase [fraz] *f* — Satz
physique [fizik] *adj* — physisch, äußerlich; physikalisch
physique [fizik] 1. *m*, 2. *f* — 1. Äußeres, Aussehen *(auch eines Menschen),* 2. Physik
piano [pjano] *m* — Klavier
jouer du ~ — Klavier spielen
pichet [piʃɛ] *m* — Krug *(Wein usw.)*
pièce [pjɛs] *f* — 1. *(auch* Geld-, Theater-*)* Stück, 2. Zimmer
10 (dix) francs la ~ — 10 Francs das Stück
~ de 10 francs — 10-Franc-Stück
~ d'identité — Ausweispapier
~ de théâtre/de rechange — Theaterstück/Ersatzteil
deux-~s *m inv* — 1. zweiteiliges Kleid, zweiteiliger Badeanzug, 2. Zweizimmerwohnung
pied [pje] *m* — Fuß
de la tête aux ~s — von Kopf bis Fuß
(être/aller/venir) à ~ — zu Fuß (sein/gehen/kommen)
au ~ de — am Fuße von
casser les ~s à qn *fam* — jdm auf die Nerven gehen
marcher sur le ~/les ~s de qn — jdm auf den Fuß/die Füße treten *(auch fig)*
~s nus *ou* nu-~s (!) — barfuß
~-noir *m fam* — Algerienfranzose
coup *m* de ~ — Fußtritt
doigt *m* de ~ — Zehe
sur la pointe des ~s — auf Zehenspitzen
pierre [pjɛr] *f* (!) — Stein
de *ou* en ~ — aus Stein
~ précieuse — Edelstein
piéton, -ne [pjetɔ̃, pjetɔn] — Fußgänger, -in
piéton, -ne [pjetɔ̃, pjetɔn] *ou* **piétonnier, -ière** [pjetɔnje, pjetɔnjɛr] — Fußgänger-

rue *ou* zone piétonne *ou* piétonnière	Fußgängerzone
pigeon [piʒɔ̃] *m*	Taube
piger [piʒe] *fam*	kapieren
nous pigeons; je pigeais; pigeant	
T'as pigé?	Kapiert?
pile [pil] *f*	1. (Geräte-, Taschenlampen-)Batterie, 2. Stoß, Stapel
pile [pil] *adv fam*	genau, im richtigen Augenblick
8 (huit) heures ~	genau 8 (Uhr)
pilule [pilyl] *f*	Pille
prendre la ~	die (Antibaby-)Pille nehmen
pince [pɛ̃s] *f*	Zange, Klammer
~ à cheveux/à linge	Haar-/Wäscheklammer
pipe [pip] *f*	Pfeife
pique-nique [piknik] *m*	Picknick
piquer [pike]	stechen *(Nadel, Insekt, Rauch); fam* klauen
piqûre [pikyr] *f*	Stich *(Nadel, Insekt); med* Spritze
faire une ~ (à qn)	(jdm) eine Spritze geben
~ de moustique	Mückenstich
pire [pir] *adj*	schlimmer
mauvais – pire – le pire	schlecht *oder* schlimm – schlimmer – der, die, das schlimmste, am schlimmsten
s'attendre au ~	auf das Schlimmste gefaßt sein
pis [pi] *adv*	schlimmer
mal – pis – le pis	schlecht *oder* schlimm – schlimmer – am schlimmsten
Tant ~!	Da kann man nichts machen! Was soll's!
Tant ~ pour lui!	Pech für ihn!
piscine [pisin] *f*	Schwimmbad
à la ~	im/ins Schwimmbad
~ couverte/en plein air	Hallen-/Freibad
pitié [pitje] *f*	Mitleid
avoir ~ (de qn)	(mit jdm) Mitleid haben
faire ~ (à qn)	(jds) Mitleid erregen
par/sans ~	aus Mitleid/erbarmungslos
placard [plakar] *m*	(Einbau-)Schrank

place [plas] *f* — Platz
  prendre ~ — sich (hin-)setzen
  changer de ~ — seinen Platz wechseln
  changer qc de ~ — etw umstellen
  à la ~ de — anstelle von
  sur ~ — an Ort und Stelle
  ~ assise — Sitzplatz
plafond [plafɔ̃] *m* — (Zimmer-)Decke
  au ~ — an der/die Decke
plage [plaʒ] *f* — Strand
  à *ou* sur la ~ — am/an den Strand
se plaindre [plɛ̃drə] (de qn, qc/de + *inf*/que + *subj*) — sich beklagen, beschweren
  je me plains, il se plaint, nous nous plaignons, ils se plaignent; je me suis plaint, -e
plainte [plɛ̃t] *f* — (Weh-, Gerichts-)Klage
  porter ~ contre qn — jdn anzeigen
plaire [plɛr] — gefallen
  (à qn/à qn de + *inf*)
  je plais, il plaît, nous plaisons, ils plaisent; j'ai plu
  s'il te/s'il vous plaît (s.v.p.) — bitte
  se ~ (Je me plais ici.) — sich wohlfühlen, gerne sein (Hier gefällt es mir.)
plaisanter [plɛzɑ̃te] — scherzen
  Tu plaisantes!/Vous plaisantez! — Das ist nicht dein/Ihr Ernst!
plaisanterie [plɛzɑ̃tri] *f* — Scherz, Spaß, Spott
  faire une ~ *ou* des ~s — scherzen
plaisir [plɛzir *ou* plezir] *m* — Vergnügen, Freude, Lust
  avoir le ~ (de + *inf*) — das Vergnügen haben (zu)
  C'est un ~. — Das ist ein Vergnügen.
  il est un ~ de + *inf* — es ist eine Freude, zu
  faire ~ — Vergnügen, Freude, Spaß machen
  faire ~ à qn (Cela [*fam* Ça] me fait ~!) — jdm einen Gefallen tun (Ich tu's gerne!)
  faire le ~ à qn de + *inf* (Fais-moi le ~ de te laver les mains.) — jdm den Gefallen tun, zu (Wasch dir bitte die Hände.)
  avec/par ~ — mit Vergnügen, gern/zum Vergnügen, zum Spaß
plan [plɑ̃] *m* — Plan; Projekt
  ~ de la ville — Stadtplan
  (au) premier/(à l')arrière-~ — (im) Vorder-/Hintergrund

planche à voile [plɑ̃ʃavwal] *f* — Surfbrett
plancher [plɑ̃ʃe] *m* — Fußboden
plante [plɑ̃t] *f* — Pflanze
plastique [plastik] *adj/nom m* — plastisch/Plastik, Kunststoff
en (matière) ~ — aus Plastik, Kunststoff
plat [pla] *m* — Schüssel; *(Speisen)* Gang, Gericht
~ froid/garni [garni]/du jour — kaltes Gericht/Gericht mit Gemüsebeilagen/Tagesgericht

plat, -e [pla, plat] — flach
assiette ~e — flacher Teller
des talons ~s — niedrige Absätze
avoir un pneu à ~ *fam* — einen Platten haben
plateau [plato] *m* (-x) — Tablett; Hochebene
plein, -e [plɛ̃, plɛn] — voll
faire le ~ d'ordinaire/de super (Le ~, s'il vous plaît!) — Normal/Super (voll)tanken (Bitte volltanken!)
à moitié ~ — halbvoll
~e lune — Vollmond
~e saison — Hochsaison
~-emploi *m* — Vollbeschäftigung
en ~ air — im Freien
en ~ Paris/~e nuit — mitten in Paris/in der Nacht
pleurer [plœre] — weinen
~ de douleur/de joie — vor Schmerz/Freude weinen
se mettre à ~ — zu weinen anfangen
pleuvoir [pløvwar] — regnen
il pleut; il pleuvra; il a plu
~ sans arrêt/à verse [vɛrs] — unaufhörlich/in Strömen regnen, gießen
plier [plije] — falten, biegen
je plierai [plire]
lit/siège pliant — Klappbett/-stuhl
plonger [plɔ̃ʒe] — *(auch etw)* tauchen
nous plongeons;
je plongeais; plongeant
se ~ dans — sich versenken, vertiefen in *(fig)*
pluie [plɥi] *f* — Regen
la plupart [plypar] — der, die, das meiste, die meisten
~ du temps/des gens — die meiste Zeit/die meisten Leute
dans ~ des cas — in den meisten Fällen, meistens

plus [ply] — mehr
  beaucoup – plus [-ys] – le plus [-ys] — viel – mehr – am meisten; das meiste
  le ~ [-ys] possible — so viel wie möglich
  grand, -e – ~ [-y] grand, -e (que) – le ~ [-y] grand, la ~ grande — groß – größer (als) – am größten, der, die, das größte
  la ~ grande maison *ou* la maison la ~ grande — das größte Haus
  vite – ~ [-y] vite (que) – le ~ [-y] vite — schnell – schneller (als) – am schnellsten
  le ~ grand/vite possible — so groß/schnell wie möglich
  ~ tôt/tard — früher/später
  ~ souvent/rarement — öfter/nicht so oft
  ~ près/loin — näher/weiter
  de ~ près/loin — aus der Nähe/aus größerer Entfernung
  ~ ou moins [plyzumwɛ̃] — mehr oder weniger
  ni ~ [-y] ni moins — nicht mehr und nicht weniger
  (moi) non ~ [-y] — (ich) auch nicht
  (ne …) ~ [-y] jamais/rien — nie mehr/nichts mehr
  ~ [-y] de la moitié/que jamais — mehr als die Hälfte/denn je
  J'en ai ~ [-ys]. — Ich habe mehr davon.
  Je n'en (*fam* J'en) ai ~ [-y]. — Ich habe nicht mehr davon.
  deux ~ [-ys] trois font cinq — zwei plus drei gleich fünf
  de ~ en ~ [plyzɑ̃ply(s)] — immer mehr
  de ~ [-ys] — außerdem, ferner, darüber hinaus
  en ~ [-ys] (de) (Le petit déjeuner est en ~.) — zuzüglich, zusätzlich (zu) (Das Frühstück geht extra.)
  encore ~ [-ys] — noch mehr
  une fois de ~ [-ys] — noch einmal
  (tout) au ~ [-ys] — (aller-)höchstens
  plus [-ys] …, plus [-ys] … (~ on lui donne, ~ il demande.) — je …, desto … (Je mehr man ihm gibt, desto mehr verlangt er.)

plusieurs [plyzjœr] — mehrere
  ~ fois — mehrmals
  ~ d'entre nous — mehrere von uns

plutôt [plyto] (que) — lieber, eher (als)

pluvieux, -euse [plyvjø, plyvjøz] — regnerisch

pneu [pnø] *m* (-s) — Reifen *(Fahrzeug)*
  changer/gonfler un ~ — einen Reifen wechseln/aufpumpen
  avoir un ~ crevé (*fam* ~ à plat) — Reifenpanne, einen Platten haben

poche [pɔʃ] *f* — (Hosen- *u. dgl.*)Tasche
argent *m*/lampe *f*/livre *m* de ~ — Taschengeld/-lampe/-buch
poêle [pwal *ou* pwal] 1. *m*, 2. *f* — 1. Ofen, 2. Pfanne
poésie [pɔezi] *f* — 1. Lyrik, 2. Gedicht
poète, poétesse [pɔɛt, pɔetɛs] — Lyriker, -in, Dichter, -in
poétique [pɔetik] — lyrisch, dichterisch, poetisch
poids [pwa *ou* pwa] *m* — Gewicht
~ lourd — Lastwagen, Lkw
poil [pwal] *m* — Behaarung, Fell
à ~ *fam* — nackt
au ~ *fam* — prima, perfekt
point [pwɛ̃] *m* — Punkt
à un certain ~ — an einem bestimmten Punkt, in einem bestimmten Augenblick
à ~ — gerade richtig, *(Fleisch)* halb durchgebraten, „rosa", „medium"
mettre au ~ — *(Gerät)* einstellen; richtigstellen, überarbeiten; *(Verfahren)* entwickeln
à quel/jusqu'à quel ~ — an welchem/bis zu welchem Punkt
au (*ou* à tel) ~ de + *inf*/que (+ *ind*) — so weit, bis; so sehr, daß
sur ce ~ — in diesem, über diesen Punkt, hierüber
(être) sur le ~ de + *inf* — im Begriff (sein), zu
~ d'eau — Wasserstelle
~ de départ — Ausgangspunkt
~ de vue (au *ou* du ~ de vue économique *ou* de l'economie, *fam* au *ou* du ~ de vue économie) — Aussichts-, Gesichtspunkt (in wirtschaftlicher Hinsicht)

pointe [pwɛ̃t] *f* — Spitze
sur la ~ des pieds — auf Zehenspitzen
heures *f pl* de ~ — (Verkehrs-)Stoßzeit
pointu, -e [pwɛ̃ty] — spitz
pointure [pwɛ̃tyr] *f* — (Schuh-, Handschuh-)Größe
~ 37 (trente-sept) — Größe 37
poire [pwar] *f* — Birne *(Obst)*
poireau [pwaro] *m* (-x) — Lauch, Porree
petit **pois** [pwa *ou* pwa] *m* — Erbse
poisson [pwasɔ̃] *m* — Fisch
~ d'avril — Aprilscherz
poitrine [pwatrin] *f* — Brust

poivre [pwavrə] *m* — Pfeffer
mettre du ~ — pfeffern
steak *m* au ~ — Pfeffersteak
poli, -e [pɔli] — glatt, glänzend, poliert *(auch fig)*, wohlerzogen, höflich
demander (très) ~ment — (sehr) höflich bitten, fragen
police [pɔlis] *f* — Polizei
appeler/aller chercher la ~ — die Polizei rufen/holen
dénoncer [denɔ̃se] qn à la ~ — jdn anzeigen
agent *m*/commissariat *m* de ~ — Polizist/Polizeirevier
policier [pɔlisje] *m* — Polizist
film *m*/roman *m* ~ — Kriminalfilm/-roman
politique [pɔlitik] *adj/nom f* — politisch/Politik
homme *m*/parti *m* ~ — Politiker/(politische) Partei
faire de la ~ — Politik machen
s'intéresser à la ~ — sich für Politik interessieren
polluer [pɔlɥe] — *(Umwelt)* verschmutzen
pollution [pɔlysjɔ̃] *f* — (Umwelt-)Verschmutzung
~ de l'eau/de l'air/de l'environnement — Wasser-/Luft-/Umweltverschmutzung
la Pologne [pɔlɔɲ] — Polen
en Pologne — in/nach Polen
polonais, -e [pɔlɔnɛ, pɔlɔnɛz] — polnisch
Polonais, -e — Pole, -in
pomme [pɔm] *f* — Apfel
tarte *f* aux ~s — Apfelkuchen
~ de terre (*pl* ~s de terre) — Kartoffel
(~s) frites — Pommes frites
pompiers [pɔ̃pje] *m pl* — Feuerwehr
pont [pɔ̃] *m* — Brücke
faire le ~ — *zwischen zwei Feiertagen nicht arbeiten*
~ aérien [aerjɛ̃] — Luftbrücke
populaire [pɔpylɛr] — volkstümlich, Volk-; beliebt, populär
chanson *f* ~ — Schlager
population [pɔpylasjɔ̃] *f* — Bevölkerung
porc [pɔr] *m* — Schwein(efleisch)
côte *m* de ~ — Schweinekotelett
port [pɔr] *m* — 1. Hafen, 2. Porto
au ~ — in dem/den Hafen
~ payé — portofrei
porte [pɔrt] *f* — Tür, *(auch Stadt-)*Tor, Ausgang *(Flughafen)*
frapper à la ~ — an die Tür klopfen
mettre à la ~ — entlassen, rausschmeißen

168 porte-clés

entrer/sortir par la porte	durch die Tür hereinkommen/hinausgehen
La clé (*ou* clef) est sur la ~.	Der Schlüssel steckt (in der Tür).
~ d'entrée	Haustür
porte-clés (*ou* **-clefs**) [-kle] *m inv*	Schlüsselbund
portefeuille [pɔrtəfœj] *m*	Brieftasche
portemanteau [pɔrtmɑ̃to] *m* (-x)	Garderobenständer, Kleiderhaken
porte-monnaie [pɔrtmɔnɛ] *m inv*	Portemonnaie
porte-parole [pɔrtparɔl] *m inv*	(Regierungs- usw.)Sprecher, Wortführer
porter [pɔrte]	(Last, Kleidung) tragen, bringen
~ la barbe/un nom	einen Bart/einen Namen tragen
~ la responsabilité	die Verantwortung tragen
~ bonheur/malheur	Glück/Unglück bringen
~ secours (à qn)	(jdm) Hilfe leisten
~ plainte contre qn	jdn anzeigen
se ~ bien/mal	sich gut/schlecht befinden
le Portugal [pɔrtygal]	Portugal
au Portugal	in/nach Portugal
portugais, -e [pɔrtygɛ, pɔrtygɛz]	portugiesisch
Portugais, -e	Portugiese, -in
poser [poze]	(hin-, nieder-)legen, setzen, stellen
~ une question (à qn)	(jdm) eine Frage stellen
Cela (*fam* Ça) pose un problème.	Das ist problematisch.
positif, -ve [pozitif, pozitiv]	positiv
critique/réaction/réponse ~ve	positive Kritik/Reaktion/Antwort, günstiger Bescheid
position [pozisjɔ̃] *f*	Lage, Stellung, Position
posséder [pɔsede] je possède, nous possédons, ils possèdent; je posséderai [pɔsɛdre]	besitzen
possession [pɔsɛsjɔ̃] *f*	Besitz
avoir en sa ~	in seinem Besitz haben
prendre ~ de qn, qc	von jdm, etw Besitz ergreifen
possibilité [pɔsibilite] *f*	Möglichkeit
avoir la ~ de + *inf*	die Möglichkeit haben, zu

possible [pɔsiblə] | möglich
(de + *inf*/que + *subj*) |
faire (tout) son ~ | sein (Aller-)Möglichstes tun
le plus grand/vite ~ | so groß/schnell wie möglich
autant que ~ *ou* le plus ~ | so viel wie möglich
si ~ | wenn möglich
postal, -e [pɔstal] (-aux) | Post-
carte ~e | Postkarte
code [kɔd] ~ | Postleitzahl
poste [pɔst] 1. *f*, 2. *m* | 1. Post(amt), 2. (*auch* Wacht-) Posten, Stelle; (Radio-, Fernseh-)Gerät
aller/mettre à la ~ | zur Post gehen/bringen
par la ~ | mit der, per Post
~ restante! | Postlagernd!
bureau *m* de ~ | Postamt
~ de police | Polizeiwache
~ de secours | Rettungsposten
~ de radio/de télévision | Radio/Fernseher
allumer/éteindre le ~ | das (Radio-, Fernseh-)Gerät an-/ausschalten
pot [po] *m* | Topf, Kanne
aller prendre un ~ *fam* | einen trinken gehen
avoir du ~ *fam* | Schwein haben
~ de fleurs | Blumentopf
potable [pɔtablə] | trinkbar
Eau (non) ~! | (Kein) Trinkwasser!
potage [pɔtaʒ] *m* (!) | Suppe
poubelle [pubɛl] *f* | Abfall-, Mülleimer
poudre [pudrə] *f* | Pulver, (*auch* Schmink-)Puder
poulet [pulɛ] *m* | Hühnchen, Hähnchen
poupée [pupɛ] *f* | Puppe
jouer à la ~ | mit Puppen spielen
pour [pur] | für; um zu; nach
être ~ qn, qc | für jdn, etw sein
être ~ *fam* | dafür sein
passer ~ qn, qc | als jd, etw gelten, für jdn, etw gehalten werden
le ~ et le contre | das Für und Wider
Chacun ~ soi. | Jeder für sich.
~ ma part | für mein Teil, was mich anbelangt
~ 100 (cent) francs | für 100 Francs
~ cent *m inv* | Prozent
~ le moment/une semaine/toujours | für den Augenblick/eine Woche/immer

pour cette fois/une fois	für dieses/dieses eine Mal
une fois ~ toutes	ein für allemal
~ quand? – ~ mercredi.	Für *oder* Bis wann? – Für *oder* Bis Mittwoch.
partir ~ Paris	nach Paris (ab)fahren
le train/les voyageurs ~ Paris	der Zug/die Reisenden nach Paris
~ cette raison	aus diesem Grund
c'est ~ cela (*fam* ça) que	das ist der Grund, weshalb
~ + *inf*/que (+ *subj*)	um zu/damit
pourboire [purbwar] *m*	Trinkgeld
pourcentage [pursɑ̃taʒ] *m*	Prozentsatz
pourquoi [purkwa]	warum
c'est ~	deshalb
~ pas?	Warum nicht?
poursuivre [pursɥivrə] je poursuis, il poursuit, nous poursuivons, ils poursuivent; j'ai poursuivi	(*auch Sache, Ziel*) verfolgen, fortsetzen
pourtant [purtɑ̃]	dennoch
pourvu que [purvykə] (+ *subj*)	vorausgesetzt, daß
Pourvu qu'il vienne!	Hoffentlich kommt er!
pousser [puse]	stoßen, drücken, (an)treiben
~ qn à + *inf*	jdn (an)treiben, zu
(Sonnez et) Poussez!	(Klingeln und) Drücken! (*Haustür*)
poussière [pusjɛr] *f*	Staub
pouvoir [puvwar] je peux (puis-je?), tu peux, il peut, nous pouvons, vous pouvez, ils peuvent; je pourrai; j'ai pu; que je puisse	können, dürfen
Je n'en peux plus.	Ich kann nicht mehr. Ich halte es nicht mehr aus.
peut-être	vielleicht
Cela (*fam* Ça) se peut.	Das kann sein.
il se peut que (+ *subj*)	es kann sein, daß
pouvoir [puvwar] *m*	Macht
arriver/être au ~	an die Macht kommen/an der Macht sein
plein(s) ~(s)	Vollmacht
pratique [pratik]	praktisch
C'est (très) ~.	Das ist (sehr) praktisch.
~ment	so gut wie, praktisch

précieux, -euse
[presjø, presjøz]
métal ~/pierre ~-euse
précis, -e [presi, presiz]
avoir une idée ~-e
à 3 (trois) heures ~-es
~-ément! [presizemã] (!)
préciser [presize]
(qc/que + *ind*)
préfecture [prefɛktyr] *f*

préférer [prefere]
(qn, qc/*inf*/que + *subj*)
je préfère, nous préférons,
ils préfèrent; je préférerai
[prefɛr(ə)re]
si tu préfères/vous préférez

~ le train à l'avion

~ partir plutôt que (de) rester
premier, -ière
[prəmje, prəmjɛr]
au ~ (étage) [prəmjɛretaʒ]
(porter) les ~s secours (à qn)
être en ~-ère

voyager en ~-ère (classe)
un billet de ~-ère
matière ~-ère
~ ministre
Première Guerre mondiale
[mɔ̃djal]
le 1er (premier) mai
François [fraswa] Ier
arriver/parler le ~
prendre [prɑ̃drə]
je prends, il prend, nous pre-
nons, ils prennent; prenant;
j'ai pris
~ un café/un verre (*fam* un
pot)
~ un bain/une photo

~ le bus/le métro/la voiture

kostbar, wertvoll

Edelmetall/-stein
genau, bestimmt
eine genaue Vorstellung haben
Punkt 3 Uhr
Genau! Eben!
näher bestimmen, präzisieren

Präfektur *(Verwaltung eines Departements)*

vorziehen

wenn du das lieber möchtest/
  Sie das lieber möchten
die Bahn dem Flugzeug vor-
  ziehen
lieber abreisen als bleiben
erster, -e, -es

im 1. Stock
(jdm) Erste Hilfe (leisten)
in der Prima *(Oberstufen-
  klasse Gymnasium)* sein
Erster Klasse reisen
eine Fahrkarte Erster Klasse
Rohstoff
Premierminister
Erster Weltkrieg

der 1. Mai
Franz I.
als erster ankommen/sprechen
nehmen

einen Kaffee/ein Gläschen
  trinken
ein Bad nehmen/ein Foto
  machen
den Bus/die U-Bahn/den
  Wagen nehmen

prendre 171

172 prénom

prendre de l'essence	tanken
~ une décision/des mesures	eine Entscheidung treffen/Maßnahmen ergreifen
~ parti/la parole	Partei/das Wort ergreifen
~ son temps	sich Zeit lassen
~ feu/froid	Feuer fangen/sich erkälten
~ note de qc	etw notieren
~ des renseignements	Auskünfte einholen
~ congé/un congè	sich verabschieden/sich beurlauben lassen
~ garde (à qc/de + *inf*)	sich hüten (vor)/aufpassen (auf)
~ part (à)/plaisir (à)	teilnehmen (an)/Gefallen finden (an)
~ au sérieux	ernstnehmen
~ en main	*(eine Angelegenheit)* in die Hand nehmen
~ pour (Pour qui me prenez-vous?)	halten für (Wofür halten Sie mich?)
être pris, -e	besetzt sein *(Platz, Taxi, Person)*, (schon) etw vorhaben
prénom [prenɔ̃] *m*	Vorname
nom et ~	Name und Vorname
appeler qn par son ~	jdn beim Vornamen nennen
préparer [prepare] (qc/qn à qc)	vorbereiten
~ le déjeuner/un examen	das Mittagessen/sich auf ein Examen, eine Prüfung vorbereiten
se ~ (à un examen/pour une conférence/à partir)	sich (auf eine Prüfung/einen Vortrag/die Abreise) vorbereiten
près [prɛ]	nah(e), nahebei
~ de (tout ~ d'ici)	nahe bei (hier ganz in der Nähe)
de ~	aus der Nähe, von nahem
à peu ~	ungefähr
présence [prezɑ̃s] *f*	Anwesenheit, Gegenwart
en ~ de	in Anwesenheit von
~ d'esprit	Geistesgegenwart
présentation [prezɑ̃tasjɔ̃] *f*	Überreichung, Präsentation, Aufmachung; Vorstellung *(von Personen)*
faire les ~s	*(Personen einander)* vorstellen, *(miteinander)* bekanntmachen

présenter [prezɑ̃te]	überreichen, präsentieren, vorzeigen; *(Personen)* vorstellen
se ~	sich an-, darbieten, präsentieren, sich *(zu einer Prüfung u. dgl.)* melden; sich vorstellen
président [prezidɑ̃] *m*	Vorsitzender, Präsident
~-directeur général (P.-D.G.)	Generaldirektor, *fam* großer Boß
~ de la République	Staatspräsident
presque [prɛsk]	fast
presse [prɛs] *f*	Presse
liberté *f* de la ~	Pressefreiheit
agence *f* de ~	Presseagentur
Agence France Presse (A.F.P.)	*amtliche frz. Presseagentur*
sous ~	im Druck *(Buch)*
presser [prese]	(aus)pressen, drücken, zusammen-, bedrängen
(qn, qc/qn de + *inf*)	
~ un fruit	eine Frucht (aus)pressen
~ sur un bouton	auf einen Knopf drücken
être pressé, -e (de + *inf*)	in Eile sein, es eilig haben (zu)
pressing [presiŋ] *m*	Reinigung
pression [presjɔ̃] *f*	Druck
bière *f* (à la) ~	Bier vom Faß
prêt, -e [prɛ, prɛt]	fertig, bereit, entschlossen
~ à tout	zu allem entschlossen
~ à partir	zur Abreise bereit
prétendre [pretɑ̃drə]	beanspruchen, behaupten, vorgeben
(qc/*inf*/que + *ind*)	
prêter [prete]	(ver)leihen
~ de l'argent à qn	jdm Geld leihen
prétexte [pretɛkst] *m*	Vorwand
Ce n'est qu'un ~.	Das ist nur ein Vorwand.
sous ~ de qc/de + *inf*/que (+ *ind*)	unter dem Vorwand von etw/zu/daß
preuve [prœv] *f*	Beweis
donner des ~s	Beweise liefern
prévenir [prevnir]	zuvorkommen; benachrichtigen; warnen
(qn/qn de qc/qn que + *ind*)	
je préviens, il prévient, nous prévenons, ils préviennent; je préviendrai; j'ai prévenu	
~ le médecin/les parents/la police	den Arzt/die Eltern/die Polizei benachrichtigen
Je te/vous préviens.	Ich sage es dir/Ihnen gleich. Ich warne dich/Sie.

prévoir [prevwar] (qc/que + *ind*) je prévois, il prévoit, nous prévoyons, ils prévoient; je prévoirai(!); j'ai prévu
voraus-, vorher-, vorsehen, planen

comme prévu
wie vorgesehen

Ce n'était pas à ~/pas prévu.
Das war nicht vorherzusehen/ nicht vorgesehen.

prier [prije] (qn/qn de + *inf*)
1. beten, 2. bitten

se faire ~
sich bitten lassen

Je t'en/vous en prie.
Ich bitte dich/Sie (darum).

Je t'en/vous en prie!
(Aber) Bitte! Gerne geschehen! Keine Ursache!

prière [prijɛr] *f*
1. Gebet, 2. Bitte

~ de fermer la porte/de ne pas fumer!
(Bitte) Tür schließen!/Nicht rauchen!

principal, -e [prɛ̃sipal] (-aux)
hauptsächlich, Haupt-

rôle ~
Hauptrolle

le ~ est de + *inf*/que (+ *subj*)
die Hauptsache ist, zu/daß

principe [prɛ̃sip] *m*
Prinzip, Grundsatz

avoir des ~s
Prinzipien haben

en/par ~
im/aus Prinzip

printemps [prɛ̃tɑ̃] *m*
Frühling

au (!) ~
im Frühling

priorité [priɔrite] *f*
Vorrang, Vorzug, Priorität; Vorfahrt

laisser *ou* respecter la ~
Vorfahrt lassen

avoir (la) ~
Vorfahrt haben

~ à droite
Vorfahrt von rechts

prise [priz] *f*
Ein-, Entnahme; Steckdose, *auch* Stecker

~ de sang
Blutabnahme

prison [prizɔ̃] *f* (!)
Gefängnis

en ~
im/ins Gefängnis

5 (cinq) ans de ~
5 Jahre Gefängnis

~ à vie
lebenslänglich Gefängnis

prisonnier, -ière [prizɔnje, prizɔnjɛr]
Gefangener, -e

~ de guerre
Kriegsgefangener

privé, -e [prive]
privat

affaire/école/vie ~e
Privatsache/-schule/-leben

entreprise/propriété ~e
Privatunternehmen/-eigentum

en ~
unter vier Augen, unter sich, privat

à titre ~
als Privatperson, privat

prix [pri] *m* — Preis
  demander/dire le ~ — nach dem Preis fragen/den Preis nennen
  augmenter/baisser le ~ — den Preis anheben/senken
  ~ bas/élevé/fixe — niedriger/hoher/Festpreis
  Quel est le ~ de …? — Wieviel kostet …?

probable [prɔbablə] — wahrscheinlich
  il est ~ que (+ *ind ou subj*)/il n'est pas ~que (+ *subj*) — es ist wahrscheinlich/nicht wahrscheinlich, daß
  (très) ~ment — (sehr) wahrscheinlich, vermutlich

problème [prɔblɛm] *m* — Problem
  avoir un ~/des ~s — ein Problem/Schwierigkeiten haben
  résoudre un ~ — ein Problem lösen
  Cela (*fam* Ça) pose un ~. — Das ist problematisch.
  Il n'y a pas de/aucun ~. — Das ist kein/überhaupt kein Problem.

procès-verbal (*pl* -verbaux) [prɔsɛverbal], *fam* **P.-V.** [peve] *m* — Protokoll; Strafzettel
  dresser un ~ — ein Protokoll schreiben; einen Strafzettel ausstellen

prochain, -e [prɔʃɛ̃, prɔʃɛn] — nächst(folgend)er, -e, -es
  lundi ~/la semaine/l'année ~e — nächsten, kommenden Montag/nächste, kommende Woche/nächstes Jahr
  la ~e fois — nächstes Mal
  A la ~e! *fam* — Bis zum nächsten Mal!
  ~ement — demnächst

proche [prɔʃ] (de) — nah(e), nahebei
  le Proche-Orient [ɔrjɑ̃] — der Nahe Osten

production [prɔdyksjɔ̃] *f* — Erzeugung, Herstellung, Produktion; Beibringung, Vorlage

produire [prɔdɥir] — erzeugen, herstellen, produzieren; beibringen, vorlegen
  je produis, il produit, nous produisons, ils produisent; j'ai produit
  ~ un document — ein Dokument, ein Papier beibringen, vorzeigen
  se ~ — sich ereignen

produit [prɔdɥi] *m* — Erzeugnis, Produkt

professeur [prɔfɛsœr], *fam* **prof** [prɔf] *m, f* — Professor, -in, Studienrat, -rätin, Lehrer, -in
  être ~ — Professor *usw.* sein
  ~ d'allemand/de français — Deutsch-/Französischlehrer

profession

profession [prɔfɛsjɔ̃] *f* — Beruf
exercer une ~ — einen Beruf ausüben
~ libérale — freier Beruf

professionnel, -le [prɔfɛsjɔnɛl] — beruflich, berufsmäßig, Berufs-, professionell

profit [prɔfi] *m* — Gewinn, Nutzen, Profit
au ~ de — zugunsten von

profiter [prɔfite] (de) — profitieren (von), Gewinn, Nutzen ziehen (aus)
~ d'une occasion/du beau temps (pour + *inf*) — eine Gelegenheit/das schöne Wetter ausnutzen (um zu)

profond, -e [prɔfɔ̃, prɔfɔ̃d] (*adv* profondément [prɔfɔ̃demɑ̃]!) — tief *(auch fig)*

programme [prɔgram] *m* — Programm(heft), Spiel-, Lehrplan
au ~ — auf dem/das Programm

progrès [prɔgrɛ] *m* — Fortschritt
faire des ~ — Fortschritte machen

progressif, -ve [prɔgrɛsif, prɔgrɛsiv *ou* prɔgre-] — zunehmend; fortschrittlich *(auch polit.)*
~vement — nach und nach

projet [prɔʒɛ] *m* — Projekt, Plan
faire des ~s — Pläne machen

prolonger [prɔlɔ̃ʒe] — verlängern, hinziehen
nous prolongeons;
je prolongeais; prolongeant
se ~ — sich hinziehen

promenade [prɔmnad] *f* — Spaziergang, -fahrt
faire une ~ (à pied/à *ou* en bicyclette *ou* à *ou* en vélo/en voiture) — einen Spaziergang, eine Spazierfahrt (eine Wanderung/Radtour/Autofahrt) machen

se promener [prɔmne] — spazierengehen, -fahren
je me promène, nous nous promenons, ils se promènent; je me promènerai [prɔmɛnre]

promettre [prɔmɛtrə] — versprechen
(qc/qc à qn/à qn de + *inf*/à qn que + *ind*)
je promets, il promet, nous promettons, ils promettent; j'ai promis

prononcer [prɔnɔ̃se] — aussprechen
nous prononçons;
je prononçais; prononçant
~ un mot — ein Wort aussprechen

provisoire 177

~ un discours — eine Rede halten
~ un jugement — ein Urteil fällen
prononciation [prɔnɔ̃sjɑsjɔ̃] *f* — Aussprache
avoir une bonne ~ — eine gute Aussprache haben
à propos [prɔpo] **de** — hinsichtlich
proposer [prɔpoze] — vorschlagen
(qn, qc/qc à qn/à qn de + *inf*/
que + *subj*/à qn que + *subj*)
proposition [prɔpozisjɔ̃] *f* — Vorschlag
faire/accepter/rejeter une ~ — einen Vorschlag machen/annehmen/ablehnen
propre [prɔprə] — 1. eigen, 2. sauber
dans mon/ton *etc* ~ intérêt — in meinem/deinem *usw.* eigenen Interesse
le sens ~ d'un mot — die Grundbedeutung eines Wortes
nom *m* ~ — Eigenname
avoir les mains ~s — saubere Hände haben
propriétaire [prɔprijetɛr] *m, f* — Eigentümer, -in, Hausbesitzer, -in, Vermieter, -in
propriété [prɔprijete] *f* — Eigentum, Besitz
~ privée — Privateigentum
prospectus [prɔspɛktys] *m* — Prospekt
protection [prɔtɛksjɔ̃] *f* — Schutz
~ de l'environnement — Umweltschutz
protestant, -e [prɔtɛstɑ̃, prɔtɛstɑ̃t] *adj/nom* — evangelisch, protestantisch/Protestant, -in
protester [prɔtɛste] — protestieren
prouver [pruve] (qc/qc à qn/ que + *ind*/à qn que + *ind*) — beweisen
Qu'est-ce que cela (*fam* ça) prouve? — Was beweist das?
Cela (*fam* Ça) ne prouve rien. — Das beweist nichts.
provenance [prɔvnɑ̃s] *f* — Herkunft
en ~ de — aus, von (*Zug, Flugzeug*)
provençal, -e [prɔvɑ̃sal] (-aux) — provenzalisch
la Provence [prɔvɑ̃s] — die Provence
en ~ — in der/die Provence
province [prɔvɛ̃s] *f* — Provinz
en ~ — in der/die Provinz
une ville de ~ — eine Provinzstadt
provision [prɔvizjɔ̃] *f* — Vorrat, Deckung (*eines Schecks*); *pl* Proviant
chèque *m* sans ~ — ungedeckter Scheck
faire des ~s — Einkäufe machen, einkaufen
provisoire [prɔvizwar] — provisorisch

prudence [prydɑ̃s] f — Vorsicht
avec/par ~ — vorsichtig/vorsichtshalber
prudent, -e [prydɑ̃, prydɑ̃t] — vorsichtig; vernünftig, klug
(*adv* prudemment!)
Sois/Soyez ~! — Sei/Seien Sie vorsichtig!
il est ~ de + *inf* — es ist vernünftig, zu
prune [pryn] f — Pflaume
P.T.T. [petete] — frz. Post- u. Fernmeldeverwaltung
public [pyblik] m — Öffentlichkeit, Publikum
en ~ — in der Öffentlichkeit, vor allen Leuten
public, -que [pyblik] — öffentlich, staatlich, Staats-
bien/intérêt ~ — Gemeinwohl/öffentliches Interesse
fonction/opinion ~que — öffentlicher Dienst, Staatsdienst/öffentliche Meinung
publicité [pyblisite] — Reklame, Werbung
fam **pub** f
faire de la ~ — Reklame machen
publier [pyblije] — veröffentlichen
puce [pys] f (!) — Floh
marché m aux ~s — Flohmarkt
puer [pɥe] (qc) *fam* — stinken (nach)
Ça pue! — Das stinkt!
~ l'alcool [alkɔl] — nach Schnaps stinken
puis [pɥi] — dann, darauf
Et ~? — 1. Und dann?
2. Na und?
puisque [pɥiskə] (+ *ind*) — da (ja)
~ je te le dis! — Wenn ich es dir doch sage!
pull-over [pylɔvɛr], **pull** [pyl] m — Pullover
(*pl* pull-overs, pulls)
~ à col roulé — Rollkragenpullover
punaise [pynɛz] f — 1. Wanze,
2. Heftzwecke
punir [pynir] (de) — (be)strafen (mit)
~ de prison/de mort — mit Gefängnis/mit dem Tode bestrafen
pur, -e [pyr] — rein, lauter
~e laine — reine Wolle
la ~e vérité — die reine Wahrheit
un ~ hasard — ein reiner Zufall
pyjama [piʒama] m — Pyjama, Schlafanzug
en ~ — im Pyjama
les Pyrénées [pirene] f pl — die Pyrenäen

Q

quai [kɛ] *m*   1. Kai, 2. Bahnsteig
  Accès aux ~s.   Zu den Bahnsteigen.
qualité [kalite] *f*   Qualität; Eigenschaft
  produit *m* de ~   Qualitätserzeugnis
  de bonne/mauvaise ~   von guter/schlechter Qualität
  en ma/ta *etc* ~ de   in meiner/deiner *usw.* Eigenschaft als

quand [kɑ̃]   wann; als, wenn
  depuis/jusque ~   seit/bis wann
  ~ même   trotzdem, immerhin
quant à [kɑ̃ta]   was ... anbelangt
  ~ moi/toi *etc*   was mich/dich *usw.* anbelangt
quantité [kɑ̃tite] *f*   Quantität, Menge
quarante [karɑ̃t]   vierzig
  la semaine de ~ heures   die Vierzigstundenwoche
  ~ et un, -e   einundvierzig
  ~-deux/-trois *etc*   zwei-/dreiundvierzig *usw.*
  quarantième (40e)   vierzigster, -e, -es (40.)
quart [kar] *m*   Viertel; Viertelliter, -pfund
  un ~ d'heure   eine Viertelstunde
  une heure et ~/moins le ~   Viertel nach/vor eins
quartier [kartje] *m*   (*auch* Stadt-)Viertel, Stück
quatorze [katɔrz]   vierzehn
  le 14 (quatorze) juillet   der 14./den, am 14. Juli, frz. *Nationalfeiertag*
  Louis XIV (quatorze!)   Ludwig XIV.
  quatorzième (14e)   vierzehnter, -e, -es (14.)
quatre [katrə]   vier
  le 4 (quatre) janvier   der 4./den, am 4. Januar
  ~-vingts   achtzig
  ~-vingt-un, -e [-vɛ̃œ̃, -vɛ̃yn] (!)   einundachtzig
  ~-vingt-deux/-trois *etc*   zwei-/dreiundachtzig *usw.*
  ~-vingt-dix [-vɛ̃dis]/-onze   neunzig/einundneunzig
  quatrième (4e)   vierter, -e, -es (4.)
  au ~ième (étage)   im vierten Stock
  en ~ième   in der Quarta *(Unterstufenklasse Gymnasium)*

que [kə]   *(interrogativ)* was; *(relativ)* den, die, das; *(Konjunktion)* daß; *(im Vergleich)* als, wie
  ~ faire?   Was tun?
  Qu'en dites-vous?   Was sagen Sie dazu?
  est-ce que ...?   *Frageeinleitung*
  Qu'est-ce ~ c'est (~ ça)?   Was ist (denn) das?

Qu'est-ce qu'il y a? *ou* Qu'est-ce qui se passe?	Was gibt's? Was ist los?
~ c'est beau!	Ist das schön!
ce ~	(das) was *(Akk.)*
le jour ~	der/den, an dem Tag, als
afin [afɛ̃] *ou* pour ~ (+ *subj*)	damit
avant ~ ... (ne) (+ *subj*)	bevor
après ~ (+ *ind*)	nachdem
bien ~ *ou* quoique (+ *subj*)	obwohl
sans ~ (+ *subj*)	ohne daß
pourvu [purvy] *ou* à condition ~ (+ *subj*)	vorausgesetzt, unter der Voraussetzung, daß
à mesure ~ (+ *ind*)	in dem Maße wie
plus grand/vite ~	größer/schneller als
aussi grand/vite ~	ebenso groß/schnell wie
ne ... ~	nur, erst
Québec [kebɛk]	Quebec
le ~	*die Provinz* Quebec
quel, -le [kɛl]	was für ein, -e, *pl* was für; welch(er, -e, -es)
~ le heure est-il?	Wieviel Uhr ist es?
~le idée!	Was für ein *(toller/abwegiger)* Gedanke!
quelconque [kɛlkɔ̃k]	irgendein, x-beliebig
une excuse ~	irgendeine Entschuldigung
quelque [kɛlkə]	irgendein, -e; *pl* einige
~ chose (de bon)	etwas (Gutes)
depuis ~ temps/~s années	seit einiger Zeit/einigen Jahren
~ part	irgendwo
quelquefois	manchmal
quelqu'un, -e, *pl* quelques-uns, -unes	jemand, *pl* einige
question [kɛstjɔ̃] *f*	Frage
poser une ~ (à qn)	(jdm) eine Frage stellen
répondre à une ~	eine Frage beantworten
la ~ est de savoir si/où *etc*	die Frage ist, ob/wo *usw.*
Ce n'est pas la ~.	Darum geht es nicht.
il est ~ de ...	es geht um ...
la personne en ~	die Person, um die es geht
mettre/être en ~	in Frage stellen/stehen
être hors de ~	außer Frage stehen
Il n'en est pas ~! (*fam* Pas ~!)	(Das) Kommt nicht in Frage!
queue [kø] *f*	Schwanz; Schlange *(von Anstehenden)*
faire la ~	Schlange stehen

qui [ki]   *(interrogativ)* wer, wen; *(relativ)* der, die, das
- ~ est-ce?   Wer ist das? Wer ist da?
- ~ sait?   Wer weiß?
- ~ est-ce qui ...?/que ...?   wer?/wen?
- ce ~   (das) was *(Nom.)*
- de/à ~   wessen?/wem?, dessen/dem

quinzaine [kɛ̃zɛn] *f*   *Anzahl von fünfzehn*
- dans une ~ (de jours)   in (ca.) 14 Tagen
- la première ~ du mois   die erste Monatshälfte

quinze [kɛ̃z]   fünfzehn
- (dans) ~ jours   (in) vierzehn Tage(n)
- le 15 (quinze) août [ut]   der 15./den, am 15. August
- quinzième (15ᵉ)   fünfzehnter, -e, -es (15.)

quitter [kite]   verlassen
- Ne quittez pas!   Bleiben Sie am Apparat! *(Telefon)*

quoi [kwa]   was
- ~ donc?   Was denn?
- ~ faire?   Was tun?
- ~ de neuf?   Was gibt's Neues?
- A ~ penses-tu?/pensez-vous?   Woran denkst du/denken Sie?
- A ~ bon?   Wozu?
- après/sans ~   worauf(hin)/ohne das, sonst
- comme ~ *fam*   demzufolge, wonach, wodurch
- avoir de ~ vivre   sein Auskommen haben
- De ~ s'agit-il?   Worum handelt es sich?
- (Il n'y a) Pas de ~!   Keine Ursache!

quoique (+ *subj*)   obwohl

quotidien, -ne [kɔtidjɛ̃, kɔtidjɛn] *adj/nom m*   täglich/Tageszeitung

R

raccrocher [rakrɔʃe]   wieder an-, aufhängen; *(Telefon)* auflegen

raconter [rakɔ̃te]   erzählen
- ~ des histoires   Geschichten erzählen *(auch fig)*

radio [radjo] *f* (!)   1. Radio, 2. Röntgenaufnahme
- à la ~   im Radio
- allumer/éteindre la ~   das Radio ein-/ausschalten
- écouter la ~   Radio hören
- poste *m* de ~   Radiogerät

rafraîchissant, -e
[rafrɛʃisɑ̃, rafrɛʃisɑ̃t *ou* rafre-]
(*inf* rafraîchir)
erfrischend

rafraîchissement
[rafrɛʃismɑ̃] *m*
Erfrischung

servir des ~s
Erfrischungen reichen

raisin [rɛzɛ̃] *m*
Weintraube(n)

acheter/manger du ~
Weintrauben kaufen/essen

une grappe [grap] de ~
eine (ganze) (Wein-)Traube

jus *m* de ~
Traubensaft

~ blanc/noir
grüne/blaue Weintraube(n)

~ sec
Rosine

raison [rɛzɔ̃] *f*
Vernunft, Verstand; Grund, Ursache

avoir ~ (de + *inf*)
recht haben

donner ~ à qn
jdm recht geben

avoir ses/de bonnes ~s
(de + *inf*)
seine/gute Gründe haben

demander/donner la ~ (de)
nach dem Grund fragen/den Grund nennen (für)

perdre la ~
den Verstand verlieren

pour quelle/pour cette ~
aus welchem/aus diesem Grund

en ~ de
aufgrund von

mariage *m* de ~
Vernunftheirat

raisonnable [rɛzɔnablə]
vernünftig, angemessen

il est ~ de (+ *inf*)
es ist vernünftig, zu

ralentir [ralɑ̃tir]
langsamer werden, fahren/verlangsamen

ramasser [ramase]
auf-, einsammeln; aufgabeln

~ ses affaires
seine Sachen zusammenpacken

ramener [ramne]
je ramène, nous ramenons, ils ramènent; je ramènerai
[ramɛnre]
zurückführen, -bringen; nach Hause bringen

rang [rɑ̃] *m*
Reihe(nfolge)

au dernier ~
in der letzten/in die letzte Reihe

ranger [rɑ̃ʒe]
nous rangeons; je rangeais; rangeant
(an-, ein)ordnen, ein-, aufräumen

~ sa chambre/ses affaires
sein Zimmer/seine Sachen aufräumen

rapide [rapid] *adj/nom m*
schnell/D-Zug

~ment
in aller Eile

rappel [rapɛl] *m*	Rückruf *(auch telefonisch)*, Erinnerung *(bes. an ein noch geltendes Verkehrszeichen)*, Mahnung
rappeler [raple] je rappelle, nous rappelons, ils rappellent; je rappellerai [rapɛlre]	zurückrufen; erinnern; wieder anrufen
~ qc à qn/à qn que (+ *ind*)	jdn erinnern an/daran, daß
se ~ (qc/+ *inf passé*/que + *ind*)	sich erinnern (an etw/zu/daß)
rapport [rapɔr] *m*	Bericht; Beziehung, Verhältnis
faire un ~	einen Bericht anfertigen
être en ~ (avec)	in Verbindung stehen (mit)
par ~ à	im Vergleich zu, in bezug auf
Cela (*fam* Ça) n'a aucun ~!	Das hat nichts miteinander zu tun!
rapprocher [raprɔʃe] (de)	näherbringen, annähern (an)
se ~ (de qn, qc)	(jdm, etw) näherkommen, sich (jdm, etw) nähern
rare [rar] (*adv* rarement)	selten
il est ~ de + *inf*/que (+ *subj*)	es ist selten, daß
(se) raser [raze]	(sich) rasieren, *fam* (sich) langweilen
en avoir **ras le bol** [ralbɔl] *fam*	die Nase voll haben
rasoir [razwar] *m/adj fam*	Rasierapparat/langweilig
~ électrique	elektrischer Rasierapparat
rat [ra] *m* (!)	Ratte
rater [rate]	verfehlen, verpassen
~ une occassion/son train	eine Gelegenheit/seinen Zug verpassen
~ un examen	bei einer Prüfung durchfallen
rattraper [ratrape]	wieder ergreifen; einholen; erwischen
ravir [ravir]	rauben; hinreißen, entzücken
ravi, -e (de qn, qc/de + *inf*/que + *subj*)	entzückt (von jdm, etw/zu/daß)
(Je suis) Ravi, -e d'avoir fait votre connaissance.	Es hat mich sehr gefreut, Sie kennenzulernen.
ravissant, -e	entzückend
rayer [rɛje *ou* reje]	(aus-, durch)streichen
rayon [rɛjõ] *m*	1. Strahl, 2. (Regal-)Brett, 3. Abteilung *(Kaufhaus)*
~ de *ou* du soleil	Sonnenstrahl
chef *m* de ~	Abteilungsleiter

réaction [reaksjɔ̃] f — Reaktion *(auch polit.)*
réagir [reaʒir] (à) — reagieren (auf)
réaliser [realize] (qc/que + *ind*) — verwirklichen; sich bewußt werden
réalité [realite] f — Wirklichkeit, Realität
en ~ — in Wirklichkeit
récent, -e [resɑ̃, resɑ̃t] — neu(en Datums)
récemment — neulich, kürzlich
réception [resɛpsjɔ̃] f — Empfang
accuser ~ de — den Empfang bestätigen von *(Brief)*

recevoir [rəsvwar, rsəvwar] — empfangen *(Person, Sache)*, bekommen
je reçois, il reçoit, nous recevons, ils reçoivent; je recevrai; j'ai reçu
~ qn bien/mal — jdn freundlich/unfreundlich empfangen
être reçu, -e (à un examen) — (eine Prüfung) bestehen
recherche [r(ə)ʃɛrʃ] f — Suche, Nachforschung; Forschung
se mettre/être à la ~ (de) — auf der Suche sein/sich auf die Suche machen (nach)
faire de la ~/des ~s — Forschung betreiben/Untersuchungen anstellen
réclamation [reklamasjɔ̃] f — Reklamation, Beanstandung
faire une ~ — eine Reklamation, etw zu beanstanden haben
réclame [reklam] f — Reklame
faire de la ~ — Reklame machen
réclamer [reklame] (auprès de) — Einspruch einlegen (bei)/beanspruchen (von)
recommander [r(ə)kɔmɑ̃de] (qn, qc à qn/à qn de + *inf*) — empfehlen
lettre recommandée — eingeschriebener Brief, Einschreiben
recommencer [r(ə)kɔmɑ̃se] (qc/à *ou* de + *inf*) — wieder (von vorn) anfangen
nous recommençons; je recommençais; recommençant
reconnaître [r(ə)kɔnɛtr] (qn, qc/que + *ind*) — (wieder)erkennen, anerkennen, zugeben
je reconnais, il reconnaît, nous reconnaissons, ils reconnaissent; j'ai reconnu

reconnaissant, -e [r(ə)kɔnɛsɑ̃, r(ə)kɔnɛsɑ̃t] (de)
Je vous serais très ~ de bien vouloir + *inf*

recourir [r(ə)kurir] à

~ à la force
reçu [r(ə)sy] *m* (de)
récupérer [rekypere]
je récupère, nous récupérons, ils récupèrent; je récupérerai [rekypɛr(ə)re]
~ son argent
~ ses forces
réduction [redyksjɔ̃] *f* (à)

faire une ~ (de dix pour-cent)

billet *m* de ~

réduire [redɥir] (à)
je réduis, il réduit, nous réduisons, ils réduisent; j'ai réduit

réel, -le [reɛl]
~lement
refaire [r(ə)fɛr]
je refais, il refait, nous refaisons, vous refaites, ils refont; je referai [rəfre, rfəre]; j'ai refait; que je refasse
référence [referɑ̃s] *f*

se référer [refere] à
je me réfère, nous nous référons, ils se réfèrent; je me référerai [refɛr(ə)re]; je me suis référé, -e
réfléchir [refleʃir] (à *ou* sur)

réflexion [reflɛksjɔ̃] *f*
réfugié, -e [refyʒje]
~ politique

dankbar (für)
Ich wäre Ihnen sehr dankbar, wenn Sie ... könnten. *(Brief)*
Zuflucht nehmen zu, sich wenden an, zurückgreifen auf
Gewalt anwenden
Quittung (über)
wiedererlangen, -bekommen

sein Geld wiederbekommen
wieder zu Kräften kommen
Reduzierung, Verkleinerung, Kürzung, Ermäßigung, Zurückführung (auf)
eine Ermäßigung (um zehn Prozent) gewähren
ermäßigte (Eintritts-, Fahr-) Karte
reduzieren, verkleinern, kürzen, ermäßigen, zurückzuführen (auf); bringen, zwingen (zu)

wirklich, real
in Wirklichkeit
nochmal machen, erneuern

Bezugnahme; Betreff *(Brief)*; Empfehlung(sschreiben)
sich beziehen, sich berufen auf

überlegen, nachdenken (über)
Überlegung
Flüchtling
politischer Flüchtling

refuser [r(ə)fyze] (qn, qc/qc à qn/de + *inf*) — ablehnen, sich weigern
être refusé, -e (à un examen) — (bei einer Prüfung) durchfallen

regard [r(ə)gar] *m* — Blick
jeter un ~ sur — einen Blick werfen auf

regarder [r(ə)garde] — sehen, schauen/ansehen, betrachten; berücksichtigen; betreffen, angehen
~ par la fenêtre — aus dem Fenster sehen
~ la télé/sa montre — fernsehen/auf seine Uhr sehen
~ de près — aus der Nähe betrachten
~ comme — ansehen als, halten für
Cela (*fam* Ça) ne te/vous regarde pas. — Das geht dich/Sie nichts an.
se ~ dans la glace — sich im Spiegel betrachten

régime [reʒim] *m* — 1. Regierungsform, Regime, 2. Diät
être au *ou* suivre un ~ — eine Diät machen

région [reʒjõ] *f* — Gegend

règle [rɛglə] *f* — 1. Lineal, 2. Regel, Vorschrift
observer une ~ — eine Vorschrift beachten
avoir ses ~s — seine Periode, seine Tage haben
exception *f* à la ~ — Ausnahme von der Regel
(être) en ~ — regelrecht, vorschriftsmäßig (sein)
en ~ générale — in der Regel, im allgemeinen
les ~s du jeu — die Spielregeln

règlement [rɛgləmã] *m* — Regelung; Bezahlung

régler [regle] — regeln; (ein)stellen *(Gerät)*; bezahlen
je règle, nous réglons, ils règlent; je règlerai
~ la radio/le moteur/sa montre — das Radio/den Motor (richtig) einstellen/seine Uhr stellen
~ une affaire/une facture — eine Angelegenheit erledigen/eine Rechnung begleichen
~ les détails — die Einzelheiten klären

regretter [r(ə)grɛte *ou* -grete] (qn, qc/de + *inf*/que + *subj*) — bedauern, bereuen; nachtrauern, vermissen
Je regrette. — Bedaure! Tut mir leid!

régulier, -ière [regylje, regyljɛr] — regelmäßig
~ièrement — regelmäßig; normalerweise

reine [rɛn] *f* — Königin

rejoindre [r(ə)ʒwɛ̃drə]
je rejoins, il rejoint,
nous rejoignons [-ʒwaɲɔ̃];
ils rejoignent; j'ai rejoint
~ les autres

wieder zusammenfügen, vereinigen; wieder einholen

die anderen einholen, wiedertreffen

relâche [r(ə)lɑʃ ou r(ə)laʃ]
f ou m

Theaterferien, vorstellungsfreier Tag

relatif, -ve [r(ə)latif, r(ə)lativ]
(à)
~vement

mit Bezug (auf), bezüglich; relativ
verhältnismäßig

relation [r(ə)lasjɔ̃] *f*

(*auch* Liebes-)Beziehung, Verhältnis

avoir des ~s/se mettre en ~ avec

Beziehungen, Verbindungen haben/in Verbindung treten zu

religieux, -euse
[r(ə)liʒjø, r(ə)liʒjøz] *adj/nom*
mariage ~

religiös; fromm/Mönch, Nonne
kirchliche Trauung

religion [r(ə)liʒjɔ̃] *f*
la ~ catholique/protestante

Religion
die katholische/evangelische Religion

remarquable [r(ə)markablə]
il est ~ que (+ *subj*)

bemerkenswert
es ist bemerkenswert, daß

remarquer [r(ə)marke]
(qn, qc/que + *ind*)
Remarque...!/Remarquez...!

bemerken

Du mußt/Sie müssen bedenken...! Bedenken Sie...!

faire ~ qc (à qn)/(à qn) que
(+ *ind*)

(jdn) aufmerksam machen auf etw/darauf, daß

rembourser [rɑ̃burse]
remboursement
[rɑ̃bursəmɑ̃] *m*

zurückzahlen, erstatten
Erstattung

remerciements
[r(ə)mɛrsimɑ̃] *m pl*

Dank

avec tous mes ~s

mit bestem Dank

remercier [r(ə)mɛrsje]
(qn!/qn de *ou* pour qc)
Je vous remercie (beaucoup).
En vous remerciant à l'avance *ou* d'avance...

danken

Ich danke Ihnen (sehr).
Mit bestem Dank im voraus...
(*Brief*)

remettre [r(ə)mɛtrə]
je remets, il remet, nous
remettons, ils remettent;
j'ai remis
~ à plus tard
se ~ (de qc)

1. wieder (hin)setzen, -stellen, -legen; wieder anziehen, aufsetzen, 2. ab-, übergeben, 3. auf-, verschieben
auf später verschieben
sich (von etw) erholen

188 remorquer

remorquer [r(ə)mɔrke] — (ab)schleppen
remplacer [rɑ̃plase] — ersetzen; vertreten
nous remplaçons; je remplaçais; remplaçant
remplir [rɑ̃plir] (de) — (an-, aus-, er)füllen (mit)
~ une bouteille — eine Flasche füllen
~ une fiche — einen Zettel ausfüllen
~ une fonction — eine Funktion erfüllen
rencontre [rɑ̃kɔ̃trə] f (!) — Begegnung
aller/venir à la ~ de qn — jdm entgegengehen/-kommen
(se) rencontrer [rɑ̃kɔ̃tre] — (sich) begegnen, treffen
rendez-vous [rɑ̃devu] m — Verabredung, Termin
avoir ~ ou un ~ (avec/chez) — verabredet sein (mit/bei)
donner ~ à ou prendre ~ avec qn — mit jdm einen Termin ausmachen
sur ~ — nach Vereinbarung
rendre [rɑ̃drə] — zurück-, wiedergeben; abgeben; (wieder) von sich geben, (sich) erbrechen
je rends, il rend, nous rendons, ils rendent; j'ai rendu
~ un livre — ein Buch zurückgeben
~ la monnaie — das Wechselgeld herausgeben
~ (un) service à qn — jdm einen Dienst erweisen
~ visite à qn — jdn besuchen
~ qn heureux, -euse/malade — jdn glücklich/krank machen
~ qc possible — etw möglich machen
se ~ (à qn) — sich (jdm) ergeben
se ~ à Paris/en France — sich nach Paris/Frankreich begeben
se ~ compte (de qc/que + *ind*) — sich klarwerden, merken
renoncer [r(ə)nɔ̃se] — verzichten
(à qc/à + *inf*)
nous renonçons; je renonçais; renonçant
renouveler [r(ə)nuvle] — erneuern, wiederholen
je renouvelle, nous renouvelons, ils renouvellent; je renouvellerai [rənuvɛlre]
(faire) ~ sa carte d'identité — seinen Personalausweis erneuern (lassen)
renseignement [rɑ̃sɛɲmɑ̃] m — Auskunft
chercher/donner des ~s — Auskünfte einholen/erteilen
bureau m de ~s — *(Bahnhofs- und dgl.)* Auskunft
renseigner [rɑ̃sɛɲe] (qn!) — (jdm) Auskunft geben
se ~ (sur) — sich erkundigen (nach)

rentrée [rɑ̃tre] *f*	Rückkehr; Schul-, Semesteranfang
à la ~	bei Schul-, Semesteranfang, nach den Sommerferien, der Sommerpause
rentrer [rɑ̃tre] (+ être/+ avoir)	wieder eintreten, hineingehen, -kommen, zurückkehren; nach Hause gehen, kommen; hineingehören, -passen/ (hin)einfahren, (her)einziehen
~ dans sa chambre/en Allemagne (+ être)	in sein Zimmer/nach Deutschland zurückkehren
Les classes rentrent le 15 (quinze) septembre. (+ être)	Die Schule fängt am 15. September wieder an.
~ dans une catégorie (+ être)	in eine Kategorie gehören
Les bagages ne rentrent pas dans le coffre. (+ être)	Das Gepäck geht nicht in den Kofferraum.
~ dans un arbre *fam* (+ être)	gegen einen Baum fahren
~ la voiture au garage (+ avoir)	das Auto in die Garage fahren
renverser [rɑ̃vɛrse]	umdrehen, -kehren, -kippen, -stoßen, -werfen; *(mit dem Auto)* überfahren
renvoyer [rɑ̃vwaje] je renvoie, nous renvoyons, ils renvoient; je renverrai; j'ai renvoyé	zurück-, wegschicken; entlassen, hinauswerfen; verschieben; verweisen
~ à une autre date	auf ein anderes Datum verschieben
~ à la page 17 (dix-sept)	auf Seite 17 verweisen
réparation(!) [reparasjɔ̃] *f*	Reparatur; Wiedergutmachung
en ~	in der Reparatur
réparer [repare]	reparieren; wieder gutmachen
repartir [r(ə)partir] je repars, il repart, nous repartons, ils repartent; je suis reparti, -e	abreisen, -fahren, wieder losgehen
repas [r(ə)pɑ *ou* r(ə)pa] *m*	Mahl(zeit), Essen
repasser [r(ə)pase] (+ être/+ avoir)	wieder vorbeigehen, -kommen/ wieder überqueren; nochmal (herüber-, herum-)reichen; nochmal durchgehen, überprüfen, *(Lektion, Prüfung)* wiederholen; bügeln

repasser (+ être) le soir/par Paris — am Abend wiederkommen/wieder über Paris kommen
fer m à ~ — Bügeleisen

répéter [repete] (qc/que + *ind*) — wiederholen; *(Theater)* proben
je répète, nous répétons, ils répètent; je répéterai [repɛtre] (!)

répétition [repetisjɔ̃] *f* — Wiederholung; (Theater- u. *dgl.*)Probe

répondre [repɔ̃drə] (qc/de + *inf*/que + *ind*) — antworten
je réponds, il répond, nous répondons, ils répondent; j'ai répondu
~ à qn/à qc — jdm/auf etw antworten
~ de qn, qc — für jdn, etw die Verantwortung übernehmen, aufkommen

Répondez, s'il vous plaît (R.s.v.p.) — Um Antwort wird gebeten (U.A.w.g.)
Ça ne répond pas. — Es nimmt keiner ab. *(Telefon)*

réponse [repɔ̃s] *f* — Antwort
donner/recevoir une ~ (affirmative [afirmativ] *ou* positive/négative) — einen (günstigen/abschlägigen) Bescheid geben/erhalten
en ~ à (votre lettre) — in Beantwortung (Ihres Briefes)

reportage [r(ə)pɔrtaʒ] *m* (!) (sur) — Reportage
~ télévisé — Fernsehübertragung

repos [r(ə)po] *m* — Ruhe, Erholung

se reposer [r(ə)poze] — (sich) ausruhen

reprendre [r(ə)prɑ̃drə] — wieder losgehen, wieder anfangen/zurück-, wieder-, noch einmal nehmen
je reprends, il reprend, nous reprenons, ils reprennent; j'ai repris

représentation [r(ə)prezɑ̃tasjɔ̃] *f* — Auf-, Vorführung; Vor-, Darstellung; (Volks-, Firmen-) Vertretung

représenter [r(ə)prezɑ̃te] — auf-, vorführen; vor-, darstellen; vertreten

reproche [r(ə)prɔʃ] *m* — Vorwurf
faire des ~s à qn/se faire des ~s — jdm/sich Vorwürfe machen

reprocher [r(ə)prɔʃe] (qc à qn/à qn de + *inf*) — vorwerfen

n'avoir rien à se ~	sich nichts vorzuwerfen haben
république [repyblik] *f*	Republik
la République fédérale (d'Allemagne) (R.F.A. [ɛrɛfa])	die Bundesrepublik (Deutschland) (BRD)
la République démocratique allemande (R.D.A. [ɛrdea])	die Deutsche Demokratische Republik (DDR)
la République française	die Republik Frankreich
réservation [rezɛrvasjɔ̃] *f*	Reservierung, Vorbestellung
faire/annuler une ~	eine Reservierung vornehmen, vor-/abbestellen
confirmer une ~	eine Reservierung bestätigen
réserver [rezɛrve]	reservieren, vorbestellen, zurücklegen (lassen)
se ~ (qc/de + *inf*)	sich vorbehalten (etw/zu)
résistance [rezistɑ̃s] *f*	Widerstand, *besonders frz.* Widerstandsbewegung im Zweiten Weltkrieg
respect [rɛspɛ] *m*	(Hoch-)Achtung, Respekt
montrer du/manquer de ~ (à qn, qc)	(vor jdm, etw) Respekt/keinen Respekt haben
respecter [rɛspɛkte]	achten, respektieren
se faire ~	sich Respekt verschaffen, sich durchsetzen (können)
respirer [rɛspire]	(auf)atmen
responsabilité [rɛspɔ̃sabilite] *f*	Verantwortung; Haftung
prendre la ~(de qn, qc)	die Verantwortung *oder* Haftung (für jdn, etw) übernehmen
~ civile	Haftpflicht
responsable [rɛspɔ̃sablə] *adj/nom*	verantwortlich/Verantwortlicher, -e
rendre qn/se sentir ~ (de qn, qc)	jdn (für jdn, etw) verantwortlich machen/sich (für jdn, etw) verantwortlich fühlen
ressembler [rɛsɑ̃ble] (à qn, qc)	(jdm, etw) ähneln
se ~	sich ähneln
restaurant [rɛstɔrɑ̃], *fam* **resto** [rɛsto] *m*	Restaurant
au ~	im/ins Restaurant
(~) self-service, *fam* self *m*	Selbstbedienungsrestaurant
~ universitaire, *fam* RU [ry] *m*	Mensa
reste [rɛst] *m*	(Über-)Rest
le ~ du temps	die verbleibende Zeit
au *ou* du ~	im übrigen

192 rester

rester [rɛste]	(übrig)bleiben
je suis resté, -e	
~ à faire	noch zu tun sein
Reste à savoir ...	Bliebe die Frage ...
~ à la maison *ou* chez soi	zu Hause bleiben
~ au lit	im Bett bleiben
~ auprès de/chez qn	bei jdm *(in der Nähe/ zu Hause)* bleiben
~ à déjeuner/à dîner	zum (Mittag-/Abend-)Essen bleiben
~ debout *inv*	stehenbleiben
~ assis, -e/couché, -e	sitzen-/liegenbleiben
poste restante	postlagernd
résultat [rezylta] *m*	Ergebnis, Resultat
retard [r(ə)tar] *m*	Verspätung
Excusez mon ~ !	Entschuldigen Sie meine Verspätung!
partir/arriver en ~ (d'une heure)	(eine Stunde) zu spät losgehen, abfahren/ankommen
une heure de ~	eine Stunde Verspätung
retenir [rətnir, rtənir]	zurück-, an-, aufhalten; reservieren
je retiens, il retient, nous retenons, ils retiennent; je retiendrai; j'ai retenu	
~ une table/une chambre	einen Tisch bestellen *(Restaurant)*/ein (Hotel-)Zimmer reservieren
(se) retirer [r(ə)tire]	(sich) zurückziehen
retour [r(ə)tur] *m*	Rückkehr, -fahrt
être de ~	zurück sein
au ~/à mon ~ (de Paris)	bei der/bei meiner Rückkehr (von Paris)
par ~ du courrier	postwendend
un (billet) aller et ~ *ou* aller-~	eine Rückfahrkarte
retourner [r(ə)turne] (+ être/+ avoir)	zurückkehren/umdrehen, -kehren, -wenden; zurückschicken
~ en Allemagne	nach Deutschland zurückkehren/-schicken
~ un disque	eine Platte umdrehen
se ~	sich umdrehen
retraite [r(ə)trɛt] *f*	Ruhestand; Rente, Pension
prendre sa ~	in den Ruhestand treten
à la *ou* en ~	im Ruhestand
maison *f* de ~	Altersheim

rétro [retro] *adj inv/nom m fam*	zurück-, Rück-; im Stil der 20er Jahre; nostalgisch, Nostalgie-/Nostalgiemode
Cela (*fam* Ça) fait ~.	Das sieht nach Nostalgie(welle) aus.
retrouver [r(ə)truve]	wiederfinden, wieder vorfinden, treffen
se ~	sich wiederfinden, wieder anfinden, sich treffen
On se retrouve au café.	Wir treffen uns im Café wieder.
se ~ seul, -e	plötzlich alleine dastehen
rétroviseur [retrɔvizœr], *fam* **rétro** [retro] *m*	Rückspiegel
réunion [reynjɔ̃] *f*	(Wieder-)Vereinigung, Versammlung, Sitzung
organiser une ~	eine Versammlung, eine Sitzung einberufen
La Réunion	*Insel im Indischen Ozean, frz. Übersee-Departement*
réunir [reynir]	(wieder)vereinigen, (ver)sammeln
se ~	sich vereinigen, sich versammeln
réussir [reysir]	erfolgreich sein
Paul a réussi.	Paul hat Erfolg gehabt.
L'affaire a réussi.	Die Sache ist geglückt.
Rien ne me réussit.	Nichts gelingt mir.
~ (à) un examen	eine Prüfung bestehen
~ à convaincre les autres	die anderen überzeugen können
une photo/une soirée réussie	ein gelungenes Foto/ein gelungener Abend
rêve [rɛv] *m* (!)	Traum
faire un (beau/mauvais) ~	träumen, einen (schönen/bösen) Traum haben
réveil [revɛj] *m*	1. Auf-, Erwachen, 2. Wecker
mettre le ~ (à huit heures)	den Wecker (auf acht Uhr) stellen
réveiller [revɛje]	(auf)wecken
se ~	aufwachen
réveillon [revɛjɔ̃] *m*	*Festessen in der Weihnachts- oder Silvesternacht*
revenir [rəvnir, rvənir] je reviens, il revient, nous revenons, ils reviennent; je reviendrai; je suis revenu, -e	zurück-, wiederkommen

Je n'en reviens pas. *fam*	Das ist doch nicht zu fassen!
Cela (*fam* Ça) revient au même.	Das läuft aufs selbe raus.
~ sur (qn, qc)	(auf jdn, etw) zurückkommen; (etw) zurücknehmen, rückgängig machen
revenu [rəvny, rvəny] *m*	Einkommen
impôt *m* sur le ~	Einkommensteuer
rêver [rɛve] (de qn, qc/de + *inf*/que + *ind*)	träumen (*auch fig*)
revoir [r(ə)vwar]	wiedersehen
je revois, il revoit, nous revoyons, ils revoient; je reverrai; j'ai revu	
Au ~!	Auf Wiedersehen! (*Telefon*) Auf Wiederhören!
dire au ~ (à qn)	(jdm) auf Wiedersehen sagen, sich (von jdm) verabschieden
édition revue	durchgesehene Auflage
revolver [re(!)volvɛr] *m*	Revolver
un coup de ~	ein Revolverschuß
revue [r(ə)vy] *f*	Revue; (Fach-)Zeitschrift
rez-de-chaussée [redʃose] *m inv*	Erdgeschoß
la Rhénanie [renani]	das Rheinland
en ~	im/ins Rheinland
le Rhin [rɛ̃]	der Rhein
rhume [rym] *m* (!)	Erkältung, Schnupfen
attraper/avoir un ~	sich erkälten/erkältet sein
~ des foins [fwɛ̃]	Heuschnupfen
riche [riʃ] (en)	reich (an)
richesse [riʃɛs] *f*	Reichtum
rideau [rido] *m* (-x)	Vorhang
lever/baisser le ~	den Vorhang heben/senken
ouvrir/fermer les ~x	die Vorhänge aufziehen/zuziehen
~ de fer	eiserner Vorhang (*auch fig*)
ridicule [ridikyl]	lächerlich
il est ~ de + *inf*	es ist lächerlich, zu
rien [rjɛ̃]	nichts
tout ou ~	alles oder nichts
~ d'autre/de mieux/ de spécial	nichts anderes/Besseres/ Besonderes
~ de plus	nichts weiter
~ du tout	gar nichts
~ que	nichts als

sans ~ dire	ohne etwas zu sagen
ne servir à ~	zu nichts nütze sein
~ à faire!	Nichts zu machen!
Ce n'est ~.	Das ist nicht schlimm.
Cela (*fam* Ça) ne fait ~.	Das macht nichts.
De ~!	Keine Ursache!
rigoler [rigɔle] *fam*	lachen, spaßen
Tu rigoles!	Du hast gut lachen! Das ist doch nicht dein Ernst!
rigolo, -te [rigɔlo, rigɔlɔt] *fam*	zum Lachen, komisch
rillettes [rijɛt] *f pl*	*Schweine- oder Gänsehack in Schmalz*
rincer [rɛ̃se]	(aus-, ab)spülen
nous rinçons; je rinçais; rinçant	
rire [rir] (de)	lachen (über)
je ris, il rit, nous rions, ils rient; j'ai ri	
éclater de ~	in Lachen ausbrechen
se mettre à ~	zu lachen anfangen
faire ~ (Tu me fais ~!)	zum Lachen bringen, lächerlich sein (Daß ich nicht lache!)
risque [risk] *m*	Gefahr, Wagnis, Risiko
courir le ~ de + *inf*	Gefahr laufen, zu *oder* daß
courir un ~	ein Risiko eingehen
au ~ de + *inf*	auf die Gefahr hin, zu
assurance *f* tous ~s	Vollkaskoversicherung
risquer [riske]	Gefahr laufen, wagen, aufs Spiel setzen, riskieren
(qc/de + *inf*/que + *subj*)	
risqué, -e	gewagt
rive [riv] *f*	Ufer
rivière [rivjɛr] *f*	Fluß
riz [ri] *m*	Reis
robe [rɔb] *f*	Kleid
~ de chambre	Morgenrock
robinet [rɔbinɛ] *m*	(Wasser- *u. dgl.*)Hahn
ouvrir/fermer le ~	den Hahn auf-/zumachen
rocher [rɔʃe] *m*	Fels(en), Klippe
roi [rwa *ou* rwa] *m*	König
~ de France	König von Frankreich
rôle [rol] *m* (!)	Rolle *(auch Theater und fig)*
jouer un (grand) ~/le ~ principal	eine (große) Rolle/die Hauptrolle spielen
romain, -e [rɔmɛ̃, rɔmɛn]	römisch

roman [rɔmɑ̃] *m* — Roman; romanischer Stil
~ d'amour/d'aventures — Liebes-/Abenteuerroman
~ policier — Krimi(nalroman)
roman, -e [rɔmɑ̃, rɔman] — romanisch
église/langue ~e — romanische Kirche/Sprache
Rome [rɔm] — Rom
rompre [rɔ̃prə] — (ab-, durch-, zer)brechen
je romps [rɔ̃], il rompt [rɔ̃], nous rompons, ils rompent [rɔ̃p]; j'ai rompu
~ une promesse/un contrat/le silence — ein Versprechen/einen Vertrag/das Schweigen brechen
rond, -e [rɔ̃, rɔ̃d] — rund, *fam* betrunken, blau
table ~e — Gesprächsrunde
~-point *m* (*pl* ~s-points) — (Verkehrs-)Kreisel
rose [roz] *nom f/adj inv* — Rose/rosa
un bouquet de ~s — ein Strauß Rosen
voir qc en ~ — etw durch die rosa Brille sehen
rosé, -e [roze] — hellrot, rosé
du (vin) ~ — Rosé(wein)
rôti [roti] *m* — Braten
~ de bœuf/de veau/de porc — Rinder-/Kalbs-/Schweinebraten
roue [ru] *f* — Rad
~ avant/arrière (*pl* -s avant/arrière) — Vorder-/Hinterrad
rouge [ruʒ] *m* — Rot
en ~ — in Rot
~ à lèvres — Lippenstift
rouge [ruʒ] *adj* — rot
du (vin) ~ — Rotwein
un verre de ~/un ballon de ~ *fam* — ein Glas Roten
de la viande ~ — *(Fleisch vom)* Rind, Hammel, Lamm
rouler [rule] (+ avoir) — rollen, fahren/*(jdn, etw)* rollen, *fam* übers Ohr hauen
~ à 100 (cent) à l'heure — mit 100 Stundenkilometern fahren
se faire ~ — sich übers Ohr hauen lassen
route [rut] *f* — (Land-)Straße, Weg
se mettre en ~ — sich auf den Weg machen
la/en ~ pour Paris — die Straße/unterwegs nach Paris
sur la ~ — auf der (Land-)Straße
grande ~ — Hauptstraße

~ nationale	Landstraße *(entspricht der Bundesstraße)*
autoroute	Autobahn
Bonne ~!	Gute Fahrt!
accident *m* de la ~	Verkehrsunfall
routier, -ière [rutje, rutjɛr] *adj/nom m*	Straßen-/Fernfahrer; Fernfahrerrestaurant
carte ~ère	Auto-, Straßenkarte
gare ~ère	Omnibusbahnhof
R.s.v.p. (= Répondez, s'il vous plaît)	U.A.w.g. (Um Antwort wird gebeten)
rue [ry] *f*	*(innerstädtische)* Straße
donner sur la ~	auf die Straße hinausgehen *(Fenster)*
dans la ~	auf der/die Straße
~ principale	Hauptstraße
~ piétonne *ou* piétonnière	Fußgängerstraße *oder* -zone
rural, -e [ryral] (-aux)	ländlich
vie ~e	Landleben
russe [rys]	russisch
Russe *m, f*	Russe, Russin
la Russie [rysi]	Rußland
en Russie	in/nach Rußland
rythme(!) [ritmə] *m*	Rhythmus

S

S.A. [ɛsa] *f* (= Société Anonyme)	AG (Aktiengesellschaft)
sable [sablə] *m*	Sand
sac [sak] *m*	Sack, Beutel, Tüte; Damenhandtasche
~ à dos/à main	Rucksack/Handtasche
~ de couchage [kuʃaʒ]	Schlafsack
sachet [saʃɛ] *m*	kleine Tüte
sage [saʒ]	weise, vernünftig; brav, artig
il est ~ de + *inf*	es ist vernünftig, zu
saigner [sɛɲe *ou* seɲe]	bluten
~ du nez	Nasenbluten haben
saignant	*(Fleisch)* innen noch roh, „englisch"
sain, -e [sɛ̃, sɛn]	gesund
~ et sauf, ~e et sauve	unversehrt

saint, -e [sɛ̃, sɛ̃t] *adj/nom* — heilig/Heiliger, -e
  la Saint-Nicolas [-nikɔla] — Nikolaustag
  la Saint-Sylvestre [-silvɛstrə] — Silvester
  vendredi ~ — Karfreitag

saisir [sɛzir *ou* sezir] — ergreifen *(auch fig)*; beschlagnahmen; begreifen, erfassen
  ~ l'occasion (de + *inf*) — die Gelegenheit ergreifen (um zu)

saison [sɛzɔ̃] *f* — Jahreszeit, Saison
  en cette/toute ~ — in dieser/zu jeder Jahreszeit
  hors ~ — außerhalb der Saison, in der Vor-/Nachsaison
  morte ~ — Sauregurkenzeit
  (en) pleine ~ — (in der) Hochsaison

salade [salad] *f* (!) — Salat
  (~ de) laitue [lɛty *ou* lety] — Kopfsalat
  (~ de) chicorée frisée [ʃikɔrefrize] — Endiviensalat
  ~ de fruits/de tomates — Obst-/Tomatensalat

salaire [salɛr] *m* — Lohn
  augmentation *f* de ~ — Lohnerhöhung

salarié, -e [salarje] — Lohn- oder Gehaltsempfänger, Arbeitnehmer

salaud, salope [salo, salɔp] *pop* — Dreckskerl, Schlampe

sale [sal] — schmutzig *(auch fig)*
  linge *m* ~ — schmutzige Wäsche *(auch fig)*
  avoir les mains ~s — schmutzige Hände haben *(auch fig)*

salé, -e [sale] (*inf* saler) — salzig, gesalzen *(auch fig)*
  trop ~ — versalzen

salir [salir] — beschmutzen

salle [sal] *f* (!) — Saal, Raum
  comptoir *m* – ~ — am Tresen – am Tisch *(Preisunterschied in frz. Restaurants)*
  ~ d'attente/de classe/de conférences — Wartezimmer, -saal *(Arzt, Bahnhof)*/Klassenzimmer/Vortragssaal
  ~ à manger/de bain(s)/de séjour — Eß-/Bade-/Wohnzimmer

salon [salɔ̃] *m* — Salon, Empfangs-, Wohnzimmer
  au ~ — im/in den Salon
  ~ de coiffure [kwafyr] — Frisiersalon
  ~ de thé — Café *(mit Konditorei)*
  ~ de l'auto — Automobilmesse

saluer [salɥe] — (be)grüßen
  Saluez-le de ma part! — Grüßen Sie ihn von mir!
Salut! [saly] — Hallo! Tag!/Tschüs!
salutation [salytasjɔ̃] *f* — Gruß, Begrüßung
  Sincères ~s — Mit besten Grüßen *(Brief)*
samedi [samdi] *m* — Sonnabend, Samstag
  ~ dernier/prochain — letzten/nächsten Sonnabend
  tous les ~s — jeden Sonnabend
  le ~ — sonnabends
sandwich [sɑ̃dwitʃ *ou* sɑ̃dwiʃ] (*pl* -s *ou* -es) *m* — belegtes Brot *(meistens Baguette)*
  ~ au fromage/au jambon/au saucisson — Käse-/Schinken-/Wurstbrot
sang [sɑ̃] *m* — Blut
  donner/perdre du ~ — Blut spenden/verlieren
sans [sɑ̃] (qc/*inf*/que + *subj*) — ohne
  ~ argent/alcool/sucre — ohne Geld/Alkohol/Zucker
  ~ emploi — arbeitslos
  ~-emploi *nom m, f inv* — Arbeitsloser, -e
  ~ espoir/exception — hoffnungs-/ausnahmslos
  ~ importance/valeur — bedeutungs-/wertlos
  ~ cesse — ohne Unterbrechung, unaufhörlich
  ~ engagement — ohne Verpflichtung, unverbindlich
  ~ gêne [ʒɛn] — ungezwungen, zwanglos
  ~ reproche — ohne Vorwurf
  ~ moi — ohne mich
  ~ doute — vermutlich; allerdings
  ~ aucun doute — ohne jeden Zweifel
  ~ pareil, -le — ohnegleichen
  ~ rien dire — ohne etw zu sagen
  Cela va ~ dire. — Das versteht sich von selbst.
santé [sɑ̃te] *f* — Gesundheit
  en bonne/mauvaise ~ — bei guter/schlechter Gesundheit
  A ta/votre ~! *fam* A la tienne!/A la vôtre! — Auf dein/Ihr Wohl! Wohlsein! Prost!
  Meilleure ~! — Gute Besserung!
  maison *f* de ~ — Nervenheilanstalt
sardine [sardin] *f* — Sardine
  ~s à l'huile — Ölsardinen
Sarrebruck [sarbryk] — Saarbrücken
satisfait, -e [satisfɛ, satisfɛt] (de) (*inf* satisfaire) — zufrieden (mit)
sauce [sos] *f* — Soße

saucisse [sosis] *f* — Würstchen
~ grillée [grije]/de Francfort — Bratwurst/Frankfurter
saucisson [sosisɔ̃] *m* — Wurst *(Aufschnitt)*
sauf [sof] *prp* — außer
~ un/moi/Pierre — außer einem/mir/Peter
~ que (+ *ind*) — außer daß, nur daß
sauf, -ve [sof, sov] *adj* — wohlbehalten
sain et ~, saine et ~ve — unversehrt
saumon [somɔ̃] *m* — Lachs
~ fumé — geräucherter Lachs
sauter [sote] (+ avoir) — springen; explodieren/überspringen *(auch fig)*, auslassen
~ en l'air/dans l'eau — in die Luft/ins Wasser springen
~ du lit/par la fenêtre — aus dem Bett/Fenster springen
~ une ligne/une page/un repas — eine Zeile/Seite/Mahlzeit überspringen, auslassen
pommes de terre sautées — Bratkartoffeln
sauvage [sovaʒ] — wild *(auch fig)*; scheu
sauver [sove] — retten
~ la vie à qn — jdm das Leben retten
~ qn d'un danger — jdn aus einer Gefahr retten
se ~ *fam* — abhauen, gehen
savant, -e [savɑ̃, savɑ̃t] *adj/nom* — gelehrt, klug/Gelehrter, -e
savoir [savwar] (qc/qc de qn, qc/*inf*/que + *ind*/si) *verbe/nom* — wissen, können/Wissen
je sais, il sait, nous savons, vous savez, ils savent; je saurai; j'ai su; que je sache; sachant
Je ne sais pas. [ʒənsɛpa, *fam* ʃɛpa]) — Ich weiß nicht.
Je n'en sais rien. — Davon weiß ich nichts.
~ par cœur — auswendig wissen *oder* können
~ le français — Französisch können
~ conduire/nager — (Auto) fahren/schwimmen können
ne ~ que *ou* quoi faire — nicht wissen, was man tun soll
Je ne saurais vous le dire. — Das kann ich Ihnen nicht sagen.
que je sache — soviel ich weiß
Pas que je sache! — Nicht, daß ich wüßte!
Si j'avais su! — Wenn ich das gewußt hätte!

faire ~ qc à qn	(jdn etw) wissen lassen, (jdm etw) bekanntmachen, mitteilen
Reste à ~ ...	Bliebe die Frage ...
(à) ~	und zwar, nämlich
~-faire m/-vivre m	Gewandtheit, Geschicklichkeit; Know-how/feine Lebensart

savon [savõ] *m* — Seife
scène [sɛn] *f* — Bühne, Szene, Schauplatz
  mettre en ~ — inszenieren
  metteur *m* en ~ — Regisseur
  faire une ~ (à qn) — (jdm) eine Szene machen
science [sjãs] *f* — Wissenschaft
  les ~s humaines/naturelles — die Sozial-/Naturwissenschaften
  ~-fiction [fiksjõ] *f* — Science Fiction
scientifique [sjãtifik] *adj/nom m, f* — wissenschaftlich/Wissenschaftler, -in
scolaire [skɔlɛr] — schulisch, Schul-
  livre *m*/année *f* ~ — Schulbuch/-jahr, Studienjahr
scotch [skɔtʃ] *m* — Tesafilm
sculpteur, -trice [skyltœr, skyltris] (!) — Bildhauer, -in
sculpture [skyltyr] (!) *f* — Bildhauerei, Plastik, Skulptur
séance [seãs] *f* — Sitzung, Tagung; Vorstellung *(Kino)*
sec, sèche [sɛk, sɛʃ] — trocken *(auch Wein)*, herb
sèche-cheveux [sɛʃʃəvø] *m inv* — Haartrockner, Fön
sécher [seʃe] — *(auch etw)* trocknen
  je sèche, nous séchons, ils sèchent; je sécherai [sɛʃre]
  se ~ — sich abtrocknen
second, -e [səgõ, səgõd *ou* zgõ, zgõd] — zweiter, -e, -es
  au ~ (étage) — im zweiten Stock
  être en ~e — in der Sekunda *(Mittelstufenklasse Gymnasium)* sein
  voyager en ~e — Zweiter Klasse reisen
  un billet de ~e — eine Fahrkarte Zweiter Klasse
  de ~e main — aus zweiter Hand
  Seconde Guerre mondiale [mõdjal] — Zweiter Weltkrieg
seconde [səgõd *ou* zgõd] *f* — Sekunde
  dans une ~ — sofort, gleich

secours [s(ə)kur] *m*	Hilfe, Unterstützung
Au ~!	Hilfe!
demander du/porter (du) ~ à qn	jdn um Hilfe bitten/jdm Hilfe leisten
venir au ~ de qn	jdm zu Hilfe kommen
roue *f*/sortie *f* de ~	Reserverad/Notausgang
les premiers ~	Erste Hilfe
secret [s(ə)krɛ] *m*	Geheimnis
garder/révéler [revele] un ~	ein Geheimnis wahren/aufdecken
secret, -ète [s(ə)krɛ, s(ə)krɛt]	heimlich, geheim, Geheim-
en ~	insgeheim
secrétaire [s(ə)kretɛr] *m, f*	Sekretär *(auch Möbel)*, -in
sécurité [sekyrite] *f*	Sicherheit
en (toute) ~	in (vollkommener) Sicherheit
ceinture *f*/mesure *f* de ~	Sicherheitsgurt/-maßnahme
~ sociale	Sozialversicherung
sein [sɛ̃] *m*	Busen, *(weibliche)* Brust
donner le ~ à un bébé	einem Baby die Brust geben, ein Baby stillen
seize [sɛz]	sechzehn
le 16 (seize) novembre	der 16./den, am 16. November
seizième (16ᵉ)	sechzehnter, -e, -es (16.)
habiter (dans) le seizième (16ᵉ)	im 16. (= *vornehmstes Pariser*) Arrondissement wohnen
séjour [seʒur] *m*	Aufenthalt
faire un ~	sich aufhalten, einige Zeit verbringen
prolonger son ~	seinen Aufenthalt verlängern
salle *f* de ~ (*fam* le ~)	Wohnzimmer
carte *f* ou permis *m* de ~	Aufenthaltserlaubnis
sel [sɛl] *m*	Salz
mettre du ~	salzen
self-service [sɛlfsɛrvis], *fam* **self** *m*	Selbstbedienungsrestaurant
selon [s(ə)lɔ̃]	gemäß, nach
~ la loi/les règles	nach dem Gesetz/den Regeln
~ moi	meiner Meinung nach
~ que (+ *ind*)	je nachdem wie
semaine [s(ə)mɛn] *f*	Woche
la ~ dernière/prochaine	letzte/nächste Woche
dans une/en une ~	in *(nach Ablauf/im Verlauf)* einer Woche
depuis une ~	seit einer Woche
en fin de ~	Ende der Woche
par ~	pro Woche, wöchentlich

semblable [sãblablə] (à) — ähnlich
dans un cas ~ — in einem solchen Fall
sembler [sãble] (qc/*inf*/que) — den Anschein haben, scheinen
~ inutile (à qn de + *inf*) — (jdm) unnütz vorkommen (zu)
~ (être) malade — krank zu sein scheinen
il semble que (+ *ind ou subj*) — es scheint, daß
il me semble que (+ *ind*) — mir scheint, daß
il ne (me) semble pas que (+ *subj*) — es scheint (mir) nicht, daß
faire semblant (de + *inf*) — nur so tun (als ob)
sens [sãs] *m* — Sinn, Bedeutung; Richtung
les cinq [sɛ̃k] ~ — die fünf Sinne
Cela (*fam* Ça) n'a pas de *ou* n'a aucun ~. — Das hat keinen Sinn.
bon ~ — gesunder Menschenverstand
à mon ~ — meiner Meinung nach
~ interdit! — Einfahrt verboten!
~ obligatoire — vorgeschriebene Fahrtrichtung
(rue *f* à) ~ unique — Einbahnstraße
(aller/mettre/être) ~ dessus dessous [sãtsytsu] — drunter und drüber, durcheinander(-gehen/-bringen/sein)
sensationnel, -le [sãsasjɔnɛl], *fam* **sensass** [sãsas] — sensationell
sensible [sãsiblə] (à) — fühlbar, merklich; empfindlich, empfänglich (für)
~ au froid/à la douleur — kälte-/schmerzempfindlich
augmenter ~ment — beträchtlich ansteigen/steigern
sentiment [sãtimã] *m* — Gefühl, Meinung
avoir un ~ de — ein Gefühl haben von
avoir le ~ que (+ *ind*) — das Gefühl haben, daß
Je vous prie d'agréer, Monsieur (Madame *etc*), l'expression de mes ~s distingués *ou* Je vous prie de croire, Monsieur (Madame *etc*), à l'assurance de mes ~s les meilleurs. — Mit den besten Empfehlungen! *(Brief)*
sentir [sãtir] (qc/que + *ind*) je sens, il sent, nous sentons, ils sentent; j'ai senti — fühlen, empfinden; *(auch nach etw)* riechen
~ bon/mauvais/le poisson — gut/schlecht/nach Fisch riechen
se ~ bien/mal — sich gut/schlecht fühlen
se ~ (in)capable (de qc/de + *inf*) — sich (un)fähig fühlen (einer Sache/zu)

séparer [separe] — trennen
se ~ — sich trennen
séparé, -e — getrennt
sous pli [pli] séparé — mit getrennter Post
sept [sɛt] — sieben
le 7 (sept) novembre — der 7./den, am 7. November
~ième (7ᵉ) — siebter, -e, -es (7.)
septembre [sɛptɑ̃brə] *m* — September
en ~ *ou* au mois de ~ — im September
série [seri] *f* — Serie *(auch Fernsehen)*
modèle *m* de/production *f* en ~ — Serienmodell/-produktion
sérieux, -euse [serjø, serjøz] — ernst(haft, -lich), seriös
prendre qn, qc au ~ — jdn, etw ernstnehmen
parler ~eusement — es ernst meinen
serpent [sɛrpɑ̃] *m* — Schlange
serrer [sere] — (zusammen)drücken; ab-, verschließen
~ la main à qn — jdm die Hand drücken
serré, -e — eng *(auch Kleidung)*, gedrängt *(auch fig)*
serrure [seryr] *f* — *(Tür- u. dgl.)*Schloß
serveur, -euse [sɛrvœr, sɛrvøz] — Kellner, -in
service [sɛrvis] *m* — Dienst, Bedienung; Gefallen
demander un ~ à qn — jdn um einen Gefallen bitten
rendre ~ à qn — jdm einen Gefallen tun
au ~ de — im Dienst von
être de ~ — Dienst haben
chef *m* de ~ — diensthabender Vorgesetzter, Abteilungsleiter
faire son ~ (militaire) — seinen Militärdienst ableisten
(magasin *m*) libre-~ — Selbstbedienung(sladen)
~ après-vente — Kundendienst
station-~ *f* — Tankstelle
~ compris. — Bedienung inbegriffen.
serviette [sɛrvjɛt] *f* — 1. Serviette; Handtuch, 2. Aktentasche
servir [sɛrvir] (qn, qc!/qc à qn) je sers, il sert, nous servons, ils servent; j'ai servi — (jdm, etw) dienen, (jdn) bedienen/(jdm etw) servieren
~ une cause — einer Sache dienen
~ un client — einen Kunden *oder* Gast bedienen
~ des rafraîchissements — Erfrischungen reichen

~ le potage	die Suppe auftragen
~ à boire	etw zu trinken anbieten
se faire ~	sich bedienen lassen
~ (à qn) à qc/à + *inf*/de qc	(jdm) zu etw dienen/dazu dienen, zu/dienen als
ne ~ à rien	nutzlos sein
A quoi cela sert-il? (*fam* A quoi ça sert?)	Wozu dient das? Wozu ist das gut?
se ~ (de qn, qc) (Servez-vous!)	sich (einer Person, einer Sache, mit etw) bedienen (Greifen Sie zu!)
seul, -e [sœl]	allein(stehend), einsam; einzig
être/aller/faire (tout) ~, (toute) ~e	(ganz) allein sein/gehen/machen
un homme ~	ein alleinstehender, einsamer Mann
un ~ homme	ein einziger Mann
~ un homme ...	Nur ein Mann ...
le ~ avantage/espoir	der einzige Vorteil/die einzige Hoffnung
la ~e chose	das einzige
~ement	nur; erst
non ~ement ..., mais aussi *ou* mais encore	nicht nur ..., sondern auch
sévère [sevɛr]	streng
shampooing [ʃɑ̃pwɛ̃] *m*	1. Haar-, Kopfwäsche, 2. Shampoo
si [si] *conj* + *ind/adv*	wenn, falls; ob/so; doch, ja
s'il te/vous plaît	bitte
~ tu veux/vous voulez.	Wenn du willst/Sie wollen.
~ j'étais toi/vous	an deiner/Ihrer Stelle
~ on allait au cinéma?	Wie wär's, wenn wir ins Kino gingen?
se demander ~	sich fragen, ob
comme ~	als ob
~ grand/vite que (+ *ind/subj*)	so groß/schnell, daß (*Ergebnis/Absicht*)
~ bien que (+ *ind*)	so daß
Mais ~!	Aber ja! Oh doch!
siècle [sjɛklə] *m*	Jahrhundert, Zeitalter
le/au XXe (vingtième) ~	das/im 20. Jahrhundert
siège [sjɛʒ] *m*	Sitz(gelegenheit)
~ avant/arrière	Vorder-/Rücksitz
sieste [sjɛst] *f*	Mittagsruhe
faire la ~	Mittagsruhe halten
siffler [sifle]	pfeifen (*Mund, Wind*)

signaler

signaler [siɲale]
(qc à qn/à qn que + *ind*)
  ankündigen, melden; aufmerksam machen auf
~ un vol
  einen Diebstahl melden
je vous signale que
  ich weise Sie darauf hin, daß
signature [siɲatyr] *f*
  Unterzeichnung, -schrift
mettre sa ~
  unterschreiben
signe [siɲ] *m*
  Zeichen, Wink
donner des ~s de fatigue/d'impatience
  Zeichen von Müdigkeit/von Ungeduld erkennen lassen
faire ~/un ~ (à qn)
  (jdm zu)winken/ein Zeichen machen
C'est (un) bon/mauvais ~.
  Das ist ein gutes/schlechtes Zeichen.
signer [siɲe]
  unterschreiben
signifier [siɲifje]
  bedeuten
silence [silɑ̃s] *m*
  Stille, Schweigen
garder/rompre le ~
  Stillschweigen bewahren/die Stille unterbrechen, das Schweigen brechen
silencieux, -euse [silɑ̃sjø, silɑ̃sjøz]
  schweigsam, still, leise
simple [sɛ̃plə]
  einfach *(auch fig)*
un aller ~
  eine Hinfahrt *(Fahrkarte)*
une formalité ~
  eine einfache Formalität
une ~ formalité
  nur eine Formalität
(tout) ~ment
  (ganz) einfach, nur
sincère [sɛ̃sɛr] (avec)
  aufrichtig (gegenüber)
~s salutations
  Mit besten Grüßen *(Brief)*
sinon [sinɔ̃]
  wenn nicht, andernfalls, sonst, außer
Viens, ~ je pars sans toi.
  Komm, oder ich gehe ohne dich.
situation [sitɥasjɔ̃] *f*
  Lage, Zustand, Situation, *(berufl.)* Stellung
situé, -e [sitɥe] (*inf* situer)
  gelegen
bien ~
  gut gelegen
six [sis]
  sechs
le 6 [si] mars
  der 6./den, am 6. März
~ième (6ᵉ) [sizjɛm]
  sechster, -e, -es (6.)
en ~ième
  in der Sexta *(Unterstufenklasse Gymnasium)*
ski [ski] *m*
  Ski
faire du ~
  Ski laufen
~ de fond/nautique [notik]
  Skilanglauf/Wasserski
S.N.C.F. [ɛsɛnseɛf] *f*
(= Société nationale des chemins de fer français)
  frz. Staatsbahn

social, -e [sɔsjal] (-aux)	gesellschaftlich, sozial, Gesellschafts-, Sozial-
sécurité ~e	Sozialversicherung
société [sɔsjete] f	Gesellschaft
~ anonyme (S.A.)	Aktiengesellschaft (AG)
sœur [sœr] f	Schwester
~ aînée/cadette	ältere oder älteste/jüngere oder jüngste Schwester
belle-~	Schwägerin
bonne ~ fam	Nonne
soie [swa] f	Seide
en ~	aus Seide
~ artificielle [artifisjɛl]	Kunstseide
soif [swaf] f	Durst
avoir (très) ~	(sehr) durstig sein
mourir de ~	verdursten (auch fig)
soigner [swaɲe]	pflegen, (auch ärztlich) versorgen
se faire ~	sich pflegen, versorgen lassen
soin [swɛ̃] m	Sorgfalt, Pflege
avoir ou prendre ~ de qn, qc/ de + inf/que (+ subj)	für jdn, etw sorgen/dafür sorgen, zu/daß
avec ~	sorgfältig
~s	Fürsorge, Versorgung
aux bons ~s de	zu Händen von (Brief)
les premiers ~s	Erste Hilfe
soir [swar] m	Abend
un (beau) ~	eines (schönen) Abends
le/ce ~	abends, am Abend/heute abend
chaque ~ ou tous les ~s	jeden Abend
cours m du ~	Abendkurs
Bonsoir!	Guten Abend!
soirée [sware] f	Abend(veranstaltung)
toute la ~	den ganzen Abend
dans la ~	im Laufe des Abends
Bonne ~!	Schönen Abend! Viel Vergnügen (heute abend)!
soixante [swasɑ̃t]	sechzig
~ et un, -e	einundsechzig
~-deux/-trois etc	zwei-/dreiundsechzig usw.
~-dix	siebzig
~ et onze	einundsiebzig
~-douze/-treize etc	zwei-/dreiundsiebzig usw.
soixantième (60ᵉ)	sechzigster, -e, -es (60.)
soldat [sɔlda] m	Soldat

soldé, -e [sɔlde] (*inf* solder) — herabgesetzt, im Ausverkauf
soldes [sɔld] *m pl* — Aus-, Sonder-, Schlußverkauf
sole [sɔl] *f* — Seezunge
soleil [sɔlɛj] *m* (!) — Sonne
  Il fait *ou* Il y a du ~. — Die Sonne scheint.
  au ~ — in der/die Sonne
  se mettre au ~ — sich in die Sonne setzen, legen
  bain *m*/coup *m*/lunettes *m pl* de ~ — Sonnenbad/-brand *oder* -stich/-brille
  lever *m*/coucher *m* de *ou* du ~ — Sonnenauf-/-untergang
solide [sɔlid] — fest, robust, solide *(auch fig)*
solitude [sɔlityd] *f* — Einsamkeit
solution [sɔlysjõ] *f* — Lösung *(auch fig)*
sombre [sõbrə] — dunkel, finster *(auch fig)*
  Il fait ~. — Es ist dunkel.
somme [sɔm] *f* — Summe
  faire la ~ (de qc) — (etw) zusammen-, ausrechnen
  une forte/grosse ~ — eine stattliche/große Summe
  en ~ *ou* ~ toute — alles in allem
sommeil [sɔmɛj] *m* — Schlaf
  avoir ~ — müde sein
sommet [sɔmɛ] *m* — Gipfel *(auch fig)*
  conférence *f* au ~ — Gipfelkonferenz
somnifère [sɔmnifɛr] *m* — Schlafmittel
son [sõ] *m* — Ton, Laut, Klang
sonner [sɔne] — klingen, klingeln
  Sonnez (et poussez)! — Klingeln (und Drücken)!
  On sonne! — Es klingelt!
sorte [sɔrt] *f* — Art, Weise, Sorte
  une ~ de — eine Art (von), so etwas wie
  toutes ~s (de) — alle möglichen, allerlei
  de *ou* en ~ que (+ *ind*/+ *subj*) — so daß *(Ergebnis/Absicht)*
  en quelque ~ — gewissermaßen
  de la ~ — auf diese, solche Art und Weise, so
sortie [sɔrti] *f* — Ausgang, -fahrt; Hinausgehen, -fahren
  à la ~ (de) — am Ausgang, an der Ausfahrt; beim Hinausgehen, -fahren (aus, von)
  ~ de secours — Notausgang
sortir [sɔrtir] (+ être/+ avoir) — hinausgehen, -fahren; heraus-, hervorkommen; ausgehen/herausnehmen, -holen
  je sors, il sort, nous sortons, ils sortent; je suis sorti, -e
  ~ du bureau — aus dem Büro kommen
  ~ (beaucoup) le soir — abends (oft) ausgehen

~ les bagages (du coffre)	das Gepäck (aus dem Kofferraum) herausholen
s'en ~ *fam*	einen Ausweg finden, sich aus der Affäre ziehen
sou [su] *m*	*alte französische Münze*
n'avoir pas le ~	keinen Pfennig haben
souci [susi] *m*	Sorge
avoir des ~s/d'autres ~s	Sorgen/andere Sorgen haben
donner des ~s à qn	jdm Sorgen machen
se faire du ~ *ou* des ~s (pour qn, qc)	sich (um jdn, etw) Sorgen machen
soudain, -e [sudɛ̃, sudɛn] (*adv* soudain *ou* soudainement)	plötzlich
mort ~e	plötzlicher Tod
souffle [suflə] *m*	(Wind-)Hauch, Atem(zug)
à bout de ~	außer Atem
souffler [sufle]	blasen, wehen/(auf-, aus-, weg)blasen; zuflüstern, vorsagen
souffrir [sufrir] (de qc/qn, qc) je souffre, nous souffrons, ils souffrent; j'ai souffert	(an etw/jdn, etw) leiden
ne pas pouvoir ~ qn, qc/que (+ *subj*)	jdn, etw nicht leiden, nicht ausstehen können/es nicht leiden, nicht ausstehen können, daß
faire ~	quälen
souhait [swɛ] *m*	Wunsch
A tes/vos ~s!	Gesundheit! *(beim Niesen)*
souhaiter [swɛte *ou* swete] (qc/qc à qn/*inf ou* de + *inf*/ que + *subj*)	wünschen
~ bonne chance/bon voyage (à qn)	(jdm) viel Glück/gute Reise wünschen
~ la bonne année/la bienvenue (à qn)	(jdm) ein gutes neues Jahr wünschen/(jdn) willkommen heißen
soûl, -e *ou* **saoul, -e** [su, sul] *fam*	besoffen
se soûler *ou* **saouler** [sule] *fam*	sich besaufen
soulier [sulje] *m*	(Halb-)Schuh
mettre des ~s	Schuhe anziehen
une paire de ~s	ein Paar Schuhe
soupe [sup] *f*	Suppe
~ à l'oignon	Zwiebelsuppe

souper [supe] *verbe/nom m*	zu Abend, *(nach einer Veranstaltung)* zur Nacht essen/ Abend-, Nachtessen
inviter à ~	zum Abend-, Nachtessen einladen
souple [suplə]	biegsam, weich, flexibel *(auch fig)*
source [surs] *f*	Quelle, Ursprung, Ursache
(savoir) de bonne ~	aus zuverlässiger Quelle (wissen)
sourd, -e [sur, surd]	taub; dumpf
~-muet, ~-e-muette *adj/nom*	taubstumm/Taubstummer, -e
sourire [surir] *verbe/nom m* je souris, il sourit, nous sourions, ils sourient; j'ai souri	lächeln/Lächeln
~ à qn/de qn, qc	jdm zulächeln/lächeln über jdn, etw
souris [suri] *f* (!)	Maus
sous [su]	unter(halb)
~ mes yeux	vor meinen Augen
~ prétexte de qc/de + *inf*/que (+ *ind*)	unter dem Vorwand von etw/ zu/daß
sous-sol [susɔl] *m*	Unter-, Kellergeschoß
soutien-gorge [sutjɛ̃gɔrʒ] *m* (*pl* soutiens-gorge)	Büstenhalter
souvenir [suvnir] *m*	Erinnerung; Andenken, Souvenir
garder un bon ~ de qn	jdn in guter Erinnerung behalten
en ~ de	zur Erinnerung an
~ d'enfance	Kindheitserinnerung
Mon bon ~ à tes/vos parents.	Grüß deine/Grüßen Sie Ihre Eltern von mir.
se souvenir [suvnir] (de qn, qc/de + *inf*/que) je me souviens, il se souvient, nous nous souvenons, ils se souviennent; je me souviendrai; je me suis souvenu, -e	sich erinnern
~ que (+ *ind*)/ne pas ~ que (+ *ind ou subj*)	sich erinnern/nicht erinnern, daß
souvent [suvɑ̃]	oft
le plus ~	meistens
soviétique [sɔvjetik]	sowjetisch
Union *f* ~	Sowjetunion
sparadrap [sparadra] *m*	(Heft-)Pflaster

spécial, -e [spesjal] (-aux) — besonder(s), Sonder-
offre ~e — Sonderangebot
qc/rien de ~ — etw/nichts Besonderes
pas ~ement — nicht besonders
spectacle [spɛktaklə] *m* — Schauspiel *(auch fig)*, Anblick
spectateur, -trice [spɛktatœr, spɛktatris] — Zuschauer, -in
sport [spɔr] *m* — Sport
faire du ~ — Sport treiben
~s — Sportarten
~s d'hiver — Wintersport
voiture *f* de ~ — Sportwagen
sportif, -ve [spɔrtif, spɔrtiv] *adj/nom* — sportlich/Sportler, -in
stade [stad] *m* — Stadion
stage [staʒ] *m* — Lehrgang, Praktikum
faire un ~ — einen Lehrgang, ein Praktikum machen
stand [stãd] *m* — (Verkaufs-, Ausstellungs- *usw.*)Stand
~ de légumes — Gemüsestand
station [stasjɔ̃] *f* — Station, (Bahn-)Haltestelle
~ balnéaire [balneɛr] — Badeort
~-service (*pl* ~s-service) — Tankstelle
voiture *f* en ~ — parkendes Auto
stationnement [stasjɔnmã] *m* — Parken
~ interdit! — Parken verboten!
stationner [stasjɔne] — parken
statue [staty] *f* — Statue
steak [stɛk] *m* — Steak
~ frites — Steak mit Pommes frites
sténodactylo [stenɔdaktilo], **sténo** [steno] *f ou* **dactylo** *f* — Stenotypistin
Strasbourg [strazbur] — Straßburg
studio [stydjo] *m* — Studio; Einzimmerwohnung
style [stil] *m* — Stil
stylo [stilo] *m* — Füller
~ (à) bille [bij] — Kugelschreiber
succès [syksɛ] *m* — Erfolg
avoir du/beaucoup de ~ — Erfolg/großen Erfolg haben
avec/sans ~ — erfolgreich/-los
sucre [sykrə] *m* — Zucker
mettre du ~ — süßen
un morceau de ~ — ein Stück Zucker
sucré, -e [sykre] (*inf* sucrer) — gezuckert, süß

sud [syd] *m* — Süden
(tout) au ~ (de) — (ganz) im Süden, südlich (von)
dans le sud de la France *ou* dans le Sud — in Südfrankreich
l'Amérique du ~ — Südamerika
le pôle [pol] ~ — Südpol
~-est/-ouest — Südosten/-westen

suer [sɥe] — schwitzen

suffire [syfir] — genügen/ausreichen (jdm/um zu)
(à qn/à *ou* pour + *inf*)
je suffis, il suffit, nous suffisons, ils suffisent; suffi
il (ne) suffit (pas) de + *inf*/que (+ *subj*) — es genügt (nicht), zu/daß
Cela (*fam* Ça) suffit. — Das genügt. Mir reicht's. Genug damit/davon.

suffisant, -e, *adv* suffisamment — ausreichend

la Suisse [sɥis] — die Schweiz
en Suisse — in der/die Schweiz
la ~ allemande/romande [rɔmɑ̃d] — die deutsche/französische Schweiz

suite [sɥit] *f* — Folge, Fortsetzung
~ d'événements — Folge von Ereignissen
à la/par ~ de — nach/infolge (von)
et ainsi de ~ — und so weiter
tout de ~ (après) — sofort (nach/danach)

suivre [sɥivrə] (qn, qc!) — folgen/be-, verfolgen
je suis, il suit, nous suivons, ils suivent; j'ai suivi
~ le chemin/la rue — auf dem Weg/der Straße bleiben, weitergehen, -fahren
~ un conseil/un ordre — einem Rat/Befehl folgen, einen Rat/Befehl befolgen
~ un cours/des cours — an einem Kurs, einer Vorlesung teilnehmen/an Kursen teilnehmen, Vorlesungen hören
Suivez-moi! — Folgen Sie mir!
A ~. — Fortsetzung folgt.
(Prière de) Faire ~! — Bitte nachsenden!

suivant, -e *adj/nom* — (nach)folgend/Nächster, -e, -es
Au suivant! — Der Nächste, bitte!
suivant qc (suivant le *ou* les cas) — gemäß, nach (je nachdem)
suivant que (+ *ind*) — je nachdem, ob

sujet [syʒɛ] *m* — Thema
au ~ de — bezüglich
super [sypɛr] *adj inv fam/nom m* — Super-, super, toll/Superbenzin
superbe [sypɛrb] — prächtig, großartig
superficiel, -le [sypɛrfisjɛl] — oberflächlich *(auch fig)*
superflu, -e [sypɛrfly] — überflüssig
il est ~ de + *inf* — es ist unnötig, zu
supérieur, -e [syperjœr] *adj/nom* — höher, besser, Ober-/Vorgesetzter, -e
cours ~ — Oberkurs
les classes ~es — die oberen Klassen
école normale ~e — *frz. Eliteschule, u. a. zur Ausbildung von Lehrern an höheren Schulen*
supermarché [sypɛrmarʃe] *m* — Supermarkt
supplément [syplemã] *m* — Ergänzung, Bei-, Zulage, Zuschlag *(Fahrkarte)*
en ~ (C'est en ~.) — zusätzlich (Das geht extra.)
payer un ~ — nachzahlen
supplémentaire [syplemãtɛr] — ergänzend, zusätzlich, extra, Ergänzungs-, Zusatz-, Extra-
train *m* ~ — Entlastungszug
heures ~s — Überstunden
supporter [syporte] — tragen, (unter)stützen; er-, vertragen
ne pas ~ qn, qc/que + *subj* — jdn, etw nicht ausstehen können/nicht ausstehen können, nicht dulden, daß
ne pas ~ le vin — keinen Wein vertragen
supposer [sypoze] (qc/que) — annehmen
Nous supposons que vous êtes (*ind*) malade. — Wir vermuten, daß Sie krank sind.
Supposons que vous soyez (*subj*) malade. — Gesetzt den Fall, Sie wären krank.
supprimer [syprime] — unterdrücken; aufheben, weglassen
~ la liberté de la presse — die Pressefreiheit aufheben
~ un mot — ein Wort streichen
sur [syr] — auf, über
~ la table — auf dem/den Tisch
~ la ville — über der/die Stadt
~ l'herbe — im Gras
~ la porte — in der Tür *(Schlüssel)*
~ la côte/la Seine [sɛn] — an der Küste/der Seine
~ place — an Ort und Stelle

appuyer sur un bouton	auf einen Knopf drücken
avoir ~ soi (Je n'ai pas d'argent ~ moi.)	bei sich haben (Ich habe kein Geld bei mir.)
être d'accord ~	sich einig sein über
donner ~ le jardin	auf den Garten hinausgehen *(Zimmer, Tür, Fenster)*
~ quoi	woraufhin
un jour ~ deux/trois *etc*	jeder zweite/dritte *usw.*, jeden zweiten/dritten *usw.* Tag
sûr, -e [syr] (de qn, qc/de + *inf*/que)	sicher, zuverlässig, bestimmt
être ~ que (+ *ind*)/ne pas être ~ que (+ *subj*)	sicher/nicht sicher sein, daß
~ de soi	selbstsicher
en lieu ~	an einem sicheren Ort
le plus ~ est de (+ *inf*)	das Sicherste ist, zu
Bien ~!	Selbstverständlich!
~ement (pas)	sicher(lich), bestimmt (nicht)
surprendre [syrprɑ̃drə] je surprends, il surprend, nous surprenons, ils surprennent; je surprendrai; j'ai surpris	überraschen, ertappen
surprenant, -e	überraschend
être surpris, -e (de *ou* par qn, qc/de + *inf*/que + *subj*)	überrascht sein
surprise [syrpriz] *f*	Überraschung
faire une ~ à qn	jdn überraschen
à la (grande) ~ de qn (à ma grande ~)	zur (großen) Überraschung von jdm (zu meiner großen Überraschung)
une bonne/mauvaise ~	eine gute/böse Überraschung
surtout [syrtu]	vor allem, besonders
~ pas!	Auf keinen Fall! Bloß nicht!
surveiller [syrvɛje]	überwachen, beaufsichtigen
sympathique [sɛ̃patik], *fam* **sympa** [sɛ̃pa]	sympathisch, nett
trouver ~	sympathisch, nett finden
syndicat [sɛ̃dika] *m*	Gewerkschaft
~ d'initiative [inisjativ]	Verkehrsbüro
système [sistɛm] *m*	System

T

tabac [taba] *m* — Tabak(laden)
bureau *m* de ~ — Tabakladen *(wo es außer Tabak auch Briefmarken u. a. gibt)*
table [tablə] *f* — 1. Tisch, 2. Tabelle
une ~ pour 4 (quatre) personnes — ein/einen Tisch für 4 Personen
mettre la ~ — den Tisch decken
se mettre à ~ — sich zu Tisch setzen
A ~! — Zu Tisch! Essen!
~ des matières — Inhaltsverzeichnis
tableau [tablo] *m* (-x) — Gemälde, Bild; *(auch* Wand-) Tafel, Übersicht
~ noir — Wandtafel
tache [taʃ] *f* — Fleck
faire/enlever une ~ — einen Fleck machen/entfernen
~ de graisse — Fettfleck
tâche [tɑʃ *ou* taʃ] *f* — Aufgabe, Pensum, Arbeit
taille [tɑj *ou* taj] *f* — (Körper-)Größe; Taille
de grande/petite ~ — von großer/kleiner Statur
Quelle ~ faites-vous? – (~) 38 (trente-huit). — Welche Größe haben Sie? – (Größe) 38.
Ce n'est pas ma ~. — Das ist nicht meine Größe.
se taire [tɛr] — schweigen
je me tais, il se tait, nous nous taisons, ils se taisent; je me suis tu, -e
Tais-toi!/Taisez-vous! — Halt/Halten Sie den Mund! Sei/Seid still!
talon [talɔ̃] *m* — Ferse; Absatz *(Schuh)*; Abschnitt *(einer Postanweisung u. dgl.)*
à ~s (hauts) — mit (hohen) Absätzen
tampon [tɑ̃pɔ̃] *m* — Stöpsel, Stempel
~ (hygiénique) [iʒjenik]) — Tampon
tandis que [tɑ̃di(s)kə] (+ *ind*) — während (hingegen)
tant [tɑ̃] — so viel(e), so sehr, so
~ de choses/de fois — so viel(es)/oft
Je le voudrais ~! — Ich möchte es so gerne!
~ mieux! — Um so besser!
~ pis! — Da kann man nichts machen!
~ que (+ *ind*) — 1. so viel(e), so sehr, so, daß 2. solange als
en ~ que — (in der Eigenschaft) als
tante [tɑ̃t] *f* — Tante

taper [tape] — klopfen, schlagen
~ (à la machine) — (mit der Maschine) tippen
tapis [tapi] *m* — Teppich
tapisserie [tapisri] *f* — Wandteppich, Gobelin
tard [tar] *adv* — spät
plus ~ (A plus ~!) — später (Bis später!)
au plus ~ — spätestens
trop ~ — zu spät
tarte [tart] *f* (aux fruits/à l'oignon) — (Obst-/Zwiebel-)Kuchen
tartine [tartin] *f* — Butterbrot
tas [tɑ *ou* ta] *m* — Haufen, Menge
un ~ de choses/de gens — eine Menge Dinge/Leute
tasse [tas] *f* — Tasse
~ à/de café — Kaffeetasse/Tasse Kaffee
boire dans (!) une ~ — aus einer Tasse trinken
taux [to] *m* — (Prozent-)Satz
~ de *ou* du change/d'intérêt — Wechselkurs/Zinssatz
taxe [taks] *f* — Steuer, Gebühr
~ sur la valeur ajoutée (T.V.A.) [tevea] — Mehrwertsteuer (Mwst.)
taxi [taksi] *m* — Taxi
appeler/prendre un ~ — ein Taxi rufen/nehmen
chauffeur *m* de ~ — Taxifahrer
technique [tɛknik] *adj/nom f* — technisch, Fach-/Technik; Verfahren
tel, -le [tɛl] — solcher(er, -e, -es), derartig; irgendein(er, -e, -es)
une ~le occasion — eine solche Gelegenheit
~lement *ou* à ~ point (que + *ind*) — so, so sehr (daß)
la situation ~le qu'elle est *ou* ~le quelle — die Situation (so), wie sie ist
~le ou ~le décision — diese oder jene Entscheidung
télégramme [telegram] *m* — Telegramm
téléphone [telefɔn] *m* — Telefon
avoir le ~ — Telefon haben
au ~ — am/ans Telefon
par ~ — telefonisch
~ public — öffentliches Telefon
numéro *m* de ~ — Telefonnummer
coup *m* de ~ — (Telefon-)Anruf
donner *ou* passer un coup de ~ à qn — jdn anrufen
recevoir un coup de ~ — einen Anruf erhalten, angerufen werden

téléphoner [telefɔne]
~ à (!) ses parents/à Hambourg/en Allemagne

telefonieren
seine Eltern anrufen/nach Hamburg/nach Deutschland telefonieren

télévision [televizjɔ̃],
fam **télé** [tele] *f*
regarder la ~
poste *m*/programme *m*/émission *f* de ~

Fernsehen

fernsehen
Fernsehgerät/-programm/-sendung

témoin [temwɛ̃] *m*
être ~ de qc/que (+ *ind*)

Zeuge, -in
etw miterleben/miterleben, wie

température [tɑ̃peratyr] *f*
avoir de la ~
prendre la ~

Temperatur
Temperatur, Fieber haben
die Temperatur, das Fieber messen

La ~ monte/baisse.

Die Temperatur steigt/sinkt.

tempête [tɑ̃pɛt] *f*
~ de neige

Sturm *(auch fig)*, Unwetter
Schneesturm

temporaire [tɑ̃pɔrɛr]

vorübergehend, zeitweilig

temps [tɑ̃] *m*
avoir/perdre du ~
(ne pas) avoir le ~ (pour qn, qc/de + *inf*)

1. Zeit, 2. Wetter
Zeit haben/verlieren
(keine) Zeit haben (für/um zu)

passer/perdre son ~ avec qn, qc/à + *inf*
prendre son ~
prendre beaucoup de ~
il est ~ de + *inf*/que (+ *subj*)
à ~
à plein/mi-~
dans un premier ~

seine Zeit zubringen/verlieren (mit/damit, daß)
sich Zeit lassen
viel Zeit erfordern
es ist Zeit, zu/daß
rechtzeitig
Vollzeit-/Teilzeit-
fürs erste, für den Anfang, zunächst

dans un deuxième *ou* second ~
de ~ en ~ *ou* de ~ à autre
du ~ de (de mon ~)
depuis quelque ~
quelque ~ après
en même ~
en peu de ~
entre-~
pendant ce ~

danach, später
von Zeit zu Zeit
zur Zeit von (zu meiner Zeit)
seit einiger Zeit
einige Zeit später
zur selben Zeit, gleichzeitig
in kurzer Zeit, schnell
inzwischen
während dieser Zeit, unterdessen

le bon vieux ~
emploi *m* du ~

die gute alte Zeit
Stunden-, Terminplan

passe-temps *m inv* — Zeitvertreib
Il fait beau ~/mauvais ~/ un ~ terrible. — Es ist schönes/schlechtes/ schreckliches Wetter.
par un ~ pareil/par beau ~ — bei solchem/bei schönem Wetter

tendance [tɑ̃dɑ̃s] *f* — Neigung, Tendenz
avoir ~ à + *inf* — dazu neigen, zu
tendre [tɑ̃drə] — zart *(auch fig)*, zärtlich
mot *m* ~ — Kosewort
tenir [t(ə)nir] — (stand)halten, (fest)sitzen, *(in etw)* hineingehen, -passen, Platz haben/(fest)halten, *(Menge)* fassen, enthalten
je tiens, il tient, nous tenons, ils tiennent; je tiendrai; j'ai tenu
~ à qc (J'y tiens beaucoup.) — an etw hängen, Wert auf etw legen (Das ist mir wichtig.)
~ (sa) parole/sa promesse — (sein) Wort/sein Versprechen halten
~ qn, qc pour qn, qc — jdn, etw für jdn, etw halten
~ compte de qn, qc — jdn, etw berücksichtigen
Tiens!/Tenez! — Sieh/Sehen Sie da! Nanu!
se ~ (debout/tranquille) — sich (aufrecht, auf den Beinen/ ruhig) halten
s'en ~ à qn, qc — sich an jdn, etw halten, bei jdm, etw bleiben

tente [tɑ̃t] *f* — Zelt
monter une ~ — ein Zelt aufschlagen
tenter [tɑ̃te] — versuchen; in Versuchung führen
(qn, qc/de + *inf*)
terminer [tɛrmine] — beenden
se ~ — enden, zu Ende gehen
terminus [tɛrminys] *m* — Endstation
terrain [tɛrɛ̃] *m* — Gelände
~ de camping/de foot(ball)/ de jeux — Zelt-/Fußball-/Spielplatz

terrasse [tɛras] *f* — Terrasse
terre [tɛr] *f* — Erde; (Erd-)Boden
par ~ — auf der/die Erde, dem/den Boden

terrible [tɛriblə] — schrecklich
Ce n'est pas ~. *fam* — Das ist nicht toll.
~ment gênant, -e — schrecklich unangenehm
tête [tɛt] *f* — Kopf, Haupt
de la ~ aux pieds — von Kopf bis Fuß
(avoir) mal à la ~ *ou* des maux de ~ — Kopfschmerzen (haben)
faire la ~ — ein Gesicht ziehen, schmollen

perdre la ~	den Verstand verlieren
à la ~ de	an der Spitze von
T.G.V. [teʒeve] *m* (= train à grande vitesse)	*französischer Superschnellzug*
thé [te] *m*	(schwarzer) Tee
~-citron/nature	Tee mit Zitrone/schwarz
salon *m* de ~	Café (mit Konditorei)
théâtre [teɑtrə *ou* teatrə] *m*	Theater
au ~	im/ins Theater
pièce *f* de ~	Theaterstück
théorie [teɔri] *f*	Theorie
en ~	theoretisch
théorique (!) [teɔrik]	theoretisch
~ment	in theoretischer Hinsicht, theoretisch
thon [tɔ̃] *m*	Thunfisch
ticket [tikɛ] *m*	Fahrschein *(für Nahverkehrsmittel)*
~ de caisse/de métro	Kassenzettel/U-Bahn-Fahrschein
carnet *m* (de ~s)	(Fahrschein-)Block
tiède [tjɛd]	lauwarm *(auch fig)*
tiers [tjɛr] *m*	Drittel
les deux ~ (de)	zwei Drittel
tiers, tierce [tjɛr, tjɛrs]	dritter, -e, -es *(eines dreiteiligen Ganzen)*
le ~-monde	die Dritte Welt
timbre [tɛ̃brə] *m*	Stempel, Briefmarke
~-poste (*pl* ~s-poste)	Briefmarke
un ~ à *ou* de 3 (trois) francs	eine Marke zu 3 Francs
collection *f* de ~s	Briefmarkensammlung
~ de collection	Sammlermarke
timide [timid]	schüchtern
tire-bouchon [tirbuʃɔ̃] *m* (*pl* tire-bouchons)	Korkenzieher
tirer [tire]	1. ziehen, 2. schießen
~ un trait [trɛ]/au sort [sɔr]	einen Strich ziehen/(aus)losen
~ un coup de fusil (sur)	einen Gewehrschuß abgeben (auf)
tiroir [tirwar] *m*	Schublade
tissu [tisy] *m*	Gewebe *(auch fig)*, Stoff
titre [titrə] *m*	Überschrift, Titel, (Amts-)Bezeichnung
sous-~ (*pl* sous-~s)	Untertitel

à titre de	(in der Eigenschaft) als
à ~ privé	als Privatperson
à juste ~	mit (vollem) Recht
toilette [twalɛt] *f*	(Morgen-)Toilette; (Damen-)Kleidung, Aufmachung, Kleid
faire sa ~	seine Morgentoilette machen, sich anziehen
~s (*pl!*)	Waschraum, Toilette, WC
toit [twa] *m*	Dach
tomate [tɔmat] *f*	Tomate
salade *f* de ~s	Tomatensalat
sauce *f* ~	Tomatensauce
tombe [tɔ̃b] *f*	Grab(stätte, -stein)
tomber [tɔ̃be]	fallen
~ dans l'eau/par terre	ins Wasser/auf die Erde fallen
Cela (*fam* Ça) tombe bien/mal.	Das trifft sich *oder* paßt gut/schlecht.
La nuit/La pluie tombe.	Es wird Nacht./Es regnet.
~ amoureux (de)	sich verlieben (in)
~ malade	krank werden
~ en panne	kaputtgehen (*Auto*)
laisser ~ (Laisse ~!)	fallen lassen/fallenlassen, sein lassen (Laß es! Vergiß es!)
ton [tɔ̃] *m*	Ton, Redeweise
d'un ~ sérieux	nachdrücklich
tonnerre [tɔnɛr] *m*	Donner
coup *m* de ~	Donnerschlag
tort [tɔr] *m*	Unrecht
avoir ~ (de + *inf*)	Unrecht haben (zu)
donner/faire ~ à qn	jdm nicht rechtgeben/jdm Unrecht tun
tôt [to]	früh, bald
~ ou tard	früher oder später
très/trop ~	sehr/zu früh
plus ~ (que)	früher (als)
au plus ~	frühestens; so früh wie möglich
total, -e [tɔtal] (-aux) *adj/nom m*	gesamt, vollständig/Summe
~ement	gänzlich
toubib [tubib] *m fam*	Arzt
toucher [tuʃe]	an-, berühren (*auch fig*), anfassen
~ de l'argent/un chèque	Geld abheben, bekommen/einen Scheck einlösen

toujours [tuʒur]	immer, immer noch
~ la même chose!	Immer dasselbe!
comme/depuis/pour ~	wie/seit/für immer
tour [tur] 1. *f*, 2. *m*	1. Turm, 2. Umdrehung, (Rund-)Gang, Fahrt, Reise
faire un ~ (à pied/en voiture/en bateau)	eine Tour (Spaziergang/Auto-/Bootsfahrt) machen
~ de France	Frankreichrennen
faire demi-~	umkehren *(auch fig)*
A qui est le ~? *ou* C'est le ~ de qui? – C'est mon/ton *etc* ~.	Wer ist dran? – Ich bin/Du bist *usw.* dran.
à ~ de rôle *ou* chacun (à) son ~	einer nach dem andern, der Reihe nach
~ à ~	abwechselnd
un 45/33 ~s	eine Single/Langspielplatte
jouer un (mauvais) ~ (à qn)	(jdm) einen (schlechten) Streich spielen
tourisme [turismə] *m*	Tourismus
bureau *m* de ~	Verkehrsamt
touriste [turist] *m, f*	Tourist, -in
touristique [turistik]	touristisch, Touristen-
tourne-disque [turnədisk] *m*	Plattenspieler
tournevis [turnəvis] *m*	Schraubenzieher
tourner [turne]	(sich) drehen, wenden
~ à droite/à gauche	rechts/links einbiegen
~ bien/mal	eine gute/schlechte Wendung nehmen, gut/schlecht ausgehen
se ~ vers qn, qc	sich an jdn, etw wenden, sich jdm, etw zuwenden
~ la page	umblättern
T.S.V.P. (= Tournez, s'il vous plaît)	b.w. (bitte wenden!)
tousser [tuse]	husten
tout, -e [tu, tut] (tous, toutes [tu/tut]) *adj*	ganz(-er, -e, -es), all(-er, -e, -es), jeder, -e, -es
~ Paris/~e la ville	ganz Paris/die ganze Stadt
~ le temps/~e la nuit	die ganze Zeit, immer/die ganze Nacht
~ le monde	alle Welt, alle, jeder
~ le reste	alles übrige
~e(s) sorte(s) de livre(s) *ou* des livres de ~es sortes	alle möglichen, allerlei Bücher
tous, toutes les deux/trois *etc*	(alle) beide/alle drei *usw.*
tous les (deux/trois *etc*) jours	jeden (zweiten/dritten *usw.*) Tag

toutes les heures/les 10 (dix) minutes	jede Stunde/alle 10 Minuten
à ~ moment	jeden Augenblick, ständig
à ~e heure	zu jeder Tageszeit
à ~e vitesse	mit aller Geschwindigkeit
de tous (les) côtés	von/nach allen Seiten, von/nach überall
de ~e façon *ou* en ~ cas	auf alle Fälle, jedenfalls, wie dem auch sei
en ~e chose/~e occasion	in, bei allen Dingen/bei jeder Gelegenheit
somme ~e	alles in allem
tout *nom m*	Ganzes
former un ~	ein Ganzes, eine Ganzheit bilden
pas/rien du ~	überhaupt nicht/nichts
tout (tous [tus], toutes) *pron*	alles, *pl* alle
Voilà ~.	Das ist alles.
Est-ce ~? – C'est ~.	Weiter nichts? Ist das alles? – Das ist alles.
~ va bien.	Es ist alles in Ordnung.
~ compris	alles inbegriffen
~/tous, toutes ensemble	alles/alle zusammen
avant/après ~	vor allen Dingen/immerhin
beau comme ~ *fam*	unheimlich schön
tout/toute (tout/toutes) *adv*	gänzlich, sehr
tout étonné, -ée (-és, -ées)	völlig erstaunt
tout petit, ~e (!) petite (tout petits, ~es petites)	ganz klein
C'est ~ autre chose.	Das ist ganz etwas anderes.
~ doucement/juste	ganz vorsichtig, sachte/ganz knapp, geradeeben noch
~ autant	ganz genausoviel
~ près (de qn, qc)	ganz in der Nähe (von jdm, etw)
~ à coup *ou* d'un coup	auf einmal, plötzlich
~ à fait/au plus	ganz und gar/(aller)höchstens
~ à l'heure (A ~ à l'heure!)	gerade eben, vorhin/gleich, später (Bis später!)
~ d'abord	zu(aller)erst
~ de même [tutmɛm]	trotzdem
~ de suite [tutsɥit]	sofort
toux [tu] *f* (!)	Husten
traducteur, -trice [tradyktœr, tradyktris]	Übersetzer, -in
traduction [tradyksjɔ̃] *f*	Übersetzung

traduire [tradμir]	übersetzen
je traduis, il traduit, nous traduisons, ils traduisent; j'ai traduit	
~ en allemand/en français	ins Deutsche/Französische übersetzen
tragédie [traʒedi] *f*	Tragödie
tragique [traʒik]	tragisch
train [trɛ̃] *m*	1. Zug, 2. Gang(art), Lauf
prendre/rater le ~	den Zug nehmen/verpassen
changer (de ~)	umsteigen
venir en ~ *ou* par le ~	mit dem Zug kommen
le ~ de/pour Paris	der Zug von/nach Paris
le ~ de 10 heures [dizœr]	der 10-Uhr-Zug
être en ~ de + *inf*	im Begriff sein, gerade dabei sein, zu
~ de vie	Lebenshaltung, -weise
traîner [trɛne *ou* trene]	herumliegen; sich hinziehen
traité [trɛte *ou* trete] *m*	Abhandlung; Vertrag
~ de paix	Friedensvertrag
traitement [trɛtmɑ̃] *m*	1. Behandlung, 2. Besoldung, Gehalt
~ de l'information	Datenverarbeitung
toucher un ~	ein Gehalt beziehen
traiter [trɛte *ou* trete] (de qn, qc/qn, qc)	handeln von/behandeln
~ qn en ami	jdn als Freund behandeln
~ qn d'idiot	jdn einen Idioten schimpfen
trajet [traʒɛ] *m*	(Weg-, Fahrt-, Flug-)Strecke
tranche [trɑ̃ʃ] *f*	Schnitte, Scheibe; Abschnitt
une ~ de pain/de jambon	eine Scheibe Brot/Schinken
tranquille [trɑ̃kil(!)]	ruhig
être/rester ~	ruhig sein/bleiben
laisser qn, qc ~	jdn, etw in Ruhe lassen
transistor [trɑ̃zistɔr] *m*	Transistor(radio)
transport [trɑ̃spɔr] *m*	Transport, Beförderung
~s en commun	öffentliche Verkehrsmittel
moyen *m* de ~	Verkehrsmittel
transporter [trɑ̃spɔrte]	transportieren, befördern
travail [travaj] *m* (-aux)	Arbeit
faire un ~	eine Arbeit machen
aller/se mettre au ~	zur/an die Arbeit gehen, sich an die Arbeit machen
Au ~!	An die Arbeit!
avoir/chercher du ~	Arbeit haben/suchen
avoir beaucoup de ~	viel zu tun haben

224 travailler

heures *f pl* de travail	Arbeits-, Dienststunden
~ à la chaîne	Fließbandarbeit
~ à mi-temps/à temps partiel	Halbtags-/Teilzeitarbeit
~ (au) noir	Schwarzarbeit
travailler [travaje]	arbeiten
~ beaucoup/peu	viel/wenig arbeiten
~ dur/bien/mal	hart/gut/schlecht arbeiten
~ au noir	schwarzarbeiten
~ chez VW [vedubləve]/dans une banque	bei VW/in einer Bank arbeiten
travailleur, -euse [travajœr, travajøz]	Arbeiter, -in
~ immigré [imigre]	Gastarbeiter
à travers [travɛr] (qc)	quer durch, über
traverser [travɛrse]	durch-, überqueren, auf die andere (Straßen-)Seite gehen
treize [trɛz]	dreizehn
le 13 (treize) avril	der 13./den, am 13. April
treizième (13ᵉ)	dreizehnter, -e, -es (13.)
trembler [trãble]	zittern
~ de froid/de peur	vor Kälte/Angst zittern
tremper [trãpe]	eintauchen
trempé, -e	durchnäßt
trente [trãt]	dreißig
~ et un, -e	einunddreißig
~-deux/-trois *etc*	zwei-/dreiunddreißig *usw.*
trentième (30ᵉ)	dreißigster, -e, -es (30.)
très [trɛ]	sehr
~ bien/chaud/gentil	sehr gut/warm/nett
avoir ~ faim/soif	großen Hunger/Durst haben
~ amis, -es	eng befreundet
tribunal [tribynal] *m* (-aux)	Gericht(shof)
tricher [triʃe]	betrügen, mogeln
~ à l'examen/au jeu/sur le prix	bei der Prüfung/beim Spiel/beim Preis betrügen, mogeln
tricoter [trikɔte]	stricken
triste [trist] (de + *inf*/ que + *subj*)	traurig *(auch fig)*, trostlos, jämmerlich
C'est bien ~.	Das ist sehr bedauerlich.
avoir l'air ~	ein trauriges Gesicht machen
d'un air ~	mit trauriger Miene
tristesse [tristɛs] *f*	Traurigkeit; Trostlosigkeit
trois [trwα *ou* trwa]	drei
le 3 (trois) septembre	der 3./den, am 3. September
~ième (3ᵉ)	dritter, -e, -es (3.)

en ~ième	in der Tertia *(Mittelstufenklasse Gymnasium)*
au ~ième (étage)	im dritten Stock
~ièmement	drittens
tromper [trɔ̃pe]	täuschen, betrügen
se ~	sich täuschen, sich irren
se ~ de jour/de rue	sich im Tag/in der Straße irren
se ~ de 100 (cent) francs	sich um 100 Francs vertun
si je ne me trompe	wenn ich (mich) nicht irre
trop [tro]	zu viel(e), zu sehr, zu
C'est ~.	1. Das ist zuviel. 2. Das geht zu weit.
beaucoup ~	viel zuviel
~ cher/peu/tard	zu teuer/wenig/spät
travailler ~	zuviel arbeiten
~ de travail	zuviel Arbeit
être de *ou* en ~	zuviel, überflüssig sein
qn, qc de ~	jd, etw zuviel
trottoir [trɔtwar] *m*	Bürgersteig
trou [tru] *m* (-s)	Loch *(auch fig)*, jämmerliche Behausung; Kaff
avoir la trouille [truj] *fam*	Bammel haben
trousse [trus] *f*	(Besteck-, Werkzeug-)Tasche, Etui
~ de toilette *ou* de voyage	Reisenecessaire
trouver [truve] (qn, qc/que)	(vor-)finden
~ un appartement/une solution/du travail	eine Wohnung/eine Lösung/Arbeit finden
aller ~	aufsuchen
~ qn, qc sympa(thique)	jdn, etw sympathisch finden
~ (qc) à manger	etw zu essen finden
~ que (+ *ind*)/ne pas ~ que (+ *ind ou subj*)	finden/nicht finden, daß
Tu trouves/Vous trouvez que (+ *ind*) …?	Findest du/Finden Sie, daß …?
~ bon/mauvais que (+ *subj*)	(es) gut/schlecht finden, daß
se ~	sich befinden
se ~ bien	sich wohlfühlen
truc [tryk] *m fam*	Ding(sda)
truite [tryit] *f*	Forelle
tuer [tɥe]	töten
~ le temps	die Zeit totschlagen
se ~	sich das Leben nehmen; ums Leben kommen
se ~ à + *inf*	sich damit abquälen, zu
tulipe [tylip] *f*	Tulpe

tunnel [tynɛl] *m*	Tunnel
la Tunisie [tynizi]	Tunesien
en Tunisie	in/nach Tunesien
tunisien, -ne [tynizjɛ̃, tynizjɛn]	tunesisch
Tunisien, -ne	Tunesier, -in
(se) tutoyer [tytwaje]	(sich) duzen
je tutoie, il tutoie, nous tutoyons, ils tutoient	
T.V.A. [tevea] *f* (= taxe sur la valeur ajoutée)	Mwst. (= Mehrwertsteuer)
type [tip] *m*	Typ *(auch fig)*
un drôle de ~	ein komischer Typ
typique [tipik]	typisch
~ment	typischerweise

U

un, -e [œ̃, yn] *num/art/pron*	eins/ein, -e, ein/einer, -e, -(e)s
~, deux, trois, partez!	Auf die Plätze, fertig, los!
le ~	die Eins
à la ~e	auf der Titelseite *(Zeitung)*, in den Schlagzeilen
à ~e heure	um ein Uhr
en ~ instant	in einem Augenblick, sofort
en ~ mot	mit einem Wort, kurz
~e fois (Il était ~e fois …)	einmal, einst (Es war einmal …)
l'~, -e	der, die, das eine, einer, -e, -es
l'~, -e et l'autre	der, die, das eine und der, die, das andere
ni l'~, -e ni l'autre	weder der, die, das eine noch der, die, das andere
l'~, -e l'autre (*pl* les ~s, -es les autres)	gegenseitig, einander
en voilà ~, -e (En voilà ~, -e qui n'a pas envie de travailler.)	da *oder* das ist einer, -e, -es (davon) (Da ist jemand, der nicht arbeiten will.)
pas ~, -e	nicht einer, -e, -es, keiner, -e, -es
plus d'~, -e	mehr als einer, -e, -es
~ de ces jours	dieser Tage
(l')~, -e de vous	einer, eine von euch/Ihnen
union [ynjɔ̃] *f*	Zusammenschluß, Verbindung, Vereinigung

l'Union soviétique	Sowjetunion
en Union soviétique	in der/die Sowjetunion
unique [ynik]	einzig(artig)
être enfant ~	einziges Kind, ein Einzelkind sein
(rue *f* à) sens *m* ~	Einbahnstraße
~ment (pour qn, qc/*inf*)	einzig und allein, nur (für jdn, etw/um zu)
unité [ynite] *f*	Einheit(lichkeit)
univers [yniver] *m*	Welt(all), Universum
universel, -le [yniversɛl]	allgemein, umfassend, universal, -sell, Welt-
suffrage [syfraʒ] *m* ~	allgemeines Wahlrecht
université [yniversite] *f*	Universität
à l'~	auf, in der/die Universität
~ populaire	Volkshochschule
urgence [yrʒɑ̃s] *f*	Dringlichkeit
d'~	sofort, dringend
en cas d'~	im Notfall
urgent, -e [yrʒɑ̃, yrʒɑ̃t]	dringend
~!	Eilt!
C'est ~.	Es ist dringend.
l'U.R.S.S. [yɛrɛsɛs *ou* yrs] *f*	die UdSSR
en U.R.S.S.	in der/die UdSSR
usage [yzaʒ] *m* (!)	(Ge-)Brauch
en ~/hors d'~	in/außer Gebrauch
user [yze]	verbrauchen; abnutzen, -tragen
usé, -e	abgenutzt, -getragen
usine [yzin] *f*	Fabrik
utile [ytil] (à qn/à + *inf*)	nützlich, zweckmäßig (für jdn/um zu)
il est ~ de + *inf*/que (+ *subj*)	es ist nützlich, zweckmäßig, zu/daß
(Est-ce que) Je peux vous être ~?	Kann ich Ihnen behilflich sein?
utiliser [ytilize]	aus-, benutzen

V

vacances [vakɑ̃s] *f pl*	Ferien, Urlaub
prendre ses ~	seinen Urlaub nehmen
passer ses ~	seine Ferien, seinen Urlaub verbringen
partir/être en ~	in die Ferien, in den Urlaub fahren/in Ferien, im Urlaub sein

pendant les vacances	während der, in den Ferien, im Urlaub
cours *m*/projets *m pl*/colonie *f* de ~	Ferienkurs/Ferien-, Urlaubspläne/Ferienlager *(für Kinder)*
les grandes ~	die großen Ferien
~ scolaires	Schulferien
~ d'été/d'hiver *ou* de neige	Sommer-/Winterferien, -urlaub
~ de Noël/de Pâques	Weihnachts-/Osterferien
vacciner [vaksine]	impfen
vache [vaʃ] *f*	Kuh; *fam* Schuft
vache [vaʃ] *adj fam*	gemein
~ment (bien)	unheimlich (toll)
vague [vag] *f*	Welle *(auch fig)*
vague [vag] *adj*	vage, unbestimmt
s'exprimer très ~ment	sich sehr vage, unbestimmt ausdrücken
en vain [vɛ̃]	vergeblich
vaincre [vɛ̃krə]	siegen/besiegen, überwinden
je vaincs [vɛ̃], il vainc, nous vainquons [vɛ̃kɔ̃], ils vainquent [vɛ̃k]; j'ai vaincu; vainquant	
vaisselle [vesɛl] *f*	(Küchen-)Geschirr
laver (*fam* faire) la ~	(Geschirr) abwaschen, spülen
lave-~ *m*	Spülmaschine
valable [valablə]	gültig, annehmbar, gut
valeur [valœr] *f* (!)	Wert
de/sans ~	wertvoll/-los
mettre en ~	hervorheben; nutzen
valise [valiz] *f*	Koffer
faire sa ~	seinen Koffer packen
vallée [vale] *f*	Tal
valoir [valwar]	gelten, wert sein, kosten
il vaut, ils valent; il vaudra; il a valu; qu'il vaille [vaj]	
~ peu/beaucoup/un million	wenig/viel/eine Million wert sein
Cela (*fam* Ça) vaut combien?	Was kostet das?
Cela (*fam* Ça) ne vaut rien/pas grand-chose.	Das ist nichts/nicht viel wert. Das taugt nichts/nicht viel.
Cela (*fam* Ça) vaut/ne *ou* n'en vaut pas la peine.	Das lohnt sich/lohnt sich nicht.
il vaut/ne vaut pas la peine de + *inf*/que (+ *subj*)	es lohnt sich/lohnt sich nicht, zu/daß

~ mieux | besser sein
La santé vaut mieux que la richesse. | Gesundheit ist besser als Reichtum.
Il vaut mieux se taire que (de) parler trop. | Es ist besser, zu schweigen als zuviel zu reden.
Il vaut/vaudrait mieux que tu viennes (que de rester à la maison). | Es ist/wäre besser, daß du kommst/kämest (statt zu Hause zu bleiben).
vanille [vanij] *f* | Vanille
glace *f* à la ~ | Vanilleeis
vaste [vast] | weit ausgedehnt, umfangreich *(auch fig)*
des connaissances très ~s | sehr große Kenntnisse
veau [vo] *m* (-x) | Kalb(fleisch)
vedette [v(ə)dɛt] *f* | (Film-, Schlager-)Star, Nummer Eins
véhicule [veikyl] *m* (!) | Fahrzeug
veille [vɛj] *f* | Vorabend
à la ~ | am Vorabend, tags zuvor
à la ~ de | am Tage *oder* kurz vor
veiller [vɛje] (à *ou* sur qn, qc/ à ce que + *subj*) | wachen (über jdn, etw/darüber, daß); aufbleiben
Veille/Veillez à faire le nécessaire *ou* à ce que le nécessaire soit fait! | Veranlasse/Veranlassen Sie das Nötige!
J'ai veillé toute la nuit. | Ich bin die ganze Nacht aufgeblieben.
vélo [velo] *m* | Fahrrad
faire du ~ | *(zum Sport oder Vergnügen)* radfahren
aller en ~ | mit dem Rad fahren
promenade *f* en ~ | Radtour
vélomoteur [velɔmɔtœr] *m* | Mofa
velours [v(ə)lur] *m* | Samt
vendeur, -euse [vɑ̃dœr, vɑ̃døz] | Verkäufer, -in
vendre [vɑ̃drə] | verkaufen
je vends, il vend, nous vendons, ils vendent; j'ai vendu
~ (pas) cher/bon marché | (nicht) teuer/billig verkaufen
A ~ ! | Zu verkaufen!
vendredi [vɑ̃drədi] *m* | Freitag
~ dernier/prochain | letzten/nächsten Freitag
tous les ~s | jeden Freitag
le ~ | freitags
~ saint | Karfreitag

venir [v(ə)nir]
je viens, il vient, nous
venons, ils viennent;
je viendrai; je suis venu, -e
  ~ d'Allemagne/en France/
  à Paris
  ~ à pied/en voiture/par le *ou*
  en train
  ~ avec/chez qn

  Viens ici/près de moi!
  ~ de + *inf* (Il vient de partir.)

  faire ~
  ~ voir qn
  Viens/Venez voir!
  aller et ~
  à ~ (les semaines à ~)

vent [vã] *m*
  Il fait du ~.
  ~ du nord
vente [vãt] *f*
  en ~
  prix *m* de ~
ventre [vãtrə] *m*
  avoir mal au ~
verglas [vɛrgla] *m*
vérifier [verifje] (qc/si)
vérité [verite] *f*
  dire la ~
  la pure ~
  en ~
vernis [vɛrni] *m*
  ~ à ongles
verre [vɛr] *m*
  prendre un ~
  boire dans(!) un ~
  ~ à/de vin
  ~ consigné/perdu.

vers [vɛr]

  aller ~ qn
  ~ midi/la Seine [sɛn]

kommen

aus Deutschland/nach Frankreich/nach Paris kommen

zu Fuß/mit dem Auto/mit dem Zug kommen

mit jdm/zu jdm (nach Hause) kommen
Komm her/in meine Nähe!
Umschreibung der unmittelbaren Vergangenheit (Er ist gerade gegangen.)
kommen lassen
besuchen (kommen)
Komm/Kommen Sie gucken!
hin und her, auf und ab gehen
kommend, bevorstehend (die kommenden Wochen)
Wind
Es ist windig.
Nordwind
Verkauf, Absatz
im Handel
Verkaufspreis
Bauch
Bauchschmerzen haben
Glatteis
(nach-, über-)prüfen
Wahrheit
die Wahrheit sagen
die reine Wahrheit
in Wirklichkeit
Lack
Nagellack
Glas
ein Glas trinken
aus einem Glas trinken
Weinglas/Glas Wein
(Flasche, Glas) Mit/Ohne Pfand.
in Richtung auf, auf … zu, gegen
auf jdn zugehen
gegen Mittag/auf die Seine zu

verser [vɛrse]	1. (ein-, aus-, ver-, weg)gießen, 2. *(Geld)* einzahlen
vert [vɛr] *m*	Grün
en ~	in Grün
vert, -e [vɛr, vɛrt] *adj*	grün
(donner le) feu ~	grünes Licht (geben)
veste [vɛst] *f*	Jacke
mettre/porter/enlever *ou* ôter sa ~	seine Jacke anziehen/tragen/ ausziehen
vestiaire [vɛstjɛr] *m*	Garderobe; Umkleideraum
vêtement [vɛtmɑ̃] *m*	Kleidungsstück
~s	Bekleidung, Kleider
sous-~s	Unterwäsche
viande [vjɑ̃d] *f*	Fleisch *(zum Essen)*
~ blanche/rouge	*(Fleisch vom)* Kalb, Geflügel/ Rind, Hammel
victime [viktim] *f* (!)	(Unglücks-)Opfer
faire des ~s	Opfer fordern
victoire [viktwar] *f*	Sieg
remporter la/une ~	den/einen Sieg erringen
vidange [vidɑ̃ʒ] *f*	Ölwechsel
~ et graissage	Ölwechsel und Abschmieren
vide [vid]	leer
vider [vide]	(aus-, ent)leeren
~ un verre/une bouteille	ein Glas/eine Flasche austrinken
vie [vi] *f*	Leben
gagner sa ~	seinen Lebensunterhalt verdienen
La ~ est chère.	Das Leben ist teuer.
C'est la ~.	So ist das Leben.
toute la ~	das ganze Leben
~ privée	Privatleben
niveau *m*/train *m* de ~	Lebensstandard/-haltung, -weise
assurance-~ *f*	Lebensversicherung
à ~	lebenslänglich
vieillard [vjɛjar] *m*	Greis
vieillesse [vjɛjɛs] *f*	(Greisen-)Alter
vieux/vieil, vieille [vjø/vjɛj, vjɛj] (vieux, vieilles)	alt
le bon vieux temps	die gute alte Zeit
Cela (*fam* Ça) fait vieux jeu.	Das wirkt altmodisch.
On se fait vieux.	Man wird alt.
les vieux	die alten Menschen, die Alten
Vienne [vjɛn]	Wien

village [vilaʒ] *m* (!) — Dorf
  le ~ de Domrémy [dɔ̃remi] — das Dorf Domrémy
ville [vil] *f* — Stadt
  en ~ — in der/die Stadt
  habiter en *ou* la ~ — in der Stadt wohnen
  la ~ de Paris — die Stadt Paris
  la vieille ~ — die Altstadt
  ~ de province — Provinzstadt
  hôtel *m* de ~ — Rathaus
vin [vɛ̃] *m* — Wein
  un verre de ~ (blanc/rouge/rosé) — ein Glas (Weiß-/Rot-/Rosé-)Wein
  ~ doux/sec — lieblicher/trockener Wein
vinaigre [vinɛgrə] *m* — Essig
vingt [vɛ̃] — zwanzig
  ~ [vɛ̃t] et un, -e — einundzwanzig
  ~ [vɛ̃t]-deux/-trois *etc* — zwei-/dreiundzwanzig *usw.*
  ~ [vɛ̃t]-quatre heures — vierundzwanzig Stunden
  quatre-~s [vɛ̃] — achtzig
  ~ième (20ᵉ) — zwanzigster, -e, -es (20.)
vingtaine [vɛ̃tɛn] *f* — *Anzahl von zwanzig*
  une ~ (de personnes) — ungefähr zwanzig (Leute)
violence [vjɔlɑ̃s] *f* — Heftigkeit, Gewalt(tätigkeit)
violent, -e [vjɔlɑ̃, vjɔlɑ̃t] — heftig, gewaltsam, -tätig
violer [vjɔle] — *(Regel u. dgl.)* verletzen; (jdn) vergewaltigen
violon [vjɔlɔ̃] *m* (!) — Geige
  jouer du ~ — Geige spielen
virage [viraʒ] *m* (!) — (Straßen-)Biegung, Kurve
  ~ dangereux — gefährliche Kurve
virement [virmɑ̃] *m* — Überweisung
virer [vire] — 1. eine Kurve fahren, abbiegen, 2. überweisen
  ~ qc à un compte — etw auf ein Konto überweisen
vis [vis] *f* (!) — Schraube
  serrer/desserrer une ~ — eine Schraube anziehen/lösen
visa [viza] *m* (!) — Visum
  ~ de transit [trɑ̃zit] — Durchreisevisum
visage [vizaʒ] *m* (!) — Gesicht
visite [vizit] *f* — Besuch, Besichtigung, (Arzt-)Visite
  faire (une) *ou* rendre ~ à qn — jdn besuchen
  en ~ (chez qn) — (bei jdm) auf, zu Besuch
visiter [vizite] — besichtigen

vite [vit] *adv* — schnell
  faire ~ — sich beeilen
  aller trop ~ — zu schnell gehen, fahren
  le plus ~ possible *ou* au plus ~ — möglichst schnell, so schnell wie möglich
vitesse [vitɛs] *f* — Schnelligkeit, Geschwindigkeit; Gang *(Auto)*
  changer de ~ — einen anderen Gang einlegen
  à grande/toute ~ — mit großer/aller Geschwindigkeit, in aller Eile
vitre [vitrə] *f* (!) — Fensterscheibe
  baisser une ~ — ein Fenster herunterdrehen *(Auto)*
vitrine [vitrin] *f* — Schaufenster, Vitrine
  en ~ — im/ins Schaufenster
vivant, -e [vivã, vivãt] — lebend(ig); lebhaft, belebt
  langues ~es — lebende, neuere, moderne Sprachen
vivre [vivrə] — leben
  je vis, il vit, nous vivons, ils vivent; j'ai vécu
  Vive *ou* Vivent les vacances! — Es leben die Ferien!
  savoir-~ *m* — feine Lebensart
vœux [vø] *m pl* — (Glück-, Segens-)Wünsche
  ~ de bonne année — Neujahrswünsche
  présenter (à qn) ses meilleurs *ou* tous ses ~ (pour) — (jdm) alles Gute wünschen (zu)
  Meilleurs ~! — Herzlichen Glückwunsch! Frohes Neues Jahr!
voici [vwasi] — hier ist, hier sind
  ~ mon père/ma mère/mes parents. — Hier *oder* Dies ist mein Vater/meine Mutter/sind meine Eltern.
  Le/La/Les ~! — Hier *oder* Dies ist er/sie/sind sie!
voie [vwa] *f* — Weg; Gleis; Spur *(Straße)*
  ~ sans issue [isy] — Sackgasse
voilà [vwala] — das ist, da sind
  ~ mon père/ma mère/mes parents. — Da *oder* Das ist mein Vater/meine Mutter/sind meine Eltern.
  Le/La/Les ~! — Da *oder* Das ist er/sie/sind sie!
voile [vwal] *f* — Segel
  faire de la ~ — segeln
  bateau *m* à ~s — Segelboot
  planche *f* à ~ — Surfbrett

voir [vwar] sehen
(qn, qc/que + *ind*/si)
je vois, il voit, nous voyons,
ils voient; je verrai; j'ai vu

aller/venir ~ — besuchen/zu jdm zu Besuch kommen
Viens/Venez ~! — Komm/Kommen Sie gucken!
faire ~ — sehen lassen, zeigen
Fais/Faites ~! — Zeig/Zeigen Sie mal her!
beau à ~ — schön anzusehen
~ plus bas — siehe unten
On peut ~ le patron? *fam* — Ist der Chef zu sprechen?
Voyons! — 1. Laß/Lassen Sie mal sehen! 2. Das geht zu weit!
être bien/mal vu, -e (par qn) — (bei jdm) gern/nicht gern gesehen sein
Cela (*fam* Ça) se voit. — Das sieht man (doch).

voisin, -e [vwazɛ̃, vwazin] *adj/nom* — benachbart, Nachbar-/Nachbar, -in

voiture [vwatyr] *f* — Wagen, Auto
conduire/garer une ~ — einen Wagen fahren/parken
aller/venir en ~ — mit dem Wagen fahren/kommen
monter en/descendre de ~ — in den/aus dem Wagen steigen
En ~! — Einsteigen!
~ d'enfant/de sport — Kinder-/Sportwagen
~-bar/-couchettes — Büfett-/Liegewagen

voix [vwa *ou* vwa] *f* (!) — Stimme
à ~ basse/haute *ou* à haute ~ — mit leiser/lauter Stimme

vol [vɔl] *m* — 1. Diebstahl, 2. Flug
commettre un ~ — einen Diebstahl begehen
~ de voiture — Autodiebstahl

volaille [vɔlaj *ou* vɔlaj] *f* — Geflügel

volant [vɔlɑ̃] *m* — Steuer(rad)
au ~ — am/ans Steuer

voler [vɔle] — 1. stehlen, 2. fliegen

volet [vɔlɛ] *m* — Fensterladen

voleur, -euse [vɔlœr, vɔløz] — Dieb, -in
Au ~! — Haltet den Dieb!

volontaire [vɔlɔ̃tɛr] *adj/nom m, f* — freiwillig/Freiwilliger, -e

volontiers [vɔlɔ̃tje] — gerne

vomir [vɔmir *ou* vomir] — sich übergeben, erbrechen

voter [vɔte] — (ab)stimmen

vouloir [vulwar]   wollen
(qc/*inf*/que + *subj*)
je veux, il veut, nous voulons,
ils veulent; je voudrai;
j'ai voulu; que je veuille [vœj],
que nous voulions

Que voulez-vous (de moi)?	Was wollen Sie (von mir)?
Comme tu veux/vous voulez.	Wie du willst/Sie wollen.
Je veux bien.	Von mir aus.
je voudrais (bien) (qc/*inf*)	ich möchte/würde gern
en ~ à qn (Ne m'en veux/ veuillez pas.)	jdm (wegen etw) böse sein (Sei/Seien Sie mir nicht böse.)
~ dire (qc/que + *ind*) (Cela [*fam* Ça] veut dire que …)	bedeuten, meinen (Das heißt, daß …)

(se) vouvoyer [vuvwaje]   (sich) siezen
je vouvoie, il vouvoie, nous
vouvoyons, ils vouvoient

voyage [vwajaʒ] *m*   Reise

faire un ~	eine Reise machen
partir/être en ~	auf Reisen gehen/sein
Bon ~!	Gute Reise!
~ d'affaires/de noces	Geschäfts-/Hochzeitsreise
~ organisé	Reise mit einer Reisegesellschaft, Pauschalreise

voyager [vwajaʒe]   reisen
nous voyageons; je
voyageais; voyageant;
j'ai voyagé

voyageur, -euse   Reisender, -e
[vwajaʒœr, vwajaʒøz]
les ~s pour Paris   die Reisenden nach Paris

vrai, -e [vrɛ]   wahr, wirklich

C'est ~? – C'est ~.	Ist das wahr? Stimmt das? – Das ist wahr. Das stimmt.
il est ~ que (+ *ind*)/il n'est pas ~ que (+ *ind ou subj*)	es stimmt, daß …, zwar … / es stimmt nicht, daß
à ~ dire	um die Wahrheit zu sagen, offen gestanden
Pas ~? *fam*	Stimmt's nicht? Hab' ich (nicht) recht?
~ment	wahrhaftig, wirklich

vue [vy] *f*   Sehvermögen, (An-, Aus-)Sicht
connaître/perdre de ~   vom Sehen kennen/aus den Augen verlieren

à perte [pɛrt] de vue	soweit das Auge reicht
à première ~	auf den ersten Blick
avec ~ sur la mer	mit Blick aufs Meer
une ~ de Paris	eine Ansicht von Paris
point *m* de ~	Aussichtspunkt; Gesichtspunkt, Meinung
au *ou* du point de ~ économique *ou* de l'économie (*fam* au *ou* du point de ~ économie)	in wirtschaftlicher Hinsicht

W

wagon [vagɔ̃] *m*	Waggon
~-lit/-restaurant	Schlaf-/Speisewagen
W.-C. [vese] *m pl* (!), *fam* **waters** [watɛr] *m pl*	WC
week-end [wikɛnd] *m*	Wochenende
pendant le ~	am Wochenende
Bon ~!	Schönes Wochenende!

Y

y [i]	da(hin), dort(hin) *(Ersatz für Verbergänzungen mit à)*
Tu ~ vas? – J'~ vais.	Gehst du hin? – Ich gehe hin.
il ~ a	da ist/sind, es gibt
Ça ~ est.	Fertig! Das wär's!
~ compris	inbegriffen
yaourt [jaur(t)] *m*	Joghurt
~ nature/aux fruits	Joghurt ohne Früchte/mit Früchten

Z

zéro [zero] *m*	Null
au-dessous/-dessus de ~	unter/über Null
avoir (un) ~	eine Sechs bekommen *(schlechteste Note)*

zinc [zɛ̃g] *m fam* — Theke
zone [zon] *f* — Zone, Gebiet
~ bleue — *(Gebiet, wo das)* Parken mit Parkscheibe *(erlaubt ist)*
~ piétonne *ou* piétonnière — Fußgängerzone
Zut! [zyt] *fam* — Verflixt!
~ alors! — Verflixt nochmal!

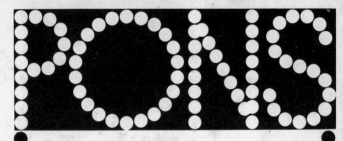

PONS Reisewörterbuch (Klettbuch 51862)
Sprachführer und Wörterbuch zugleich. Auf 230 Seiten über 5000 Stichwörter. Damit Aussprache und Betonung schnell und leicht gelernt werden können, gibt es eine Compact-Cassette (Klettnr. 51872).

PONS Taschenwörterbuch (Klettbuch 51721)
Klein und praktisch, denn es paßt in jede Tasche. Die perfekte Ergänzung zum Reisewörterbuch. Auf 720 Seiten rund 35 000 Stichwörter.

PONS Wortschatz (Klettbuch 51702)
Berücksichtigt auf über 150 Seiten die gesprochene, aktuelle Sprache. Gibt zu allen Einträgen die Lautschrift an und liefert nützliche Zusatzinformationen zu Phonetik und Grammatik.

PONS Wörterbuch ABC (Klettbuch 51893)
Praktisches Übungsbuch für die Arbeit mit dem PONS Globalwörterbuch und dem PONS Micro Robert. Mit Übungen zum Auffinden, Schreiben und Übersetzen.

PONS Kompaktwörterbuch (Klettbuch 5172)
Kompakt im Format und universell einsetzbar. Im Wortschatz konzentriert auf die wichtigsten 75 000 Stichwörter der Umgangs- und Fachsprache beider Sprachrichtungen.

PONS Globalwörterbuch (Klettbuch 517231, 517241)
Überarbeitetes, zweibändiges Wörterbuch (inhaltlich aktualisiert), mit ca. 80 000 Stichwörter pro Band. Mit umfassendem Wortschatz, vielen Redewendungen und Beispielen.

PONS Großwörterbuch (Klettbuch 51722)
Beide Sprachrichtungen in einem Band. Auf über 1300 Seiten 160 000 Stichwörter. Das ideale Nachschlagewerk für Studium und Beruf.

PONS Micro Robert (Klettbuch 5177)
Einsprachiges Wörterbuch, 30 000 Stichwörter auf über 1200 Seiten. Mit literarischem Wortgut für klassische Lektüren.

PONS Petit Robert (Klettbuch 5176)
Das Standardwerk für alle Kenner der französischen Sprache. Enthält alle geläufigen Fachausdrücke des heutigen Französisch, besonders im technischen und wissenschaftlichen Bereich.

PONS

Reisewörterbücher

Englisch (Klettbuch 51861)
dazu Compact-Cassette (Klettnummer 51871)

Französisch (Klettbuch 51862)
dazu Compact-Cassette (Klettnummer 51872)

Italienisch (Klettbuch 51863)
dazu Compact-Cassette (Klettnummer 51873)

Spanisch (Klettbuch 51864)
dazu Compact-Cassette (Klettnummer 51874)

Portugiesisch (Klettbuch 51866)
dazu Compact-Cassette (Klettnummer 51876)

Serbokroatisch (Klettbuch 51867)
dazu Compact-Cassette (Klettnummer 51877)

Griechisch (Klettbuch 51868)
dazu Compact-Cassette (Klettnummer 51878)

Türkisch (Klettbuch 51869)
dazu Compact-Cassette (Klettnummer 51879)

Arabisch (Klettbuch 51811)
dazu Compact-Cassette (Klettnummer 51821)

Schwedisch (Klettbuch 51812)
dazu Compact-Cassette (Klettnummer 51822)

Dänisch (Klettbuch 51813)
dazu Compact-Cassette (Klettnummer 51823)

Niederländisch (Klettbuch 51814)
dazu Compact-Cassette (Klettnummer 51824)